国家出版基金项目
NATIONAL PUBLICATION FOUNDATION

"十四五"时期国家重点
出版物出版专项规划项目

"中国近代经济地理研究"丛书
吴松弟 主编

龙头崛起：长江三角洲经济空间格局变迁研究（1843—1942）

陈为忠 著

山东画报出版社
济南

图书在版编目（CIP）数据

龙头崛起：长江三角洲经济空间格局变迁研究：1843—1942/陈为忠著.—济南：山东画报出版社，2023.1
（"中国近代经济地理研究"丛书/吴松弟主编）
ISBN 978-7-5474-4093-3

Ⅰ.①龙… Ⅱ.①陈… Ⅲ.①长江三角洲—区域经济发展—研究—1843-1941 Ⅳ.①F127.5

中国版本图书馆CIP数据核字(2021)第235671号

LONGTOU JUEQI: CHANGJIANG SANJIAOZHOU JINGJI KONGJIAN GEJU BIANQIAN YANJIU (1843—1942)
龙头崛起：长江三角洲经济空间格局变迁研究（1843—1942）
陈为忠 著

项目策划	赵发国
责任编辑	姜　辉
装帧设计	王　芳　公冶繁省
主管单位	山东出版传媒股份有限公司
出版发行	山东画报出版社
社　　址	济南市市中区舜耕路517号　邮编 250003
电　　话	总编室（0531）82098472
	市场部（0531）82098479
网　　址	http://www.hbcbs.com.cn
电子信箱	hbcb@sdpress.com.cn
印　　刷	青岛国彩印刷股份有限公司
规　　格	160毫米×230毫米　32开
	9印张　300千字
版　　次	2023年1月第1版
印　　次	2023年1月第1次印刷
书　　号	ISBN 978-7-5474-4093-3
定　　价	72.00元

如有印装质量问题，请与出版社总编室联系更换。

序：中国近代经济地理研究的新进展

吴松弟

在正式开展中国近代经济地理研究之前，我们从2000年左右开始，用约十年的时间，大体上完成了东北、华北、华东、华中、西南、华南等区域的二十余个口岸城市及其腹地的研究，形成了一系列论著，其中广被引用的《中国百年经济拼图：港口城市及其腹地与中国现代化》一书，即由山东画报出版社于2006年出版。

在近代"港口—腹地"研究的基础上，2008年，我们联合二十五位学者开始撰写九卷本的《中国近代经济地理》，由华东师范大学出版社于2014年至2017年陆续出版。该丛书共分为九卷，第一卷《绪论和全国概况》为总论卷，从全国层面分别讨论了近代中国贸易和商业、人口、农业、工矿业、交通、金融业、城市的发展及其空间分布；第二卷至第九卷为大区域卷，较为详细地探究了全国八大区域的近代经济地理状况，各卷关注近代经济变迁的空间过程，三次产业、人口、城市等部门的经济地理及其变迁。《中国近代经济地理》出版之后，在学术界和社会上产生了重要的影响，并获得多种奖项。2018年5月，荣获第十五届上海图书奖一等奖；2018年10月，荣获上海市第十四届哲学社会科学优秀成果奖学科学术奖著作类一等奖；2020年获教育部第八届高等学校科学研究优秀成果奖（人文社会科学）著作类一等奖。

中国经济地理研究的历史时段，尤其是最为重要的近代时期，具有非常重要的理论与学术意义，已成为学界的共识。在九卷本《中国近代经济地理》写作的后期，我们对哈佛大学图书馆、中国海关总署档案馆中收藏的旧海关内部出版物进行了整理、出版工作，进入了收官阶段。我们发现，中国近代经济地理在很多方面仍有待研究，大量的旧海关史料尚未得到充分利用。因此，我们决定拓宽或深化近代经济地理的研究范围，在港口—腹地、区域经济转型、城市空间演化、经济区形成、自由港和边疆贸易、贸易网络、进口替代等问题上进一步研究，这些成果被收入"港口—腹地与近代中国经济转型研究"丛书，被列入"十三五"国家重点图书出版规划项目并获得国家出版基金资助，由齐鲁书社于2020年出版。

本次出版的"中国近代经济地理研究"丛书七种，从不同的角度进一步深化了中国近代经济地理研究，具有重要的学术价值，获得了学术界的认可，获得国家出版基金资助，并被列入"十四五"时期国家重点出版物出版专项规划项目。本七卷本丛书是华东师范大学出版社九卷本的新推进，囊括了中国近代经济地理研究理论与实证方面的新进展。如果说2014—2017年完成的九卷本是一项结构严谨的近代经济地理研究尝试，是一项弥补空白的学术研究，那么，本七卷本丛书则着力于推进近代经济地理研究的新拓展，深化近代经济地理领域一些重要的理论与学术问题，遵循由浅及深、由表及里的学术思路，这是中国近代经济地理研究的新推进。

本七卷本丛书富有理论与实证的新意，深化了中国近代经济地理研究，相关内容囊括了中国近代经济地理格局、近代典型城市与区域（上海、长三角）、近代中国口岸与城市、近代中国常关贸易、近代上海外贸埠际转运、近代中国地域经济（温州及东南地区）、抗战时期边疆经济等方面最新的探索。这些研究成果，或对已有的相关研究作了进一步的探索与归纳，或弥补了之前相关议题研究的不足，或对近代中国区域经济地理与地域经济进行了跨学科的新解析和新探索。

1993年，我和邹逸麟先生撰文呼吁历史地理工作者"尤其要注重研究与经济建设有关的重大课题",建议"历史地理学研究的历史时代应尽量后移,尤其要加强对明清乃至民国时期历史地理的研究"时,并没有想到近代经济地理会成为中国历史地理学新的学科生长点,经过近三十年的发展,取得今日之成绩,在学术界和社会上产生了广泛的影响。值此丛书出版之际,谨对山东画报出版社的大力支持表示衷心的感谢!对协助我出版"港口—腹地与近代中国经济转型研究"丛书九种的樊如森教授、对协助我出版"中国近代经济地理研究"丛书七种的方书生副教授,以及参与两套书写作的同学们(他们几乎都成长为教授、副教授),表示我本人的感谢和祝贺。值得一提的是,2012年,我申报的国家社科基金重大项目"中国旧海关内部出版物的整理与研究"开题,樊如森教授的"大阪产业部近代中国及'海上丝路'沿线调查资料整理与研究"和王列辉教授的"21世纪海上丝绸之路的港口供需演化与均衡状态研究",分别在2018年、2020年获批国家社科基金重大项目。这两个重大项目以及山东画报出版社等出版的两套书,不仅对历史研究,而且对国际贸易、海上航线和经济建设,都具有重大意义,作为导师,我自然为学生的成功和进步而高兴。

2021年10月

目 录

序：中国近代经济地理研究的新进展 …………………………………… 1

绪　论 …………………………………………………………………… 1

第一章　区域发展环境的改善 ……………………………………… 23
　　第一节　不断累积的地区比较优势 ……………………………… 24
　　第二节　商埠制度、政治改良与市场经济秩序的建立 ………… 26
　　第三节　中外资本共生关系和上海区域金融中心的形成 …… 30
　　第四节　现代公司制度及科学经营理念的引进 ………………… 36
　　第五节　小结 ……………………………………………………… 39

第二章　商埠区城市工业的发展与地域分工的演化 …………… 41
　　第一节　上海近代工业的发展和城市地域分工的演化 ………… 42
　　第二节　宁波近代工业的发展与城市地域分工的演化 ………… 85
　　第三节　镇江近代工业的发展和城市地域分工的演化 ………… 98

1

第三章 棉产区城市工业的发展与地域分工的演化 …… 117
  第一节 无锡近代工业发展与城市地域分工的演化 …… 117
  第二节 南通近代工业的发展与城市地域分工的演变 …… 143
  第三节 江阴、常熟、太仓等县棉纺织业的发展 …… 173
  第四节 常州近代工业的发展与地域分工的演化 …… 180
  第五节 浙江慈溪、平湖、硖石棉纺织业的发展 …… 194

第四章 丝产区城市工业的发展与地域分工的演化 …… 199
  第一节 苏州近代工业投资与城市地域功能演化 …… 199
  第二节 杭州近代工业投资与城市地域分工演化研究 …… 212
  第三节 湖州、嘉兴近代工业投资和城市地域分工演化 …… 225

第五章 丝、棉产业区的形成过程 …… 233
  第一节 丝织业产业区的形成 …… 233
  第二节 棉纺织业产业区的形成 …… 236
  第三节 金融是产业区形成的重要纽带 …… 240
  第四节 小结 …… 246

第六章 上海及其周边城市产业转型的机制与差异分析 …… 247
  第一节 市场竞争与城市棉纺织业转型 …… 247
  第二节 市场竞争与缫丝及丝织业转型 …… 252

第七章 结 论 …… 257

参考文献 …… 261

后 记 …… 275

绪　论

一、选题缘起

区域发展的差异性、不平衡性是中国经济地理一以贯之的突出特征。中国是一个纬度地带性、经度地带性和垂直地带性极强，地域分异极其多样化的国家，根据地形、温度、水分条件的组合及其在土壤、植被等方面的差异，分为东部季风区、西北干旱半干旱区和青藏高寒区三大自然区。这些自然因素是造成区域发展不平衡的第一属性，影响着历史时期的人口分布、城镇分布和区域经济格局。不同时期的政府政策、不同地域的文化传统又在上述空间布局叠加了人为因素的影响，再一次塑造经济空间。在农业经济时代，以平原和盆地为代表的农业发达区域首先崛起，成为我国经济版图上不同时期的"天府之国"。按照冀朝鼎在《中国历史上的基本经济区与水利事业的发展》一书中的观点，是为历朝历代之"基本经济区"。郭松义依据经济发展水平，将清代中国划分为四种经济区类型：发达地区，是指长江下游的太湖平原及广东珠江三角洲等清代社会经济最发达的地区。已发展地区，是指封建经济发展比较充分的地区，多为一些传统农业区，例如关中平原、成都平原、冀鲁豫平原、宁绍平原、福建福州漳泉沿海地区、江汉平原、洞庭湖平原等。开发中地区，原来是未开发区域，如东北以及内陆边疆地区，随着移民的进入逐渐获得开发。不发达地区，主要集中在交通闭塞、人口稀少的边疆地区和偏远山区。

明清时期的江南已经成为中国国内国际经济循环的关键节点。明清以降，随着国内外贸易和商品经济的发展，沿海地区的发展轨迹开始出现新的转折，出现了有别于传统政治中心发展模式的工商业发达的市镇。江南地区依托丝、棉工商业孕育出规模宏大的江南市镇群，而且与珠三角的外贸倾向不同，江南地区不仅外贸经济发达，而且也是国内贸易的中心。明清时期，该区域每年有大量棉布和丝制品出口海外，是国内外著名的棉纺织业和丝织业中心，同时与全国其他区域的经济交流也非常密切。张海英研究发现，无论是闽粤区域的丝、棉纺织业和果木、烟草等经济作物种植业的发展以及出口贸易的崛起，还是两湖最大商品粮基地的形成、江西过境贸易的繁荣、华北地区棉纺织业的发展以及东北地区的开发，都与江南区域有着千丝万缕的关系，体现了其对全国统一市场的纽带作用。另外，在国家层面，江南是政府财赋收入的主要来源地。

1842年，鸦片战争结束以后，沿江沿海城市渐次开埠通商，使得江南的发展轨迹出现转折性的改变。江南地区的开埠通商大体经历了三个阶段。

首先，沿海港口上海、宁波开埠。以前广州一口通商时期经由广州出口的江南丝绸、瓷器、茶叶等商品可以避免陆海长途运输，而就近由上海、宁波出口。交通成本降低引起价格回落，激起国际市场对江南手工业产品的旺盛需求，从而导致江南出口贸易量的增长。门户城市上海也因此超越广州港成为近代中国第一大贸易港。

其次，19世纪60年代第二次鸦片战争后，江南区域的另一个门户城市镇江对外开放。镇江成为长江以北、山东以南、安徽以北、河南以东地区中转贸易的中心，由此进入苏南的洋货很少，到南京及苏北、安徽、河南以及山东南部的货物居多。通过领取子口税单这种过境贸易执照，北纬30°~37°，东经113°~121°之间的广大地区实质上都已经对外开放，因为大运河及其众多的支流是通往这些地区心脏地带的交通要道。由此可见，镇江虽然是江北各省的中转贸易枢纽，对江南腹心地区辐射不大，但子口税可以避免厘金卡的盘剥，也为江南货物的进出提供了便利。应该说，镇江开埠加快了江南开放的步伐。《天津条约》里规定南京也对外开埠，但因太平天国的战事被迫延后。

再次，甲午战争之后，依据《马关条约》，苏州、杭州开埠通商，并允许外国商船经由内河到达苏杭以及在商埠投资兴业。这使得江南地区基本上对外开放了，被完全纳入全球贸易网络。与此同时，清政府开始放开对民间投资的限制，鼓励官民投资兴业，自觉开启制度性改革。近代西式机器工业在上海落地生根后，很快传入周边城市和内地。工业浪潮把以上海为中心的长三角地区纳入工业化的轨道。工业化产生新式的技术经济联系并形成新的工业纽带，与原有的商业纽带相叠加，催生了新的城市分工格局，进一步加快了长三角区域一体化的进程。

学术界长期关注近代以上海为中心的长江三角洲地区的工业化和区域一体化进程，但是由于受研究框架和学科偏好的影响，城市工业投资带来的经济结构变化、城市和空间格局演化等问题并没有得到令人信服的解释。目前，该研究领域不仅需要对过程进行详细梳理，而且还需要新的理论诠释框架。近代以来特别是19世纪70年代以降，上海及其周边地区不仅是港口腹地这样一种商业贸易空间，而且在区域工业化过程中建立了密切的产业间、产业内联系，形成了新的工业空间。虽说部分学者也研究上海与周边城市或区域之间的关系，研究中心城市与次中心城市之间的关系，但对于这一工业空间的研究还是比较少的。

在近代工业发展起来以后，上海取代苏州成为区域经济中心，形成以上海为中心的工业空间，范围已经超出"七郡一州"的传统区域。目前这一工业空间还没有一个学术界认可的称谓。上海与周边城市在传统经济时代就是一体的，在工业化进程中更是存在着密切的技术经济联系，应该放在一起一体考察、研究。前辈学者王家范在《从苏州到上海：区域整体研究的视界》中更是寄希望于上海史与江南史联动，开辟出区域史研究的新局面。因此，研究的空间尺度必须拓展至大区域，不能再局限于城市史研究。

布罗代尔式的中时段的大区域历史地理研究在我国学术研究中还比较少，理应得到学术界的重视。笔者认为上海及其周边区域的发展案例，为经济学界、经济地理学界研究市场经济下城市与区域经济发展模式、产业区、企业地理和区域一体化等热点问题，提供了难得的理论模型建构素材。1843—1942年，该区域处在对外开放的前沿，孕育着中西合璧的市场经济秩序，推动着经济要素自由流动，实现较高的资源配置效率，由此促进了上海及其周边地区的工业化进程，推动民族资本和外资经济获得较快的发展。工业和贸易发展也极大地推动着区域一体化进程。故该选题除能够弥补上述学术研究的不足，亦应现实之需。2018年，长江三角洲区域一体化发展已经上升为国家战略。随着《长江三角洲区域一体化发展规划纲要》的出台，长三角更高质量的区域一体化已经进入实质性操作阶段，但是行政区经济造成的重复投资和同质竞争仍然严重阻碍区域一体化进程。因此，现阶段政府决策和学术界研究都需要一个先行先试的样板区域，研究突围推广之策。笔者认为1843—1942年这段时期的上海及其周边地区的发展进程可以作为学术界研究突围之策的样板。

笔者长期从事港口腹地方面的研究，对于上海的商业空间，即以港口城市为中心的市场体系有较长时期的关注，希望通过研究港口腹地范围内西式工业的成长以及时空扩散的过程，更加全面地展示近代上海及其周边地区的工业与城镇体系的发展图景。

二、研究成果综述

近代上海及其周边地区社会经济的转型性较为明显，主要表现在工商业制度和工业领域。该区域对外开放的程度极高，受到西方冲击，吸收、引进西方市场经济制度要素的机会更多，与我国传统工商业的交融也最为深刻，由此孕育出具有东西折中色彩的"中西资本主义"。"中西资本主义"为该区域引进、推动机器大工业的发展做好了充分的社会舆论和资本准备。由于拥有分布广泛、规模雄厚的商品经济和丝、棉手工业基础，该区域手工作坊生产向机器生产转型，这不仅仅局限于主要城市，也发轫于周边市镇，并出现技术由中心城市引进、产能分布广泛的特征。为满足国内市场，应对机器工业的冲击，该区域的工业化既是技术演进，又有强烈的地域分工色彩，深刻影响着区域经济的空间格局。目前对于近代上海及其周边地区的经济空间演化，学术界主要是在工业化、近代化或现代化、市场化等理论框架下展开，内容有时超越经济现代化，涉及社会文化领域，而且可以归于工业化转型和单个城市工业化的研究较多，但关于大区域的城市机器工业发展、城市地域分工和经济空间格局演化的研究较少。下面分别论述。

按照研究范式的时间顺序，首先是20世纪五六十年代开始的我国资本主义发展问题研究。这一命题研究又包括资本主义萌芽、帝国主义的投资、民族资本主义发展、资本主义工商业的社会主义改造等几个方面。无论是明清时期还是近代，江南地区都是发达地带，又是外国资本和民族资本集中的区域，因此在中国资本主义萌芽、帝国主义投资、民族资本主义发展、资本主义工商业的社会主义改造等方面的研究中都大量涉及江南的传统产业和机器工业的发展问题。

20世纪五六十年代，中国正值资本主义工商业的社会主义改造时期。经济史学界有关企业史和行业史领域的著作大量出现。例如《中国棉纺织史稿（1289—1937）》（科学出版社1955年版）、《中国银行业发展史》（上海人民出版社1957年版）、《恒丰纱厂的发生发展与改造》（上海人民出版社1958年版）、《戚墅堰机车车辆工厂史（1898—1949）》（江苏人民出版社1960年版）、《中国民族火柴工业》（中华书局1963年版）、《上海民族橡胶工业》（1966年完成，中华书局1979年版）、《上海市棉布商业》（1966年完成，中华书局1979年版）、《大生资本集团史（初稿）》（油印本，大生企业编写组1969年）等。上述著作不仅总体评述行业的发展，而且对本行业重点企业的经营发展做专门剖析。另外，此时的经济史学界还做了大量费时费力的工业史、贸易史资料的收集工作。例如《中国近代手工业史资料》（生活·读书·新知三联书店1957年版）、《中国近代经济史统计资料选辑》（科学出版社1955年版）、《中国近代铁路史资料（1863—1911）》（中华书局1963年版）、《中国近代对外贸易史资料（1840—1895）》（中华书局1962年版）、《中国近代货币史资料》（中华书局1964年版）、《上海钱庄史料》（上海人民出版社1960年版）、《江南土布史》（徐新吾等江南土布商业史料组人员于20世纪60年代广泛搜集文献资料的基础上完成，因种种原因，历时30年之久，于1992年由上海社会科学院出版社出版）。上述资料集直到今日仍是学术界研究近代经济发展的重要资料来源。这一时期的标志性研究成果是一直拖到20世纪八九十年代才出版的三卷本巨著《中国资本主义发展史》（人民出版社1985至1993年出版）。另外，也有研究外资发展状况的成果，例如《帝国主义在旧中国的投资》（人民出版社1955年版）、《十九世纪西方资本主义对中国的经济侵略》（人民出版社1983年版）。全国尺度的资本主义工商业研究主要关注不同产业的发展程度，尚不能透彻地研究地方产业的发展机理，而且有些观点带有时代的局限性。近代中国工商业发展的区域不平衡性非常突出，因此先以城市和区域为尺度进行细化的"形而下"研究，然后基于比较视野再进行"形而上"研究，更具有可操作性。

　　20世纪70年代，学术界开始在现代化或近代化、工业化、市场化等研究框架下，研究近代中国经济与社会的发展进程。实际上在五四运动结束不久，现代化或近代化已经在关于东西方文化的论争中出现。经过20世纪30年代中国本位文化讨论，知识界逐渐不再以东西地域讨论文化问题，代之以现代化的核心观念——现代文化。20世纪30年代后期，现代化内涵开始由宽泛的文化问题聚焦到现代化经济——近代科学技术、工业化等核心社会经济问题，工业化论题成为中国知识界话语的核心，事实上在很长一段时期内，中国知识界认为工业化就是大规模机械化。20世纪30年代末期，方显廷、刘大钧、曹立瀛、高叔康等经济学家，开始从整体经济变革角度全面阐释工业化概念，视工业化为工业、农业、矿业、交通、金融等各方面的整体经济变革。1943年后，知识界开始从整体社会变革层面认识工业化问题，并明确把工业化和整体社会变革联系起来，提出工业化与社会改造的命题，即今天所谓的工业社会。从机械化、工业化到工业化与社会改造，知识界对工业化的认识步步深入，基本上等同于现代化研究范畴。

改革开放后，实现四个现代化成为国家和民族的目标。因此现代化研究再一次在中国学术界兴起。台湾省在1973年开始规划中国主要省份的区域现代化的研究计划，后来只有山东、江苏、湖北、湖南及闽浙台现代化进程的著作得以出版。在学术界，1986年有"中外近代化比较研究"和"世界现代化进程研究"两个国家社会科学重点项目同时展开，形成了章开沅主编的"中外近代化比较研究丛书"和罗荣渠主编的"世界现代化进程研究丛书"两大成果。此后中国学术界引进、开展的现代化研究成果逐渐增多。例如美国人吉尔伯特·罗兹曼主编的《中国的现代化》（上海人民出版社1989年版）、张琢的《九死一生：中国现代化的坎坷历程和中长期预测》（中国社会科学出版社1992年版）、胡福明主编的《中国现代化的历史进程》（安徽人民出版社1994年版）、吴承明的《中国的现代化：市场与社会》（生活·读书·新知三联书店2001年版）。其中虞和平主编的《中国现代化历程》（江苏人民出版社2001年版），是目前用"现代化范式"研究近代以来中国社会变迁的规模最大、分量最重的研究成果。该书以工业化、民主化和民族化为核心概念，以"两大模式三条道路四个阶段转换"为线索，勾勒出中国现代化的整体历程。以上研究著作主要是针对中国现代化的进程，但是短于空间进程研究，对区域差异视而不见，也无法反映地方经济社会现代化的过程和机制。探索中国经济现代化时空进程的研究当以吴松弟先生主编的《中国百年经济拼图：港口城市及其腹地与中国现代化》（山东画报出版社2006年版）最为厚重，后又有《港口—腹地与北方的经济变迁（1840—1949）》（浙江大学出版社2011年版）出版。这项厚积十多年的研究从近代经济的发动机——港口、贸易入手，以港口—腹地经济互动为视角，覆盖中国东部沿海、沿江区域等发达地区，探讨了中国主要经济区域的发展及其经济空间格局的演化过程。该研究成果以港口—腹地为研究视角，有了空间的概念，但也短于产业发展和空间演化机理研究。

全国性的资本主义工商业研究和现代化研究多以较大的篇幅涉及江南主要城市与区域的经济发展，但是仍然不够系统。全国尺度的研究使得读者无法从中获知整个城市或区域的工业发展阶段、发展水平，更无法深谙地方经济发展的动力机制。因此，从单个城市工业化的细部研究入手，复原城市间的技术经济联系，是洞悉上海及其周边地区经济空间演化机理的基本思路。

目前关于该区域机器工业投资和空间演化的研究著作大体上可以分为以下几个方面。

首先，一些学者以省行政区为限，对近代的工业投资进行研究。相对于全国尺度的研究而言，研究区域变小了，但是研究框架要么是资本主义发展，要么是现代化或者近代化，也有直接以经济史为题开展综合性研究的成果。例如史群（1964）、沈雨梧（1990）、金普森（1991）、施仲学（1996）等人对浙江经济近代化进程进行了研究。唐文起（1990）对江苏近代工业化的特点进行总结。段本洛（1997）考察苏南发达地区的社会经济发展。孙宅巍、蒋顺兴、王卫星（1999）从总体上研究江苏近代民族工业的发展进程。姜新（2001）考察近代苏北地区工业发展进程。

其次，少数学者以长江三角洲或江南为研究区域，不仅考察部分城市的工商业发展，而且关注城市空间格局的演化。研究成果认同上海是周边城市近代化和空间演化的核心动力源泉的判断，但是研究城市空间关系的路径还局限于商业联系，没有关注工业扩散而导致的产业内和产业间的分工与合作。戴鞍钢（1998）从近代长江流域的发动机——上海港和贸易入手，从港口—腹地的角度阐释区域经济空间组织的形成过程，对江南贸易网络也有深入研究。王卫平（1999）考察江南区域中心城市苏州被上海逐步取代的过程，认为交通优势的改变、太平天国运动是这一变化的重要因素。夏俊霞（1999）认为开埠后上海发展模式的变化推动了江南经济由封闭走向开放的步伐，产生了改变苏州、无锡、杭州、宁波等城市发展模式的联动效应。王家范（2000）更从研究视角上引导江南各城市的研究要走向区域整体研究。郑忠（2007）认为，在前工业化时期，由于上海开埠和太平天国运动影响，长三角城市体系内部结构发生转换，截至19世纪90年代大工业时代来临之前，上海开始成长为新的核心城市，苏州开始退居为区域中心城市，与杭州、南京、嘉兴、湖州、宁波、镇江处于同一等级，而无锡、南通等城市仍为县一级的城镇市场。黄璐（2017）研究上海、南通、无锡等长江三角洲城市的近代纱厂，发现企业间的共通性和依存性使得长三角区域城市之间的联系愈加频繁和紧密，同时推动了区域城市经济一体化的纵深发展。刘雅媛、张学良（2020）研究长江三角洲的概念演化与泛化，认为近代的交通发展、贸易拉动、要素集聚是长江三角洲经济区形成的经济因素，并从经济机制上的集聚与扩散、地理格局上的中心与外围、资源配置上的政府与市场、区域协作上的竞争与合作四组关系出发，提出推进长江三角洲一体化的政策建议。

再次，部分学者直面江南经济转型的研究。李伯重（2000）跨越明清和近代研究江南传统时代的手工业发展，以比较研究的视角，认为江南工业结构"超轻化"的症结在于煤铁资源匮乏，缺乏自我工业革命的条件。马俊亚（2003）以"混合与发展"来描述近代江南地区的经济社会发展态势，深入分析了江南地区的传统经济在近代的发展演变及其与现代因素的融合，认为近代工业的发展不仅离不开传统社会的土壤，而且还在其滋润下成长。王翔从国际竞争的角度考察浙江传统丝织业的转型，后又对辛亥革命期间江浙丝织业转型进行专门探讨，基本勾勒出该地区丝织业的发展过程。李伯重、范·赞登（2020）基于19世纪20年代的数据，对当时尼德兰和长江三角洲的GDP（国内生产总值）结构和水平进行比较研究，发现要素成本的差异导致了尼德兰和长江三角洲在人均GDP、农业劳动生产率、工业和服务业生产率等方面的差距。

最后，关于区域城市史和城市现代化研究。目前该区域主要城市的城市史或者城市现代化研究成果都已经完成，但是有关城市体系的研究不多。也就是说，迄今为止，以上海为中心的城市空间研究刚刚起步，而且在已有的成果中找不到研究城市空间关系的路径。大城市的城市史研究最早在1979年开始规划，1986年逐渐展开。受此影响，一些中小城市的研究也逐渐展开。南通、无锡、常州等中小城市是小区域的增长极，多为传统工商业转型地区或者新型工业集聚地。因为后面还要提到各城市的发展，具体研究成果综述放在后面细讲，在此不做赘述。另外，在城市之外，江南农村地区的市镇近代化研究也值得关注。包伟民的研究表明，近代城市工业的发展，促使依附于传统农业和手工业相结合的生产方式之上的市镇出现分化趋势。总体而言，江南城市史和城市现代化研究基本上廓清了城市经济、社会、文化等方面的进展，但是除了上海外，对于城市工业发展水平的研究还不透彻，而且缺乏区域的视角，就城市论城市，割裂城市之间的联系，即城市的地域分工演化方面的研究欠缺。

综合上述四个方面，该领域的研究不可谓不深，但仍然需要在以下三个方面做出改变。

一是研究成果偏爱大城市。关于上海、杭州等大城市的研究成果较多，特别是上海，从城市史到城市现代化研究，有好多个版本，论文更是多如牛毛，与之相反的中小城市的研究成果相对而言比较少。例如嘉兴、湖州、江阴、丹阳等小城市几乎被忽略，只是到了近几年才有少量论文出现。受此影响，除了上海、杭州等大城市外，其他城市的经济近代化研究还不够透彻，忽视城市工业发展水平的评价，对工业转型的细化研究也不够。因此现阶段的城市经济研究还不能使读者明了近代城市工业的发展阶段和发展水平。

二是缺乏体系化城市工业的研究，忽视城市地域分工研究。虽然学者们也承认上海与周边城市和区域的空间相互作用，但是说不清楚，对于所研究城市的地域分工也说不清楚。

三是受行政区的影响，选择上海辐射区域为研究范围的成果很少。研究明清经济史的学者比较认同江南，但是研究近代经济史的学者很少再以江南为整体区域进行研究，多以城市和行政区为题进行研究。由于国内国际市场的衔接与扩大，近代上海辐射范围内的丝产区和棉产区的城镇经济都有了很大的发展，已经超出明清时期江南的范围。也就是说长江三角洲的经济核心区已经由明清时期的江南核心地带进一步向周边地区扩张。

出现上述问题的原因主要有以下两点。第一，由于学科和研究视角的限制，关注经济和社会领域的现代化，不重视城市间的比较研究和空间演化研究。第二，找不到一个既能够研究经济增长，又能够关注经济空间增长的研究框架。经济地理学产业区和经济区理论有区域的概念，而且关注地方工业的生产网络和地方根植性，能够较好地揭示近代上海及其周边地区经济增长的内在机理，也能够看清城市与城市之间的关联，从而可以阐释上海及其周边区域的工业发展和空间增长。关于产业区和经济区理论问题详述于后。笔者将以产业区、经济区理论为基础，着重研究近代上海及其周边城镇的工业转型、城镇分工以及经济空间的演变过程，力图全面展示其经济与空间增长过程，并深入揭示其内在机理。

三、基本概念

（一）产业区

人类经济活动有明显的集聚倾向。19世纪末，英国经济学家马歇尔基于对英国谢菲尔德的刀具工业和西约克郡的毛纺织工业生产集聚的观察，将区内小公司集聚且相互之间联系密切，生产活动具有明显专业化特征的区域称为产业区。马歇尔型产业区有几个鲜明特征：企业组织结构以当地小企业为主；区内企业联系密切，与区外企业的联系和合作甚少；在劳动力市场上，当地特征明显；在工商业服务上，专业化特点突出。但随着经济全球化的发展和产业区个案研究的积累，产业区的特征和判定标准出现了变化。有些学者对柔性专业化提出异议，强调全球化和跨国公司在经济活动空间组织中的作用，认为大公司和小公司在一些产业区中可以共存。朴杉沃在评述该领域的研究过程后总结出广义上的产业区的一般特点：柔性生产系统和大宗生产系统并存，地方性网络与全球性网络并存，当地根植性与非当地根植性并存，小型企业与大型企业并存。王周杨、魏也华关于意大利北部产业区的实证研究也证明了这一点。即在全球化和知识经济的宏观背景下，意大利产业区也正经历着以集团化、创新与国际化为主要特征的产业重组过程：产业区组织结构开始由中小企业为主的"弹性专业化"生产系统向"产业区集团"主导的等级制生产体系转变；创新模式由本地分散化的渐进式创新向大企业研发导向的开放式创新转变，外部知识联系的作用不断增强；企业生产活动的国际化、跨国公司的进入使得产业区相对封闭的本地网络向开放的全球网络转变。因此本书中的产业区是指新产业区，而非经典的马歇尔型产业区。

后来，朴杉沃根据地方性和非地方性产业联系的强弱，提出9种类型产业区，见图0.1，各种产业区的具体特征见表0.1。由图表可见，产业区主要从地方根植性与网络、非地方根植性与网络两个方面发生变化。当然，上述分类只是说明类型间的不同特征，并不意味着产业区形态是静态的或者单一的。而且从各种产业区的特征看，彼此有很强的前后关联，主要在全球化特征或程度上出现不同。

关于产业区的判定，李小建（1997）在全球化与新产业区的研究中曾经给出几个标准：在形成时间上，产业区应该为新近发展起来的地区；应该具有一定空间规模和经济规模；产业区的经济活动应该具有明显的专业化；不同主体之间具有密切联系，地方性网络与全球性网络对接；研究区域行为主体之间应该形成相对稳定的根植于地方社会文化的非正式联系、信赖关系和协作关系等。同时李小建也说以上五个方面的标准需要结合中国实际进一步深化、量化。笔者认为产业区的判定不应该有时间上的限定，既然产业区是市场经济的产物，应该着重从制度环境上加以限定。因为只有在开放和市场经济秩序下，企业之间才能形成分工合作关系，地方性网络才能与全球性网络对接，地方根植性才能发挥作用。因此，产业区内涵不应该限定时间，应该有制度环境方面的限定。

表0.1 产业区类型与特征表

产业区类型	特征
马歇尔型产业区	区内以小企业为主，或作为顾主，或作为供应商而相互发生联系。柔性生产和转包活动等是企业间劳动分工的主要形式。企业主要根植于当地，与当地社区融合
中心和辐射型产业区	地方型供应者联系密切的供应者中心型产业区（图0.1中类型2），中心企业是供应者；地方型顾主联系密切的顾主中心型产业区（图0.1中类型3），最终产品生产企业起着主导作用
卫星型产业区	外部（非地方性）供应者和顾主联系均十分密切，与当地联系有限（图0.1类型4），该类型产业区内的企业主要是大型多区位公司或者跨国公司的分厂，长距离网络和大宗生产方式起着控制作用。大多数企业家和管理人员来自区外，地方根植性较弱
高级中心和辐射型产业区	在图0.1中类型2中，随着转包和企业间的关系进一步发展，地方性顾主联系变得密切，从而演化为类型5；类型3发展了较强的地方性供应者联系，演变为类型6
高级卫星型产业区	图0.1中类型7、类型8是类型4的当地网络和根植性进一步发展的结果。随着外围技术的发展，技术和管理技巧在当地扩散，并带来新企业的建立。新企业与本区大企业发生交易联系，从而促成当地网络的发展。大宗生产和非地方根植性是该区域的主要特点，但柔性生产和地方根植性已显现
探索型高技术产业区	供求两方面的地方性和非地方性网络非常复杂；在生产、工商服务和技术开发上，还与全球网络相关联；柔性生产方式被大小企业广为采用。当地根植性是该产业区形成的基础

资料来源：Park.S.O. *Networks and Embeddedness in the Dynamic Types of New Industrial Districts* [J]. *Progress in Human Geography*, 1996, 20(4).

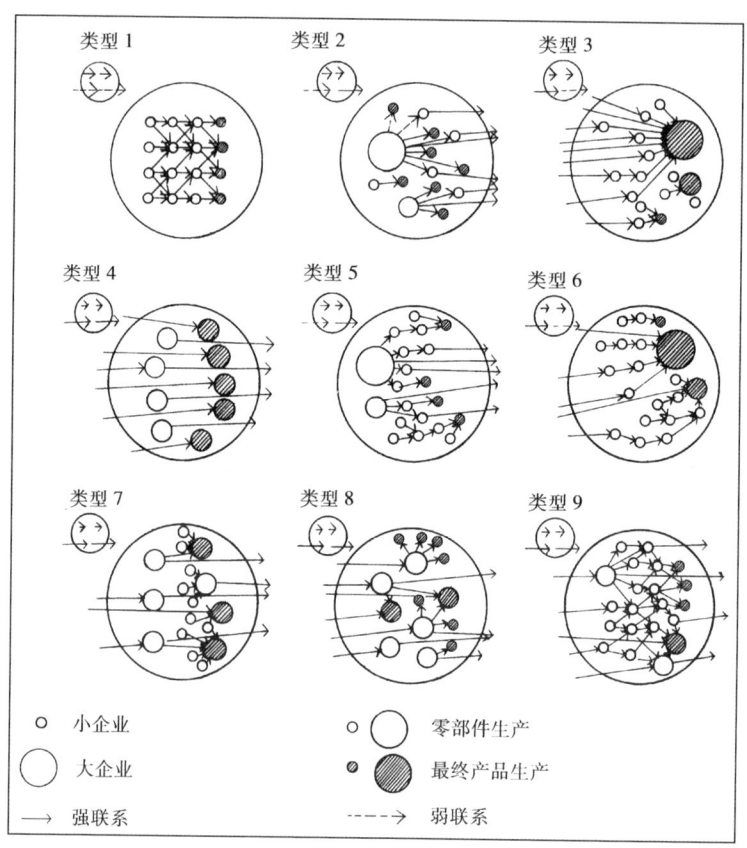

图0.1 各类新产业区理论模型示意图

资料来源：Park.S.O. *Networks and Embeddedness in the Dynamic Types of New Industrial Districts* [J]. *Progress in Human Geography*, 1996, 20(4).

目前学术界关于中国产业区的案例研究较少，且主要集中在当代。日本上智大学教授顾琳在《中国的经济革命：二十世纪的乡村工业》（江苏人民出版社2009年版）一书中研究近代天津附近的高阳织布区，注意到其地方商业网络、柔性生产方式、专业化和生产活动地方化的特色，认为符合马歇尔型产业区的特征，并以此为理论框架研究19世纪末以来的乡村工业的发展。这是学术界首次将产业区理论用来研究中国近代区域产业的发展问题。笔者认为产业区形成的制度前提是开埠通商所形成的市场经济，因此顾琳提出高阳土布产业区不具有封闭性，不是经典的马歇尔型产业区。事实上，高阳织布区不是一个封闭的生产系统，在机器、原料方面与天津有着密切联系。在近代中国沿海地区特别是上海、天津、广州、香港等城市的周边地区，政府对经济的控制有限，基本处在市场经济状态下，因此才产生了一些生产活动集聚的专业化区域。这些专业化区域多具有地方网络与全球网络对接、柔性生产系统与大宗生产方式并存、地方根植性表现突出的特征。顾琳对高阳土布产区的研究倾向于借助产业区命题，说明乡村土布手工业对于城市机器织布业的替代意义。

那么为什么说近代的上海和周边城市已经形成了产业区呢？我们不妨按照产业区的标准进行判定。

首先，从专业化生产角度看，明清以来直至近代，上海及其周边城镇的工业投资主要围绕棉纺织业和丝织业展开，沪宁线以北为产棉区，以南为产丝区，专业化非常明显。上海与周边城市联系密切，是周边城市工业企业的技术、资金、信息的来源地，企业之间的协作关系较强。上海及其周边城市建构了近代中国最大的专业化的轻工纺织产业区，已是经济史学界的共识。

其次，从生产方式看，在工业化之前，劳动力分散，主要是以家庭为单位的柔性生产，后来出现手工工场，但柔性专业化的特点仍然非常明显；近代工业化开始后，棉纺、缫丝生产环节首先实现大机器生产，但是织布和织绸环节的家庭生产和手工工场生产大量存在，很长一段时间内，柔性生产系统和大宗生产系统共存。

再次，从生产网络看，上海、宁波、南京、镇江、苏州、杭州等城市开埠通商后，地方性网络和全球性网络就实现了直接联系，由此经由口岸输出土产，引进西式机器、技术和资本，依靠外国技术改良本国传统手工业，逐步实现了进口替代。再者，开埠通商后，该区域外国银行、中国银行和钱庄的结合也是全球与地方网络并存的最鲜明的例证。

最后，从制度层面看，地方根植性主要是指某种现象的社会文化基础，主要体现在行为主体之间所形成的相对稳定的根植于地方社会文化的非正式联系、信赖关系和协作关系等。开埠以后，江南地区对外开放，深受欧风美雨的浸染，但非正式的传统商业习俗、企业组织、融资方式等制度因素仍然具有强大的生命力。在该区域最能体现地方根植性的应该是地方钱庄的金融网络和信用放款。近代的银行虽然资金雄厚，但是信用卓著的钱庄依靠成熟的商业网络和投资方式不仅占领着传统业务，而且实现了许多诸如过账制度、同业清算等制度创新。最后洋行和银行都接受钱庄的庄票。外国银行和钱庄的结合是上海成为金融中心的前提。当然，不可否认，钱庄在20世纪30年代废两改元后面临改革压力，也开始了自身的变革，向银行学习。另外，在民族企业集资环节和企业管理上，家族色彩浓厚也是根植于地方文化中的一个重要特点。随着西方企业科学管理思想的传入，这种家族式管理的企业逐渐减少，现代股份制公司逐渐增多。在自由竞争的市场经济中，中国商人并不处于下风，因为熟悉当地情况，拥有以贸易、血缘和地缘关系为基础的组织和排他主义的关系网，往往能够克敌制胜。虽然中国传统的经济制度仍然在起作用，但是这并不妨碍中国人从西方商人那里得到机器和廉价贷款。郝延平因此提出"中西资本主义"的概念，以说明近代中国资本主义经济与传统商业制度的关系。

由此可见，上海及其周边城市所建构的这个专业化的纺织区域完全符合产业区的判断标准，是一个传统手工业发达的区域在工业化过程中形成的产业区。当然上海产业区的形成不是一蹴而就的，而是在原有商业空间的基础上形成的，19世纪70年代以后丝产区的缫丝与丝织工业的投资以及1895年以后棉产区的棉纺织业投资都有影响，前后的空间范围也有较大的变化。随着大机器工厂生产方式的普及，上海及其周边地区棉纺织业、丝织业产业集群逐渐发展壮大，成为区域主导产业，与此同时其他产业也在发展壮大，使得经济活动日趋复杂化，专业化的产业区逐渐向综合性的经济区过渡。

（二）经济区

另外，我国经济地理学和区域经济学学者更多地使用经济区来界定经济空间范围。关于经济区，苏联经济地理学家的观点较具代表性，认为经济区是在劳动地域分工中形成的地域生产综合体。国内经济区又称综合经济区，是指在劳动地域分工基础上形成的不同层次和各具特色的地域经济单元，是以中心城市为核心，以农业为基础，以工业为主导，以交通运输和商品流通为脉络，具有发达的内部经济联系，并在全国经济联系中担负某种专门化职能的地域生产综合体。上述定义主要存在两方面的规定性：1.经济区是区域经济的空间组织形式；2.经济区内产业间联系紧密。由此可见，上述经济区定义主要是指现代意义的发展水平和组织水平较高的经济区域。笔者认为经济区是自发形成的客观存在的经济系统，因此比较认同李小建的表述，即经济区是在一定地理空间范围内，由一组经济活动相互关联、组合形成的经济地域单元，是一种区域的经济系统或者体系。经济区理论虽然也注重经济活动之间的关联和空间演化，但受行政区划的影响较大，而且国内学术界和政府在界定经济区的范围上存在很大的随意性，缺乏科学统一的标准。例如长三角经济区就包括苏浙沪两省一市，而把紧邻浙北、苏南的安徽部分地区排除在外。从区域发展的关联性看，其实安徽长江以南的部分市县与江浙经济联系的紧密程度要远远高于连云港、徐州等苏北地区。

（三）经济空间格局

贸易、工业化等经济活动皆有集聚而实现规模经济的倾向，从而引起区域发展的不平衡。在沿海港口次第开埠通商后，在贸易和工业化的加持下，江南区域空间出现了以下变化：第一，全国贸易中心、航运中心、金融中心由广州北移上海，改变了原有商品集散路线，重构全国的贸易格局；第二，带来区域中心城市的兴替，尤其是使得城市地域分工出现了变化,也改变了原有区域的城镇格局;第三,工业空间的扩张使得长江三角洲核心区由江南进一步向周边拓展。本书中引入经济空间格局的概念来阐释近代该区域发生的上述结构性的变化。

四、研究时段

本书中起始时间的选择以标志性的历史事件为限。鸦片战争结束后,1842年8月29日,中英《南京条约》签署,要求开放广州、厦门、福州、宁波、上海五处为通商口岸,允许英商在华自由贸易。1843年11月17日,根据《南京条约》和《五口通商章程》,长江门户上海正式开埠。1844年1月1日,宁波正式开埠。此后,镇江、温州、苏州、杭州、南京等其他口岸也次第开放。由此该区域对外开放的秩序和市场经济开始逐渐确立。因此笔者选1843年为起始年。1843年以后这段时期,特别是1895年之后,在一系列条约和有利于工商业发展的法律形成的制度约束下,上海及其周边地区的市场经济秩序逐步得以确立,可以说国内外资本和各种生产要素可以在区域内自由流动。此后,尽管企业活动受到政治事件、自然灾害等因素的影响,但也得以在市场经济环境下发展。1941年12月,太平洋战争爆发,日军全面控制并接收公共租界,此后统制经济在该区域甚嚣尘上,不仅完全打破了原有开放自由的市场经济状态,也限制了工业企业规模,打断了工业化进程。因此研究下限选择为1942年。

在1843年到1942年的近一百年间,各城市具有资源比较优势的工业都获得了长足的发展,是这一时期江南该区域经济增长的主要动力源,也是城镇体系形成和空间格局演化的主要原因。中长时段的研究可以反映1953年计划经济初创之前的区域经济和城镇体系发展情况,具有重要研究意义。

五、研究思路和内容

(一)研究思路

笔者认为研究一个区域的经济发展和空间演化需要首先界定经济发展环境。田国强(2005)在论述现代经济学的基本分析框架与研究方法时,曾经提出规范经济理论的分析框架,主要由五个部分或步骤组成:界定经济环境;设定行为假设;给出制度安排;选择均衡结果;进行评估比较。[①]在区域经济的环境条件中,制度环境与自然资源环境、人力资源环境构成区域发展的必备条件。因此,本书首先对区域发展环境做了必要的回顾。

技术经济联系是分工和专业化的表现,是重点研究领域。在市场经济体制下,一些具有优越区位和比较优势的点必然先发展起来。这就是区域发展的增长极——城镇。开埠前后江南地区就是我国传统丝织业和棉纺织业的核心区,丝、丝绸和棉布等商品在国内外市场中占有重要的地位,并出现了一批以上述产业为主导的市镇。从产业类型和城市功能看,该区域城镇大体可以分为三种:一是以太湖周边地区、浙北地区为主的产丝区城镇;一是以江阴到上海的沿江、沿海地区和通海地区为主的产棉区城镇;一是以近代开埠通商后形成的上海、宁波、镇江为代表的港口门户地带的商埠都市。近代的丝织业和棉纺织业的转型就是在明清时期发展的基础上进行的。丝、棉机器大工业首先在资本充裕、交通方便、基础设施发达的城镇发展起来。不同城市企业间的技术经济联系超出了传统时代的商业联系,形成新的工业网络,建构了新的工业空间。因此,研究产业区必须从考察单个都市工业和地域分工入手,揭示其经济转型和空间重构的过程和内在机理,也明确产业在城市间的分工与合作。

---

① 田国强:《现代经济学的基本分析框架与研究方法》,载《经济研究》2005年第2期。

按照产业区理论，本书只需要阐明主导产业的转型即可，但是考虑到城市其他产业也是转型的一部分，而且在一定程度上也影响着城市的区域分工，因此不仅要研究主导产业的转型，也必须全面研究城市的产业转型进程。这与产业区产业的单一性、专业性无关。上述思路也正好可以弥补目前学术研究在区域产业转型和城市分工方面的不足。因此笔者首先按照产丝区、产棉区和商埠区分别研究个体城市的产业转型问题，理清近代上海、杭州、无锡、南通、宁波、常州等城市新式机器工业发展和传统棉纺织、丝织、碾米、面粉等手工业转型概况，客观评价城市工业发展水平，同时关注产业关联，研究城市在区域地域分工的角色；然后再从产丝区城镇、产棉区城镇之间及其与上海城市之间的技术经济联系，总结上海及其周边地区产业区的形成和扩张过程中的机制；最后，对该区域近代工业发展水平、产业转型与城市空间演化过程进行总结，揭示区域经济增长和空间演化的内在机理。

（二）篇章结构

因研究的城市较多，既要关注城市内、城市间产业之间的关联，还要关注对区域城市空间的影响，涉及内容较为繁杂，为了确保逻辑的严密性，本书拟分八个部分展开论述。绪论，介绍选题缘起，综述已有学术研究成果，界定产业区、经济区、经济空间格局等基本概念以及时间段限，初步介绍论著研究思路和内容。第一章，区域发展环境的改善，介绍该区域比较优势的累积，开埠通商制度、政治改良后形成的市场经济秩序，介绍中外银行资本的对接与股份制公司制度的建立及其对工业投资的意义。第二章，商埠区城市工业的发展与地域分工的演化，分别研究上海、宁波、镇江三个商埠开埠过程和近代工业的发展及其城市在区域分工与合作中职能的演变。第三章，棉产区城市工业的发展与地域分工的演化，分别研究近代无锡、南通、江阴、常州等棉产区城市机器工业发展和城市职能演化的过程。第四章，丝产区城市工业的发展与地域分工的演化，分别研究近代苏州、杭州、湖州、嘉兴等丝产区城市的机器工业发展和城市职能演化的过程。第五章，丝、棉产业区的形成过程，分别从丝、棉、金融三个经济纽带介绍产业区的发展历程及其空间范围的变化。第六章，上海及其周边城市产业转型的机制与差异分析，论述市场竞争下各城市棉纺织业和缫丝与丝织业转型的机制、过程，再从总体上总结转型的进度以及不同区域间的差异。第七章，结论，从产业区的空间范围、缫丝与丝织业和棉纺织业及其产业转型的进度、区域经济增长的实质、机制等方面总结提升，揭示上海及其周边地区经济和空间增长的过程和内在规律。

第一章
区域发展环境的改善

在长江三角洲人地关系地域系统演化的"长时段"中,近代百年充其量可算在"中时段",但在该区域经济社会发展中留下了难以磨灭的印记。长江三角洲在地形地貌上属于冲积扇形的河口三角洲,顶点在仪征市真州镇附近,北界为通扬运河向东延伸至小洋口一线,西界和南界是镇江及宁镇山脉、茅山东麓、天目山北麓至杭州湾北岸一线,主要包括江苏省东南部、上海市及浙江省杭嘉湖地区,面积近4万平方千米,是长江中下游平原的重要组成部分,除沿海地区海陆形势有所不同外,其大体轮廓在近代基本形成。长江三角洲冲积平原,经历漫长的开发历程,到唐宋时期已经成为著名的"基本经济区",而且随着时间的推移,在国家经济政治进程中的作用不断增强。大自然的恩赐、人类的改造活动、经济文化的积累,使得以太湖流域为中心的江南在明清时期就成为国内国际经济循环和文化交流的核心地带。1843年以后,在开商埠和国内政治改良的背景下,全球化带来的西方新经济要素,与地方网络和根植性对接耦合,并衍生出新的"中西资本主义",形成了一系列有利于工商业投资的制度体系。总之,江南优越的自然禀赋条件、累积的经济基础,与近代形成的有利于大工业发展的制度环境相叠加,才最终催生了工业化的浪潮。

第一节 不断累积的地区比较优势

　　明清时期以江南丝、棉经济为中心的工商服务业极为发达，是其走向近代工业化的重要基础。以太湖为中心的江南区域除西部和西南部山丘绵亘外，其余大部分地区为河湖平原，其间湖泊星罗棋布、河港泾浜纵横，历经隋唐五代之前的农业开发和水利整治，不仅享江河湖海通流舟楫之利，又有鱼稻之丰饶。宋代以后随着人口繁衍和移民人口的增多，太湖流域人地矛盾逐渐凸显，遂兴起大规模的围湖造田运动。以漕运为主的治水活动和围湖造田运动，支撑起每年外运的粮食600万到800万石，造就了"苏湖熟，天下足"的美誉，但也扰乱了太湖的水利系统，导致湖水下泄不畅，引起生态环境剧烈变化。元朝以后，沿江沿海的沙地棉花种植逐渐发展起来，又有黄道婆的棉纺织技术加持，使得松江成为全国的纺织中心，有"衣被天下"之称。明代嘉靖以后，两湖地区的江汉平原得到大规模开垦，粮食依靠长江及内河运输大规模地输入江南地区，为该区域桑棉大规模种植提供了条件。明清时期，上海、太仓、嘉定等沿江沿海地区的棉花种植更为广泛，几乎与粳稻相等，吸引外地客商来此大规模采购棉花；与此同时，太湖周边种桑养蚕也大规模铺开，推动了缫丝绢织专业化发展，形成了吴江盛泽、震泽、梅堰，桐乡乌镇、濮院，嘉兴王江泾等专业化市镇。李伯重全面考察1550—1850年江南地区各类手工业的发展成就以及与西方工业化的区别，并以"早期工业化"理论加以阐述，认为当地无法自发产生西式的工业革命。但从后期该区域的工业转型过程看，传统手工业的某些环节实现机器生产替代，或者手工作坊转向机器工厂，属于近代工业化的重要内容。

　　明清时期，江南地区工商业从业人口的增多为近代机器工业的发展积累了资本和熟练的技术人员。随着农业和工商业的发展，以太湖流域为中心的江南人口逐渐增多。在人口压力和赋税货币化的影响之下,江南的经济作物种植和农副业比重逐渐增加,拉动农业逐渐转向集约化和商品化。明清时期,沿江沿海地区已经形成了面积广大的棉田种植区和棉纺织业工业区,环太湖地区形成了蚕桑种植区和丝织工业区。这为江南人口职业的结构性变化带来了契机。江南城镇和乡村地区从事手工业、商业的人口日益增多。据余同元研究,明代后期到清代中期,江南地区城镇人口和乡村手工业从业人口一直呈增长趋势,城乡工匠队伍日益壮大,据其估算,明后期(1620)达到640万人,占明后期总人口的32%,清中期(1850)达到1346万,占比达到37.4%。

明清时期,水运事业的发展也从交通技术上为工业的发展奠定了基础。明清时期的太湖流域虽经历大规模的围湖造田运动,但仍然河湖水网密布,除了规模较大的太湖、淀山湖、阳澄湖、吴淞江、浏河等水体外,还存在大量的水体形态。密如织网的水网系统是江南水运发达的先决条件,不仅深刻影响着江南区域的城镇发育,而且为区域内外的商品流通及漕运、旅行提供了便利条件。陈学文利用十多种商书中记载的江南水系和运输系统、路线,以主要城市为中心,大体复原了明清时期该区域的水运网络。该区域水运路线分布极为繁密,尤其是在太湖流域周边,连接苏、松、杭、嘉、湖五府的水运线路尤为繁密,其中在江南境内的水运线路有26条,起点和终点在境内的有17条,水陆联运过境的线路10条,共计53条。上述水运路线连接江南市镇,担负着域内物资和商旅流通,还沟通着大江南北,是江南和其他区域经济文化交流的重要纽带。太湖水运网络、京杭大运河、长江以及星罗棋布的码头和港口,集散着工业化的原料和商品,为近代工业化提供了大运量、低成本、高效率的交通服务。

总之,长江三角洲依靠太湖流域畅通的交通水系、发达的工农商经济、较高素质的劳动力资源,不仅在国内经济内循环中占有举足轻重的地位,也在19世纪40年代从被动到主动的国际经济大循环和文化交流中发挥着引领作用,成就了江南地区在江湖时代的辉煌。

第二节 商埠制度、政治改良与市场经济秩序的建立

1840年以后，江南地区被动对外开放的步伐在逐渐加快，在中外冲突中不断建构、不断完善着具有中西文化交融特色的制度环境。制度是约束社会各阶层的社会、政治和经济活动行事规则的集合。学术界根据研究内容将制度划分成制度环境和制度安排两个范畴。

制度环境是一系列基本的经济、政治、社会及法律规则的集合。它是制定生产、交换以及分配规则的基础。在这些规则中，支配经济活动、产权和合约权利的基本法则和政策构成了经济制度环境。制度安排是支配经济单位之间可能合作和竞争的规则的集合。制度安排可以理解为人们通常所说的游戏规则，不同的游戏规则导致人们不同的激励反应。开埠初期，区域发展的制度环境、制度安排不利于工业的发展。1840年以后，伴随着全方位的"国门洞开"，制度引进与融合在战争冲突、政治改良、文化冲突、贸易往来中逐步推进，从而为集聚巨额资本进行大规模的工业投资准备了条件。在近代上海及其周边地区的制度环境的变迁中，市场经济秩序、金融系统和股份制公司制度的变革最为重要，为工业投资提供了秩序、资本和组织准备。

一、上海、宁波、镇江等口岸开埠通商与商埠制度的建立

1840年，鸦片战争爆发，外国势力通过不平等条约迫使中国在东部沿海、沿江地区开放通商口岸，并沿着水路和铁路进入中国腹地。后来中国自开商埠也逐渐增多，从一口通商到百口通商。据吴松弟对1843—1930年间开放口岸的梳理和分析发现，此时中国可与外国贸易的口岸达到110个，除了山西、贵州、陕西、青海、宁夏等少数省份外，中国绝

大多数省份都有了通商口岸。不可否认，中国被迫与外国侵略者签订了许多丧权辱国的不平等条约，的确对国家主权、领土完整、国民财富带来了不可估量的损失，但客观上也迫使中国开放国门，加快融入世界市场，接受工业革命以来西方先进的技术及与之相配套的制度安排等人类文明进程的新成果。

西方近代工商业势力主要盘踞在中国东部沿海、沿江地区及东北地区。受其影响而产生的中国近代工商业经济也主要分布在上述地区。棉纺织业、面粉业、银行业、化学工业、交通运输业等近代性质的产业在东部沿海主要城市及其周边地区逐渐发展起来。经过一百多年的经济近代化进程，截至新中国成立前，中国经济版图上至少存在江南、珠三角、胶济、天津、东北五个具有近代性质的工商业发达的经济区域。托马斯·罗斯基也认为二战前中国的经济增长主要来自充满经济活力的以上海为中心的江南地区和以今辽宁东南的沈阳、鞍山、本溪、营口以及大连等为工业中心的东北地区。

上海、宁波、镇江及周边地区是近代中国开埠通商最早、开放程度最高的地区之一。首先，1842年，《南京条约》签订后，上海、宁波开埠通商，意味着沿海地区走向开放，由此上海在国家对外贸易中超越了广州，成为第一大贸易港。其次，1858年，《天津条约》规定镇江、南京开埠通商，意味着沿江地区走向开放，而且随着被迫实行的子口税半税制度以及长江下游航道的开放政策，使得该区域的开放程度大大加深。再次，1895年，《马关条约》签订，苏州、杭州及内河被迫开埠通商。该区域被迫在三个方面做出影响深远的重大让步：第一，江南内陆腹心城市苏州、杭州对外开放；第二，内河航运从长江扩大到"从上海驶进吴淞江及运河以至苏州府、杭州府"的其他内河，吴淞口等内河港口外轮可以卸载货物；第三，允许日本在中国的通商口岸投资办厂。1898年，海关总税务司进一步发布内港行船章程，规定内河通商口岸和停泊口岸悉数对外开放。1895年，《马关条约》规定的口岸设厂权和内河开放政策直接催生了近代工业投资向内地腹心地区的扩张。至此，上海及其周边地区对外国势力而言，已经完全开放。因此，该区域受到西方的影响最为深刻，不仅仅表现在经济上，也同样表现在政治和社会文化领域。

另外，商埠制度的形成也受到地方根植性、地方生产网络的影响。从开埠初期英国棉纺织商品在该区域的滞销史来看，条约制度下的商业竞争是地地道道的竞争，没有个人或者集团能主宰市场。面对战前战后的巨大反差，英国人把商品滞销归咎于中国不够开放，而忽视该区域人民的需求，并不断诉之于战争。外国棉纺织品滞销的局面出现在19世纪70年代，随着印度粗支纱逐步替代手纺纱而逐渐改观。粗支纱贸易的成功在于印度机制粗支纱不仅生产效率高于手纺纱，而且适应了当时该区域的市场需求。

随着协定关税、最惠国待遇、开放投资领域等条约核心内容的落地实施以及国内外银行结算体系、中外生产网络的对接，商埠市场经济制度逐渐得以确立起来，并经由租界向上海及其周边地区扩散。商埠制度体系是侵略战争的产物，从根本上不利于中国，是片面的最惠国待遇，但与此同时西方的机器、公司、银行、保险、制度等新生事物也传入中国，并在租界周边形成了有利于自由贸易与投资的区域。上海及其周边地区就是这一政策的辐射区域。

二、晚清以来的政治改良与投资开放

晚清政治改良进程对近代工业投资的促进至关重要，过程也较为复杂，对此学术界的研究已经较为充分。笔者在此主要选择一些对工业投资开放有重要影响的政策加以阐述。自19世纪60年代起，洋务派主导或主办了大量的近代工商业投资，涉及航运、机器、纺织等多个领域，发挥了开风气之先的作用，但笔者认为1895年清政府放开对国内工业投资的限制，鼓励投资的政策直接引发了民间工业投资的浪潮，对近代工业化产生了极其深远的影响。张之洞于1894年11月至1896年1月出任两江总督，主张在各地设立商务局，推进实业，得到清廷支持后，他立即在江宁、镇江、苏州、通州等地设立商务局，并委派当地"乡望素孚，商民信服"的绅士督办。①在两江总督的鼎力支持下，无锡业勤、苏州苏纶和南通大生纱厂作为第一批机器工厂先后开工生产。

为了破除成见，广开风气，1903年，商部颁布《奖励公司章程》，规定凡集股50万元至5000万元的工商业者，分别奖以议员或者商部头等顾问等职位，并加赏七品至头品顶戴。若获奖者已有职衔，则在所定等级之上加一级，还可以移奖给兄弟子侄。1906年，商部颁布《奖给商勋章程》，规定能制造新式机器者、翻新工艺者、精工制造者，奖给六品到二品的顶戴，五等至一等商勋。由此张謇、周舜卿、祝大椿、许鼎霖等人都因开办实业受到政府奖赏。奖励工商实业法规的颁布与执行，使得工商业从业者可以"商而优则仕"，在一定程度上破除了千百年来的贱商陋习，提高了工商从业者的社会地位，从而激发了名流绅士投资实业的热情。

与此同时，保护商人、推广商务的制度建设也有了进展。中国第一部《公司律》经过短短三个月的编纂，于1904年1月21日正式颁行。《公司律》虽是应急而生，但毕竟使得工商业发展有法可依，使得工商业者的投资得到法律的保护。近代，中国政府先后颁行4部公司法律。1904年，《公司律》在中国历史上首次对公司进行了正式的法律界定。1914年的《公司条例》又规定了公司的法人地位，界定了公司的4种类型。1929年的《公司法》使公司的定义更为明确，并首次规定了法人持股的合法性。1946年的《公司法》进一步增加了有限公司和外国公司的条款，把近代中国的公司法律推到了最后的阶段。②自晚清至民国，政府鼓励发展实业一脉相承，使得振兴工商业成为既定的国策。不同时期的

---

① 汪敬虞编：《中国近代工业史资料》（第2编）上册，科学出版社1957年版，第593、595、596页。
② 张忠民：《中国近代的"公司法"与公司制度》，载《上海社会科学院学术季刊》1997年第4期。

政府出台了大量推动和保护实业发展的法律法规制度，而且积极与外国进行交涉裁厘改税、修订海关税则等事宜，还实施废两改元、发行法币等金融改革。在上述制度变革和前期实业红利的刺激下，士绅阶层一改从前的守旧风气，积极融入实业救国的洪流，成为振兴地方实业的重要组织者、推动者。

总之，上海及其周边地区在一系列条约制度下，被动地由内及外地融入了国际市场，是真正意义上的对外开放。近代一系列开放市场的条约制度和中国历届政府颁布的一系列鼓励、保护工商业发展的法令条例，破除了中国传统社会中存在的阻碍工商业发展的桎梏，使得上海及其周边地区逐渐走向资本主义市场经济的轨道。

第三节　中外资本共生关系和上海区域金融中心的形成

一、中外资本共生关系的建立

在上海，这种中西贸易信用体系没有建立起来。在广州，中外贸易主要由东印度公司和广州十三行对接，由后者负责采购、垫付政府税收等，形成一套相对稳定的货物集散与贸易支付体系。上海开埠初期，外商以为有条约保护就可以经由港口到江南内地自由销售洋货、收购土货，经过数次人财两空后，才知直接贸易的交易成本很高。江南地方商业系统关系网络的排他性严重限制着外商，使其无法直接融入，导致双方贸易支付体系难以对接。英国驻上海领事巴福尔早在1845年就说汇票难以兑现，只有在贴水很高的情况下才办得到。为了规避直接到内地交易的成本，该区域的中西贸易必须有中间人作为媒介。买办及其钱庄应市场需求而出现，弥补了这个缺失的环节。因此，仅从贸易便利化角度看，买办阶层为中西贸易的正常发展发挥了桥梁和纽带作用。

一些极端事件也在一定程度上加快着中西贸易方式的变化和中西贸易体系的融合。1853年，太平军进入江南，上海富商大贾争相卖掉货物，抢购黄金白银等硬通货。此时钱庄不出庄票，不放头寸，导致进口货物滞销。在这种情况下，易货贸易和现银交易在不同商品买卖中进行。大批鸦片不得不以易货贸易的方式卖掉，上海茶叶的出口贸易差额也不得不以进口白银进行调剂。中国商人拿到银子后便不再脱手，导致流动性仍然不强。此时鸦片甚至被作为硬通货来使用。上海市场的硬通货极度匮乏，严重影响了洋商贸易的进行。上海的英国商会召开紧急会议，研究当时硬通货不足的问题。由于上海硬通货的极度紧张，已经导致易货贸易的扩大。这种只有在原始社会缺少交易媒介的情况下才流行的制度带来很多麻烦，因为交易双方往往不能得到真正需要的货物。在这种情况下，钱庄庄票开始突破中国人之间的资金流转范围，扩大到华洋交易中来。1853年，上海洋行在讨论硬通货缺乏问题的会议中提到硬通货缺乏导致中国钱庄庄票或期票的普遍采用。但是此时洋行收受庄票非常谨慎，钱庄庄票需要得到中国买办的认可，不太可靠的钱庄庄票需要出具担保，有时未兑现以前，不肯出手货物。外国人认为大多数钱庄，特别是从事与鸦片贸易有关的钱庄资本与所承担的责任比较起来，是微不足道的。钱庄作为上海中西贸易的中介，主要凭借庄票之流通和外国银行之拆借增加流动性。具体办法是上海钱庄出庄票，交予捎客或者华商，华商交给洋商，洋商交给外国银行，届期由外国银行向钱庄收款，或者由洋行直接向钱庄兑现；华商货物售出获得货款，再付本息给钱庄。

面对上海硬通货缺乏造成的贸易困境，上海的中国商人群体也在积极采取措施予以改善，以降低己方损失。1856年，华洋交易中使用的西班牙加罗拉银圆越来越紧，行市不断上升，而纹银行市下降，导致市场情况异常混乱。于是上海商人于1857年3月决定改用上海银两作为华洋交易的计算单位。九八规元又称为豆规元，源于豆货贸易。豆货贸易转移到上海后，牛庄与上海豆行的交易繁盛，现银缺乏，凡收现银者，须九八折扣，计算办法始于上海南市豆麦行。上海未开租界之前，一切交易均在南市。南市商务以豆为大宗，当时豆行之计算办法，均以九八规元为标准。后来各地与上海交易者，均以九八规元为准绳。上海设立租界后，华洋商务日繁，至1856年，九八规元的计算办法流传于租界。此后各埠均以上海为中心的进出口货物，以规元为交易媒介，于是各埠也相继以九八规元为记账单位。

以钱庄和买办为纽带，中西商人逐渐建立了正常的贸易结算制度。钱庄以庄票解决了中西贸易的资金短缺问题，与此同时，外商银行在取得一定担保下也开始接受庄票贴现。资本薄弱的上海钱庄由此多了一条融资渠道。随着对外贸易的扩大，钱庄资金越来越不够用。1869年，汇丰银行首先经由买办，接受庄票作为抵押，放款给钱庄。这就是通常所说的外商银行对钱庄的拆票。拆款通常两天一结，银行有需要时，随时可以要求归还，成为钱庄流动资金的一项主要来源。19世纪下半期，上海大宗交易有百分之七八十以庄票或者支票支付。上海钱庄按其需要及其与外行的关系，经由买办保证，可向外国银行拆借所需资金。清末上海钱庄的流动资金几乎全部给予外资银行。1911年，拆借款额达到1400万两。各庄有资本三四万两，借入七八十万两。上海钱庄的中间人地位使得钱庄信用扩张，放款规模增加。

钱庄业务从19世纪的银钱兑换转变为以信贷业务为主，成为支撑工商业投资的重要金融力量。19世纪60年代，贸易商人不凭借信贷就不可能做大生意。为适应贸易需要，钱庄逐渐实现信贷制度化。具体说就是1890年以后实行的汇划制度和公单制度。通过汇划制度，洋行开出的支票和华商发出的庄票可以在外商银行直接轧抵充销，不搬运现金，从而大大减少了交易环节和时间。公单制度是1890年上海钱业的首创，具体办法是各汇划庄将其所应收之庄票送到出票庄换取公单，然后交钱业汇划总会汇总相互轧抵，汇划总会也代理非会员庄与外商银行的清算业务。公单制度方便了洋行和钱庄的清算业务，避免了大量资金的搬运，是我国票据交换的雏形，是中国钱庄业的一次革命。郝延平认为19世纪

20年代到80年代的"中西商业资本主义"使得沿海地区经历了商业革命的洗礼。在这场商业革命中,中国商人独创了诸如拆票、钱庄庄票、中国商人附股活动、内地收购制度等新的制度和做法。西方商人也带来了资本主义的一些新东西,例如伦敦汇票、银行、保险业务和轮船航运业等。经过19世纪的商业革命后,一连串的新经营组织和做法也就产生了。例如保险业和新式银行业兴旺发达,合股公司代表着未来的潮流,证券市场成为筹集资金的工具。中西资本共生在合法和非法两个方面都取得成功,而且影响深远。总之,19世纪发生在沿海地区的中西商业贸易,改变了该区域的经济结构,形成很多互补性的制度安排。

与传统时期主要以家庭成员组成的或者小规模的合伙制手工作坊不同,机器大工厂需要巨额的资本投入。19世纪90年代,上海及周边地区几个纺纱厂的投资基本上都在几十万两白银的规模。靠传统的融资模式和信用体系,民间资本短期内很难集中如此大规模的资本。这是初期投资需要官方作保和资金支持的重要原因,而且这种融资活动不仅仅是钱的问题,从某种意义上讲,更需要一种集资制度来保障每个投资者投资的安全和收益。笔者认为近代外资银行、中国钱庄和中资银行等金融机构形成的共生关系为贸易、工业投资提供了所需的巨额资本保证,股份公司为资本集聚提供了组织保证,另外官利、分期付股等制度创新以及新式工业的厚利也调动了民间的资金潜流,并引导投资者由传统行业转向近代工业领域。

二、上海成为区域金融中心

根据上海钱业巨擘秦润卿的回忆,上海钱庄之滥觞实始于旅沪绍兴人所开设的煤炭肆,他们兼营小额存放业务,后来业务日渐发达,相继开业者逐渐增多,渐次形成钱庄行业。清乾嘉之际海运畅通,南北豆货贸易大兴。上海的南市十六铺内帆樯如林,因此成为上海钱庄业的摇篮。此时沙船是南北洋贸易的主要交通工具,满载东北、闽广各地土货而来，换取上海百货而去，其间交易最大的是杂粮、油饼。货款交割，都用九八豆规银计价。其后全市通行九八豆规银，遂成上海一埠的记账单位，而钱庄即为九八豆规银收解总汇，迄于1933年废两改元。这段时期上海的规银筹码完全操之于钱业之手，其地位之重要于此可见。

上海钱庄的资本来源由其股东的出身可以看出。钱庄投资人的资金多由商业资本转化而来，其中丝业、糖业、粮业、洋货、颜料、鸦片等行业的商业资本尤为显著。此外，地主、买办、士绅所占比重也较大。上海钱庄有镇海方家、李家、叶家，苏州程家，慈溪董家，宁波秦家，湖州许家，洞庭山严家、万家等九大家族。九大家族的事业重心在上海，但多属江浙籍，且多兼营商业。镇海方家以粮业、糖业起家，镇海叶家以经营五金业起家，宁波秦家以颜料业起家，镇海李家、慈溪董家以沙船业起家，湖州许家、洞庭山万家和严家以洋货起家。苏州程家较为特殊，是大地主，以地产投资为主。1858年，上海城区和租界有钱庄120家，其中规模较大的钱庄只有8至10家，股东较为富有，账面资本有3万至5万两；规模在5000至10000两的中等钱庄有几十家；规模较小的钱庄有50家，只有500至1000两的资本，所发庄票不为外商所接受。大钱庄对沙船主放长期贷款，还从事黄金、白银、墨西哥鹰洋与上海银两的投机。中等规模钱庄对洋广杂货、鸦片批发商放短期抵押贷款。光绪初年（1875）北市有钱庄80余家，南市有钱庄30余家，但受中法战争可以预见的影响，相继倒闭，只剩下20余家，不久又恢复到原有的水平。后营口市面衰败，沪上钱庄受其影响颇有外强中干之象，不久上海橡胶风潮突起，市面大为消沉，数十家钱庄倒闭。辛亥鼎革，市面再次消沉，南北两市共存50余家，至1913年逐渐恢复，南北两市有钱庄112家，资本日益雄厚。1926年，钱庄有87家入钱业公会，未入会者有25家。钱庄资本最大的有36万两，最少者也有2万两。资本较大的钱庄大都从事抵押放款业务。后来上海钱业经历五四运动、交易所风潮，但是影响不大。

上海金融组织除钱庄外，还有山西票号。太平天国运动以前，票号金融势力汇集于苏州。此时上海只有几家分号,资本也少,以汇兑交易为主,不放长期款项。太平天国军兴以来,票号结交官场,存款较多。1843年以后商埠日盛,上海有票号24家,每年放银于钱庄多至二三百万两。由此,票号成为上海金融市场上融资、金融汇兑的重要组成部分,后来随着有实力的钱庄介入存贷、汇兑业务,山西票号逐渐衰落。

另外,外资银行也进入上海,并逐渐成为掌控上海金融体系的重要力量。1895年,除英国银行外,德华、华俄道胜、横滨正金、花旗等其他国家的银行逐渐开办起来,不仅充当各国对华贷款、赔款的执行机构,而且在不同程度上成为外资工业的金融支柱。1894年以前,汇丰银行的放款业务以短期、小额商业放款为主,放款总额从未超过500万元,1895年转而放出大宗工业贷款,到1913年已经超过1.4亿元。汇丰银行对怡和洋行所办的几个大厂,实际上执行"无限制透支"。从1847年到1949年上海解放为止的102年间,共有英、法、德、俄、日、美、比、荷、意、挪等10个国家的62家银行先后在沪设立机构。这些在沪外资银行成为掌控近代上海金融市场最重要的力量。

中资银行也于19世纪末在上海出现。1897年成立的中国通商银行是上海最早的中资银行。大清银行最有实力,1912年辛亥革命后改为中国银行。此外交通银行、浙江兴业银行、浙江银行、四明银行等先后在上海成立。到20世纪20年代上海共有50余家中资银行。截至1949年5月27日上海解放,在上海设立的中资银行总数达412家。

中资银行与钱庄的关系以20世纪20年代为限,也出现不同的发展趋势。早期的中资银行在资金放贷、纸币发行、票据清算等方面严重依赖钱庄,导致一部分业务脱离银行业务的正轨而类似于钱庄,存在着明显的"钱庄化"趋势。第一次世界大战以后,在银行的竞争压力下,钱庄自觉或不自觉地处处模仿银行的做法,在制度建设、机构设置、业务品种等方面出现变革,即钱庄的"银行化"。这种趋势最早出现于20世纪20年代,至30年代以后表现得更为明显而持久。由此,资金雄厚、分布广泛的旧式钱庄重新获得活力并扩大了经营范围，不但在中西贸易的资金周转中发挥作用，而且在支持上海及周边地区的近代工业投资上发挥着重要作用，甚至其发挥的作用超过了银行。

据《上海金融志》统计，上海集中了数量众多的票号、钱庄、银行、信托公司、保险公司和证券交易所等各类金融机构，银行、钱庄的存款额要占全国银行、钱庄存款的四五成，不仅巨额资金在此集散、吞吐，而且全国借贷利率和金银外汇行市也唯其马首是瞻。由于中西资本的共生关系和上海区域金融系统的建立，上海投资者很容易获得世界市场的信息，获得商品估价、分类的经纪服务以及处理信贷、汇兑、保险和销售的服务。由于19世纪中叶的信贷扩张，通商口岸的年利率水平大约在12%，高于同期欧洲6%—8%的水平，但是远远低于传统时期40%的利率水平和近代内地35%—50%的通行利率。造成低利率的原因，一方面是西方商行在借款上存在竞争，担保容易，另一方面在于条约口岸为资本提供了一个免受政治动乱影响的安全环境。

因此，近代的上海不仅是国内外资本的集聚地，而且拥有庞大的金融体系和辐射到海内外的金融网络，成为长江三角洲地区乃至东亚地区的金融中心。最具划时代意义的是，以钱庄、外资银行、中资银行为代表的金融力量在上海集中，不仅使得上海成为巨大的商业中心和金融中心，而且使得上海及其周边地区较为方便地获得低成本的资金支持。

第四节 现代公司制度及科学经营理念的引进

股份制公司是近代中国经济领域的一项重要的制度变革，是近代工业投资的组织形式。明清时期带有股份制雏形的合伙经营方式已经盛行于江南的商业领域，但没有发展为近代性质的股份制。股份制是指通过发行股票来筹集资金，组织大规模企业经营的资产组织形式，是西方的舶来品。世界上首家近代永久性股份公司是1602年成立的荷兰东印度公司。股份制最初主要出现在商业贸易领域，工业革命后，由商业领域逐渐扩散到工业领域。学术界关于外国在华股份公司、华商在外企附股活动和中国公司制度的研究已经取得丰硕的成果。笔者在此主要是说明股份公司这种制度在集聚工业投资的作用而已，不再详加评述。

我国股份制公司的起源可以追溯到广州一口通商时期，但其真正兴盛的时期应该在19世纪中叶以后。19世纪六七十年代以后，轮船、电报逐渐在东西方贸易中广泛使用，使得西方可以在最短时间内了解中国和西方的市场行情变化，不必再像以前来到中国即开启抢货模式。另外，1869年底苏伊士运河航线的开辟也大大缩短了东西方间的航行距离与时间。受上述交通和通信技术变革的影响，东西贸易方式产生了重大变化。更多外商直接参与对华贸易，开设了更多的洋行。数量众多的洋行分享相对稳定的东西贸易的利润，一时间面临僧多粥少的困境，被迫开拓新的业务。怡和、琼记等资本雄厚的大洋行开始把航运、保险、汇兑等过去附属的业务放到更加重要的位置，也开始吸引中外资本筹建轮船、保险、缫丝等股份制公司。于是19世纪60年代以后从事银行业、保险业、出口加工业、船舶修造业以及公用事业的中外合资的股份制公司如雨后春笋般地出现在上海。在经历了附股、自主创办的过程后，股份制公司制度逐渐被国人所熟知。1872年，沙船业巨擘朱其昂在官方的支持下，创办了中国第一家具有近代股份制性质的企业——轮船招商局。此后，洋务派人士迅速把在上海集股筹资的办法推广到电信、矿业、工业等领域，涉及江苏、安徽、山东、湖北、热河、沈阳、直隶、云南、贵州等地，形成了中国股份制公司发展的第一个高潮。据朱荫贵统计，1882至1887年在《申报》上刊载股票买卖价格，并在上海筹资的股份制企业已经有36家之多。

1895年以后，政府允许民间办厂，民间合股开办的股份制企业开始大规模出现。首先，大量商办企业集股开办，由于没有官方的掣肘，更加接近股份制公司的治理模式，管理更加民主化、科学化；其次，官办、官督商办企业在20世纪初，由于资金困难，开始向股份制企业转化。例如最大的官办企业汉冶萍公司在1896年运营困难，资金难以为继，最后由盛宣怀集股100万两承办，由官办改为商办，至1908年由汉阳铁厂、大冶铁矿、萍乡煤矿组成完全商办的股份制公司。轮船招商局也于1909年在上海举行首届股东大会，选举董事会，行使企业管理运营全权。进入民国以来，全国范围内股份制企业更加蓬勃发展，从1913年的992家增加到1917年的1024家。1947年，仅经过国民政府核准登记的中外股份制公司就达到2555家，其中无限公司179家、两合公司18家、有限公司604家、股份有限公司1752家、股份两合公司2家。上述公司所在地以上海最多，重庆、天津、北京、青岛、汉口等市及浙江、江苏、四川等省次之。

除了现代公司制度逐渐落地生根外，进入民国后，企业的科学管理思想也传入中国。19世纪末20世纪初，中资企业大多缺乏现代企业管理理念，凭借经验，暗中摸索，事业之盈亏，付之天命，留美企业家穆藕初翻译泰勒的《科学管理原理》，将西方现代科学管理理论介绍到中国，并开始在德大、厚生、豫丰等纱厂实践。到20世纪二三十年代，民族企业家们纷纷响应，引领中国实业界掀起了一场以工程师制代替传统工头制、复式记账法等为标志的企业管理革命，推进企业经营走向科学化、正规化。例如中资企业开始学习现代科学经营理念，建立现代有限责任制公司，严格规章制度，改革薪酬制度，采取股权认购企业激励方式。再如20世纪20年代荣氏工厂展开内部管理体制改革，以新职员制代替传统工头制，并在荣巷创办公益工商中学，培养专门工商技术人才；唐氏庆丰对企业管理制度进行彻底改革，高薪聘用专家，委以重任，开办学校，设立培训班，为企业培养职员和工人；薛氏永泰集团直接与外销机构合作，于1929年开办制丝技术管理练习班，培养专业人才。①

---

① 李雨蒙：《近代民族工商业的历史变迁》，载《中国民商》2019年第5期。

近代中国的股份制公司虽然在管理上和西方股份制公司不完全一样，但至少在集资上参考了后者的一些做法，并针对中国社会实情做出新的制度架构。例如为适应中国民间资本较小的现状和保本观念，中外合资的股份制公司创立股银分期缴纳制度、官利制度（类似于债券）、业务股东分红制度以吸引、集聚民间资本。股份制公司经过若干制度变异后适应了中国本土的经济社会条件和文化传统，并在1895年以后国人集资开办的大型棉纺、面粉、缫丝企业中开花结果。因时代的局限性，国内股份制公司不可避免地在集股、治理结构、收益分配等方面存在一些弊端，甚至有些股份制公司在某种程度上已经退回家族公司的管理模式，但是还是为大工业筹资提供了一种制度安排，在一定程度上缓解了当时资金短缺的困境。

第五节　小结

历经开埠通商和一系列被动与主动的渐进式改革后，在上海及周边地区，诸如现代公司制度、金融系统等经济社会发展环境都有了新的变化，初步形成了有利于工商业投资的制度环境。近代中国一直处在列强战争和经济侵略之下，因此上层人士和底层人民群众普遍怀有"救亡图存""实业救国"的民族主义情结。这种情结是半殖民地半封建的近代中国所特有的思想，使得工商从业者一雪前耻，由四民之末而成为振兴国家实业的支柱。总之，在中西方交流与冲突中产生的新制度环境和经济伦理观不仅调动了官员群体、士绅阶层、工商业者投资近代工业的积极性，也为工业化浪潮的出现做好了资本、组织和制度等方面的准备。

第二章

商埠区城市工业的发展与地域分工的演化

从近代的贸易规模和辐射范围看，上海是全国范围内最大的商埠城市，宁波与镇江属于地方性口岸。按照1858年《天津条约》的规定，南京应在清军重新进入后对外开埠。1865年，法国公使和英国公使曾照会清政府在江宁租地通商，但未取得进展。直到1897年江宁奏请自开商埠后，清政府才于1899年5月1日设金陵关对外通商。由于货物多由上海、镇江进出，开埠后的江宁进出口贸易规模较小，对周边地区的影响也较小。依据中日签署的《马关条约》，1895年，苏州、杭州两个内地城市开埠通商，但对外贸易额极为有限，外国设立的租界区范围和影响非常小。从开埠通商对周边地区和所在城市的作用看，南京、苏州、杭州与前者不具可比性。因此，笔者没有把南京、苏州、杭州放在商埠区展开研究；另外，由于南京与上海工业联系不多，没有做专门研究，而将苏州、杭州作为丝产区的城市进行研究。从上述商埠的近代工业发展状况看，上海是近代工业的发源地，发展最为充分，又是当时全国的金融中心；宁波、镇江虽近代工业的发展相对有限，但金融业非常发达，在区域贸易和工业投资领域也发挥了重要作用。该部分主要涉及上海、宁波、镇江三个城市。

第一节　上海近代工业的发展和城市地域分工的演化

一、研究成果综述

关于上海的研究，自民国以来中外研究成果层出不穷，积至今日，专著、调查资料汇编、行业资料汇编和研究论文已经汗牛充栋，内容涉及工商业、贸易、金融、租界、企业、社会人群、社会文化、城市空间等诸多方面，以至于完备的上海研究综述足以形成几部厚厚的专著。因为研究范围和主题的原因，笔者主要总结近代上海工业发展及与之相关的贸易、金融和城市空间等方面的研究成果。按照不同时期的研究热点，分述于下。

（一）资料的整理与研究

上海近代关于城市经济的资料非常完备，从来源看主要有海关档案、英国领事报告、政府调查资料和档案、工商团体和工人文献资料以及民国以前报纸和期刊上的资料，当然还有新中国成立以后形成的大量文史资料。新中国成立以后，学术界做了上述资料的收集与整理工作。与经济相关的资料主要有以下几类：《上海钱庄史料》（上海人民出版社1960年版）、《江南土布史》（上海社会科学院出版社1992年版）、《刘鸿生企业史料》（上海人民出版社1981年版）、《中国第一家银行》（中国社会科学出版社1982年版）、《近代上海地区方志经济史料选辑（1840—1949）》（上海人民出版社1984年版）、《中华民国货币史资料》（上海人民出版社1991年版）、《金城银行史料》（上海人民出版社1983年版）、《上海商业储蓄银行史料》（上海人民出版社1990年版）等。这些是后来者研究上海及其周边地区经济发展的主要史料来源。

（二）上海通史著作和综合性研究

随着上海研究领域的拓展和研究的深入，总结研究成果的上海通史编纂工作也逐渐展开。刘惠吾编著的《上海近代史》（华东师范大学出版社1985年版）按照时间顺序考察近代的上海在政治、经济、社会、军事、文化等领域的发展概况。1988年，由唐振常、沈恒春主编的《上海史》（上海人民出版社1989年版）是第一部上海通史，共分27章，时间段从考古发现直至1949年，对上海的公共租界、法租界、华界进行了统一的考察，涉及城市发展各个方面，并对典型性的问题进行了论述。自1987年开始酝酿、2005年付梓的《上海通志》卷首设总述、大事记，下设建置沿革、自然环境、人口、工业、农业等46卷，涉及经济社会发展的各个方面，共1083.6万字，是一部实用价值和学术价值极高的"上海百科全书"。另外，上海各行各业都修有专业志，具体见上海地方志办公室官方网站，在此不做赘述。

1999年，熊月之主编的《上海通史》（上海人民出版社1999年版）15卷本面世，是系统研究上海历史的第一部巨著，全书分《导论》《古代》《晚清政治》《晚清经济》《晚清社会》《晚清文化》《民国政治》《民国经济》《民国社会》《民国文化》《当代政治》《当代经济》《当代社会》《当代文化》《附录》等册，上起史前时期的崧泽文化，下迄1997年，与一般通史相比，"经济""社会""文化"部分占篇幅较大，从而更加全面地探讨上海的经济历史。另外，《上海700年》（上海人民出版社1991年版）、《上海一百年》（上海人民出版社1999年版）也对不同发展时段内的上海进行了综述。

（三）城市发展研究

关于城市发展的研究主要分为城市空间演化和城市发展模式两个方面。1984年，《上海史研究》刊载郑祖安《上海旧县城》《近代上海都市的形成——一八四三年至一九一四年上海城市发展述略》《国民党政府"大上海计划"始末》3篇文章，对上海城市的成长史做了系列研究。1988年，《上海史研究（二编）》又发表郑祖安《1864—1866年上海英租界外观》《五卅运动和上海租界统治的动摇》《论租界对上海人口发展的影响》3篇文章。城市研究的深入也推动了对上海城市与国内外城市发展模式的比较研究。例如《近代天津、上海两城市发展之比较》（《档案与历史》1987年第1期）、《上海香港比较研究》（上海人民出版社1990年版）、《上海和横滨——近代亚洲两个开放城市》（华东师范大学出版社1997年版）。1990年，张仲礼主编的《近代上海城市研究》一书从经济篇、政治社会篇、文化篇三大版块，论述了近代上海城市形成的历史过程及其特征与规律，学术研究超越了对于上海历史发展的一般性记述。

近代上海的城市功能分区也受到学者的关注。张鹏（2005）追述近代上海外滩空间的变迁过程，并对演变动因进行了分析。苏智良（2006）认为上海城市可以划分为七个类型：第一类是外滩办公区域，即英租界地区。第二类是高级住宅区，以法租界西区和公共租界越界筑路区域为代表。第三类为商业娱乐街区，如南京路、霞飞路和四川北路等。第四类是工业区，主要有杨树浦、沪西小沙渡以及闸北。第五类是下层市民集聚的棚户区。第六类是传统城区，以城隍庙区域最为典型。第七类是其他类型，如高昌庙地区，江南机器制造总局的迁入，带动了此地的繁荣。

（四）经济史研究

学术界关于近代上海经济史研究的成果主要集中在工业发展、港口和金融贸易、经济增长或者发展模式三个领域。首先，上海是我国近代工业的起源地和工业中心，在我国工业史上占有重要的地位。因此上海的工业化研究也受到学术界的关注。新中国成立前，学者们多结合上海的工业调查资料研究不同阶段的城市工业发展状况。其中，以刘大钧的《上海工业化研究》最具代表性。该研究首先追述上海工业发展的历程，然后结合1931年和1933年的工业调查数据，评估工业的近期进展，也研究上海工业化的经济影响和社会影响。其次，志学（1939）依据杨铨和刘大钧的研究，将上海工业进程分为制造西式军器时期（1862—

1877）、制造商品时期（1878—1894）、外人工业发展时期（1895—1902）、政府奖励工业时期（1903—1913）、民营工业发达时期（1914—1925）、政府与民间合作发展工业时期（1926—1933）、工业衰退时期（1934—1936）共7个阶段，分别论述各个阶段的进展。潘吟阁（1943）研究了日军进入租界前的1942年上海工业发展概况。

行业史和企业史研究也是工业发展研究的重要内容。新中国成立后到1966年，经济史研究首先在行业史和企业史方面取得进展。如《恒丰纱厂的发生发展与改造》（上海人民出版社1958年版）、《上海民族毛纺织工业》（中华书局1963年版）、《永安纺织印染公司》（中华书局1964年版）、《上海民族机器工业》（中华书局1966年版）。1976年以后，随着学术环境的宽松，中断的行业史和企业史研究得以继续，研究成果也大量涌现。例如《江南造船厂厂史》（江苏人民出版社1983年版）、《沙逊集团在旧中国》（人民出版社1985年版）、《中国近代面粉工业史》（中华书局1987年版）、《上海近代西药行业史》（上海社会科学院出版社1988年版）、《上海近代民族卷烟工业》（上海社会科学院出版社1989年版）、《中国近代缫丝工业史》（上海人民出版社1990年版）、《太古集团在旧中国》（上海人民出版社1991年版）。老一辈学者在企业史和行业史方面的资料积累和研究工作为后来者进行综合性研究奠定了深厚的研究基础。90年代中期，由丁日初主编的两卷本《上海近代经济史》出版，这是第一部上海经济发展通史，也是对前一段时期上海经济史研究的总结。

此后工业研究进一步整合、深化。徐新吾、黄汉民（1998）研究了1843—1949年上海工业产生、发展、停滞的全过程，涉及外资工业和国家资本、民营资本工业的发展，而且还研究了具有行业代表性的企业集团，是该领域研究的代表作。肖爱丽、杨小明（2011）对上海缫丝业产生、发展、技术进步及其兴衰的原因做了详细的研究。另外，在《上海通志》和上海系列专业志中都有近代上海主要工业发展情况的记述，专业而细致，具体不做赘述。

2004年以后对上海几个工业集聚区的研究也成了工业发展研究领域的热点。例如罗苏文(2004)探讨了棉纺织投资集聚的杨树浦路和杨树浦港T型区域及形成沪东工业带的过程。毛剑锋(2006)对近代上海的杨树浦地区工业集聚及其城市化进程进行了研究。陈云(2007)研究了1898年吴淞口开埠后,在上海因素和吴淞因素的共同作用下的工业发展。张婷婷(2007)以苏州河南岸曹家渡地区的工业化和城市化为例,探讨上海郊区城市化的路径。牟振宇(2010)运用历史地理学和GIS技术,复原了上海法租界地区从圩田农业形态向建成区转变的具体形成过程和空间扩展过程,剖析了这一过程的实现路径和驱动机制。胡银平(2008)以小沙渡工业化、城市化进程为主线,探寻小沙渡城市化的促进机制及工人运动高涨的原因。吴焕良(2011)对近代上海棉纱业的空间演变过程及机理进行了探讨。总之,上述研究对上海工业的发展进程和空间集聚过程都做了较为深入的研究,只是工业投资机制、工业发展水平方面的研究还有待于进一步深入。

作为近代东亚地区极为重要的贸易中心,上海港口和贸易研究也受到足够的重视。首先,黄苇从贸易种类、特点和数量统计等方面对上海开埠20年的贸易发展情形进行了全面梳理。1989年,《上海对外贸易》出版,全面考察了自广州一口通商以来上海的对外贸易,内容涉及贸易发展、贸易机构、运作等各个方面。该著作在上海对外贸易研究领域建立了后人无法超越的学术高地。邹逸麟、茅伯科全面考察上海港形成、发展的全过程。戴鞍钢综合历史学、地理学的视角,将上海港口与所在城市及其经济腹地作为一个整体进行了多方位的考察,深入探讨了上海与周边地区的经济联系以及上海依托港口发展为近代中国贸易、经济中心的过程。徐占春考察了上海及华东、华北、东北、西南和华南沿海地区的贸易发展,并且将中国内地与国际市场联系起来,认为各种优势经济资源在上海进行重新整合,使上海发展成近代中国与远东的贸易、金融、航运中心。唐巧天以大量系统的海关数据、海关报告及英国领事报告为核心资料,从1864—1930年上海外贸埠际转运在全国外贸中的比重、在全国影响范围的变化、与各区域主要口岸间的关系等方面对上海的全国外贸转运中心地位的变迁进行了考察，并对这一变迁过程中体现出来的上海多功能经济中心的地位进行了探讨。张赛群对淞沪会战结束至太平洋战争爆发以前，上海"孤岛"的本埠贸易、埠际贸易及对外贸易进行了分析研究。

上海金融史研究也是热点。新中国成立前，《社会月刊》的相关文章自1928年回溯50年，考察上海金融之洋厘、银拆的长期趋势和金融业的发展。上海市通志馆编纂人员在1933年至1935年，先后在《上海市通志馆期刊》发表了《上海的国内银行》《上海的外国银行》《上海的中外合办银行》《上海的钱庄》等7篇文章，介绍上海的金融机构与组织。魏友棐对上海汇划钱庄的沿革、运营、衰落进行长时段的考察。徐寄庼撰写的《最近上海金融史》，对上海之金融机关组织、金融辅助机关、金融组织的关闭清理、上海规元势力等进行了详细的叙述和研究。洪葭管、张继凤揭示近代市场机制下形成的上海货币市场、证券市场、外汇市场的全貌。21世纪以来上海金融史研究的论文集和专著增多。如杜恂诚主编的《上海金融的制度、功能与变迁（1897—1997）》（上海人民出版社2002年版），复旦大学中国金融史研究中心围绕上海金融中心的地位与变迁、近代上海金融组织两个主题出版了《中国金融史集刊》（第一辑，复旦大学出版社2005年版；第二辑，复旦大学出版社2007年版）。这些著作对于上海金融百年演化的基本线索、金融组织以及不同时期的金融制度进行了研究。另外，在《上海金融志》和《上海通志》的金融部分中，都对上海金融业的发展历程做了极为详尽的论述，在此不再赘述。

上海是近代中国的经济中心，因此关于经济中心的形成及发展模式的探讨也是一个重要研究领域。陈正书认为经过1895—1911年外资和中资对近代工业的投资，上海已经成为工业中心；此外，还从租界制度保障、金融支柱、现代交通网络、近代中国最集中的劳动力市场等方面说明资本集聚上海的原因，并论述了上海成为工业中心的经济和社会影响。潘君祥认为企业家精神、科学的经营管理与城市经济的高效益、长江流域城市间的经济联系是上海经济成长的主要内在动因。张忠民首先追述上海工业中心、贸易中心和金融中心的形成过程,认为上海在20世纪前期已经成为一个多元化、多功能的经济中心,其经济发展的成功是地理区位、租界制度、背后广大的腹地和进取开放的精神共同作用的结果。方书生认为近代长江三角洲的要素从流通领域扩散到生产领域,并通过市场化和工业化推动区域经济增长。

另外,还有部分学者从企业家精神、科学管理与技术创新、区域联系、企业扩张、制度环境等推动经济增长的某些因素出发,详细研究其对上海发展的影响。例如徐雪筠、徐鼎新、丁日初通过研究上海资本家的企业家精神和新旧两代资本家的构成,审视企业家在上海发展中的作用。徐鼎新还探讨了科技力量对经济和文化的影响。黄汉民、陆兴龙研究近代上海工业企业的发展过程和发展规律,论述了公司制企业高度集权向分权管理发展的必然趋势,分析了20世纪二三十年代上海企业发展集团化趋势的特点及其对企业发展的推动作用,在论证规模效应的同时,也强调大、中、小企业同时成长是近代上海工业企业发展的一个重要特征。陈正书认为租界社会的相对安定、基本经济职能及其对商品经济的保护倾向,租界制度的积极面和相对稳定性,租界社会的国际性与文化认同是上海工业发展的三大支柱。马学强认为上海短时间内能够从县城崛起为东亚著名的大都会,租界和西方企业等外部力量起着主导作用,但是也与周边地区有着深厚渊源。上海的成长是借助、利用或调集全国,主要是江南地区的资金、人力、市场乃至人文资源的结果。这些资源是以往农业文明社会的基础,至近代组合到上海才发生了变化。

综合上述三个方面,关于近代上海工业投资、经济增长和城市空间演化的成果很多,相关研究的视角也比较新颖,既有微观的企业研究,也有宏观的经济发展阶段的研究;既有经济体的演变研究,也有经济空间的演化研究。面对一个学术界积淀几十年的显学,后来者景仰之余,只能在一些细微的方面给予补充。笔者认为学术界在上海近代工业起源的问题、上海工业不同时期的发展水平和发展阶段分期等方面需要进一步深化研究;另外,关于上海城市相关职能的形成时期的界定上也存在探讨的空间。笔者将在本书中尽力弥补。

二、开埠通商的上海

(一)开埠前的上海

明清时期江南港口众多,贸易发达,不可避免地存在明显的港口门户之争。以苏州为中心的长江三角洲平原地区,盛产稻米和丝、棉、茶,手工棉纺织业和丝织业盛行,是国内外丝织品、茶叶和棉布贸易的重要出口地。江南地区也因此成为国家财政收入的重要来源地。历史时期富饶的江南区域主要形成三个与外部交流的港口门户:一是由京杭大运河到镇江门户,经由长江和运河的贸易路线。这是传统的漕运和长江贸易路线。二是走娄江到达太仓的浏河门户。这是乾嘉时期北方豆货对渡的收口。三是走吴淞江到上海门户,经由黄浦江入海,其中吴淞口在乾嘉之际已经成为南北洋贸易的交汇处。

因经浏河口入江南腹地的里程最短,最初浏河较之上海更有优势。在乾隆年间,浏河已经有山东登州、胶州商人开设的字号三十六七家。可见太仓浏河已经成为北方豆货入口的重要港口。嘉庆年间,浏河多次淤塞,直接影响到豆货贸易。嘉庆八年(1803),商人就向两江总督提出将赣邑(今江苏赣榆)豆货越收上海,但被驳回。嘉庆十三年(1808),浏河河道再次淤塞,地方政府批准豆货暂收泊于上海的要求。嘉庆十七年(1812),浏河疏通工程竣工,但是青口豆船并没有再到浏河口。因为商贾久已星散,行店亦多迁徙。因此,地方当局最终规定照东省豆船之例,或收浏河或收上海,均听商民自便。[1]浏河由于豆货贸易迁移上海,

---

[1] 〔清〕金端表纂:《浏河镇纪略》,《中国地方志集成》,江苏古籍出版社1992年版,第349页。

逐渐衰落下去。

　　嘉庆年间上海逐渐独占江南豆货贸易而成为区域核心港口。浏河口淤塞难行，虽然历经疏浚，但情况仍然不容乐观。豆货贸易自由停靠上海后，运输豆货的沙船业在嘉庆、道光年间进入鼎盛时期，每年出入上海不下二三万艘，小的载货300石，大的可达3000石，千石以上沙船可达3500余艘。每年从北方南运的大豆、豆饼达1000多万石。截至鸦片战争爆发前，上海与南北沿海各海口，与长江中下游各港口以及大运河沿线的主要港口通航，埠际航运商品价值约3000万两。此时上海港已有10多个踏步式石砌码头，岸上筑有一批石砌仓库，年货物吞吐量近200万吨。由此，上海不仅成为区域中心城市苏州的最主要的门户港，也是南北洋贸易的中心。鸦片战争前夕，上海港已经成为全国埠际贸易吞吐量最大的港口，在中国国内贸易中发挥着极其重要的枢纽作用。

　　开埠前夕，上海的贸易已经十分繁盛，每年也有不少海外洋货从港口转销江南一带。东印度公司的大班林赛和传教士郭士立曾经乘"阿美士德"号在1832年窥探上海。其在航行报告中，不仅详细记述了上海航道、港口地图等航海情报，而且对上海的区位、贸易给予极高的评价，认为上海重要地位的形成主要是由于优良的港口和可供通航的河道，因而使得上海在实际上成为扬子江的海港和东亚主要的商业中心。另外，二人对吴淞口进出帆船的数量大为惊讶，在7天之内，共有400艘大小不同，载重100至400吨的帆船驶往上海。起初几天进港的是从天津、辽东等地开来的装载面粉、豆类等商品的北方四桅帆船，后来福建帆船也开始涌到，每天在30至40艘之间，其中许多来自广州、东方群岛及越南和暹罗。他们认为这个地区的自由贸易对于外国人尤其是英国人的好处是不可估量的，并对这一地区在对外贸易方面所拥有的特殊优越性，过去竟然未曾引起相当的注意而感到不可理解。

　　由此可见，在鸦片战争前，上海已经拥有发达的海上贸易，成为江南区域最大的门户港口，最大的航运中心和南北贸易中心。吴松弟认为自明代开始我国沿海贸易的中心港就有北移江南的趋势，上海港发展成为我国最大的沿海贸易港是这一趋势的最终体现。导致这一趋势出现的根本原因在于江南既是我国明清时期出口商品的主要来源地，也是进口商品的主要销售地，并有着滨江临海、居南北洋航线之中的良好区位。

（二）上海开埠与租界的形成

近代海关的设立是上海开埠通商的重要标志。清康熙二十二年（1683），清朝收复台湾后，政府解除海禁，次年开设闽海关、粤海关、浙海关、江海关。康熙二十七年（1688），江海关迁至上海县城小东门，康熙四十年（1701）修建关署。后苏松太道兼任海关监督，雍正八年（1730）加兵备衔，因其驻上海，又兼理海关，故有海关道、关道、沪道、上海道等称谓。1842年，清政府被迫签订《南京条约》，向英国开放广州、福州、厦门、宁波、上海五座沿海城市作为通商口岸，准许英国商人带家眷在五个通商口岸居住、贸易，还可以在这五个口岸派驻领事专理商贾事宜。道光二十三年九月二十六日（1843年11月17日），江海关设盘验所于洋泾浜北岸，标志着上海正式对外开埠。道光二十四年（1844），应英国驻沪领事巴福尔的要求，在北门外头坝南（今海关所在地附近）建成新关署，称江海北关，俗称洋关，征收"夷税"，专管外商船舶货物和税收；小东门外江海关称江海大关，又称江海南关，专管中国船舶与税收，后改称常关。

租界区是上海城市建设中的重要功能区。1843年10月，中英政府签订《五口通商附粘善后条款》（《虎门条约》），规定由英国领事与中国地方官商定英国人在通商口岸租地建屋区域。由此，通商口岸又有了相对独立的租界区。上海租界在面积、经济实力、基础设施、管理水平、对外开放水平等方面在全国商埠中最具典型性，最具"国中之国"的特色。

《上海租界志》全面记载了上海租界的扩张过程。1845年11月，依据《土地章程》，英国人租借上海县城北面，东依黄浦江，南临洋泾浜，北至李家厂，西至界路的区域为居留地，面积1080亩。1848年11月，英领事阿礼国借"青浦教案"迫使上海道台同意英租界北界扩至苏州河南岸，西界到周泾浜，由此租界面积达2820亩。1847年1月，法国领事敏体尼与上海道台确定上海县城北门外英租界南面一处土地作为法租界，其范围南至护城河，北至洋泾浜，西至关帝庙诸家桥，东至广东潮州会馆沿河至洋泾浜东角，面积约986亩。1848年，美国驻上海领事吴利国与上海道台吴健彰交涉将虹口地区划作美商居留地事宜，但界址未定。1861年10月，法国驻华公使布尔布隆以法国皇家邮船公司开辟法国至上海航运业务为借口，划出县城外小东门37亩黄浦江地块。1863年，英美租界合并时，美租界地为7856亩，公共租界总面积达到10676亩。受太平天国运动影响，租界内华人剧增，工厂大量创设。1899年，公共租界东自杨树浦桥起，至周家嘴角止；西自泥城桥起，至静安寺镇止，又由静安寺镇至新闸苏州河南岸止；南自法租界八仙桥起，至静安寺镇止；北自虹口租界第五界石起，至上海县北边界限止，净增面积22827亩，总面积达33503亩。1899年6月，法租界北至北长浜，西至顾家宅、关帝庙，南至打铁浜、晏公庙、丁公桥，东至城河浜，新扩面积1112亩，法租界总面积达到2135亩。

"华洋杂居"的租界相对安静，经济发达，公共基础设施先进，吸引了大量周边移民和受灾民众迁入。1865年3月，公共租界和法租界分别进行了第一次人口统计。公共租界有外国人2297人、中国人90587人；法租界有外国人460人、中国人55465人。两租界共有中外人口148809人。1890年，公共租界有外国人3821人、中国人168129人，法租界有外国人444人、中国人34772人。1910年，租界人口有较大增长，公共租界外国人为13526人、中国人为488035人，法租界外国人约1476人、中国人114470人。1925年，公共租界有1137298人，其中外国人37758人、中国人1099540人；法租界共有297072人，其中外国人7811人、中国人289261人。至1936年，公共租界人口已超过118万人，其中中国人超过114万人。同年法租界人口总数则接近50万人，其中外国人为23398人。①

上海开埠通商产生了一系列的连锁效应。首先由于广州一口通商政策的改变，江南的茶、丝可以就近出口，上海对外贸易量增长较快，并在19世纪50年代初期超越广州，成为中外贸易中心。再者，外国人控制、华洋杂居的上海租界成为资本和工业投资的集中地，逐渐成为上海乃至整个国家的制造业中心、金融中心。以租界为中心的上海，是外国势力盘踞、侵略中国的最大基地，也由此成为长江流域乃至整个中国学习西方文化、引进先进生产方式和技术的窗口。

（三）吴淞口开埠通商

吴淞口系黄浦江、吴淞江合流入海口，十分险要。从区位看，上海是苏州腹心地区的门户，而吴淞口是上海的门户。吴淞优越的地理区位自然引起列强的觊觎之心。1897年冬，英国领事照会地方当局声称口外兵舰拟借用吴淞营地为操场，占吴淞而控制上海门户之心昭然若揭。

吴淞开埠是上海对外开放的重要组成部分。为防英国觊觎，两江总督刘坤一请求吴淞自行开商埠。刘坤一的建议很快获得清政府批准。1898年9月26日，吴淞开埠工程总局成立，标志吴淞正式对外自开商埠。另外，由刘坤一的奏章可见，吴淞附近泥沙淤积导致黄浦江行轮不畅，吴淞外港的重要性凸显也是其开埠的重要原因。待黄浦江航道得到疏浚，轮船入江通行无阻，吴淞的地位再次下降。吴淞开埠工程建设因财政拮据，无法维持，不得已而中断，但在道路建设方面取得进展。缺乏商界支撑，仅仅依靠清政府的力量，吴淞自开商埠自然难以持久。

1920年底，江苏实业界再次筹办吴淞开埠。张謇出任督办，在就职吴淞开埠督办时阐述了对吴淞开埠的看法，并提出较为完整的《吴淞开埠计划概略》，全盘考虑吴淞开埠。自开商埠后，吴淞展开市政建设，改善交通条件和投资环境，由此产业日渐发达。沿蕰藻、泗塘东北的河

---

① 《上海租界志》编纂委员会编：《上海租界志·总述》，上海社会科学院出版社2001年版。

岸，厂、栈连绵五六里，其中规模最大者为华丰、大中华两纱厂，其次为中华铁工厂、宝明电灯厂、打米厂、造船厂等；南北杂货店、洋广货铺、戏院等，顿增百余家；新建石库门房屋数百幢。但是，后来受军阀混战影响，吴淞镇付之一炬，吴淞二次开埠随之失败。虽然吴淞两次开埠都未获显著成果而夭折，但前期的开放与基础设施建设改善了吴淞的市政环境，为该地工商业的发展奠定了基础。

（四）上海成为近代中国的贸易中心

1843年，上海开埠后，最直接的影响便是江南乃至长江流域的丝、茶土货可以合法地直接从上海出口，外洋货物也可以经由上海等商埠进入内地。中国出口茶的产区江西、安徽、浙江从陆路到广州需要6周以上的时间，而去上海则有水路相通，一般只需要28天。次等红茶在上海的收购成本比广州低10%~15%，绿茶的收购成本低10%~20%。出口生丝的产区主要是江浙两省的太湖周围。产丝最多的湖州，到上海有水路相通，只需两三天的时间。富饶的长江流域和发达的水运网络促进了上海贸易的增长。

开埠通商后，作为南北洋交汇地和长江流域的门户，上海的腹地面积广大，可以通过埠际贸易集散腹地的土货和洋货，从而支撑起规模宏大的直接贸易。据唐巧天研究，首先，土货埠际贸易方面，在1864—1895年，各埠经由上海转运国外的土货占全国出口总值的比重平均约为24%，上海土货外贸埠际转运占全国出口的比重在1895年后逐步上升，1896—1915年从21%上升到了37%，最低也达到17%。其次，洋货埠际贸易方面，在1864—1904年，上海转运国内的洋货占全国的进口比重平均高达46.1%。其中自19世纪70年代中叶开始，上海洋货埠际贸易占全国进口总值的比重有所下降，由50%左右下降到1904年前的40%左右。这与19世纪60年代十口通商的分流有关。随着南北洋及沿江地区开放的商埠增多，尤其是沿海港口直接贸易的发展，上海洋货埠际贸易占全国的进口比重不断下降，到1930年该比重降至15%，对全国进口的影响逐渐衰微。另外，据樊如森、姚永超和笔者对天津港、大连港、烟台港、青岛港等北方港口的研究，上海埠际贸易的比重下降，与日本对中国北方贸易的控制以及日本横滨港的替代有关。

总之，条约和对外贸易的发展不仅成就了上海作为中国贸易中心的地位，更重要的是交易方式和习惯的对接，使得上海及其周边地区形成了中西合璧的贸易组织、金融组织和制度以及开放的金融系统。这些制度的创新和建构，为接下来的上海和周边地区的近代工业投资的顺利展开做好了制度、组织和资本的准备。

三、上海贸易方式的变化与近代工业的起步

在市场经济环境下，巨额工业投资不是偶然的，只有投资者觉得有利可图时才会出现，而且投资于何种工业大都由市场决定，否则无法长久维持。上海近代工业大约在19世纪50年代开始出现，大约有三个源头：一是为贸易服务的船舶修造业；二是老牌洋行的主营贸易业务因贸易方式改变而失去垄断利润，不得不把过去的次要业务放到更加重要的位置上去；三是洋务派从"自强"和"求富"的目的出发的工业投资。具体过程详述如下。

（一）洋行贸易方式的转变及其影响

依据其历史和经营项目，19世纪四五十年代在华洋行可以分为两种类型。一种是以经营鸦片为主的洋行，包括怡和、宝顺、旗昌、沙逊、广隆等老牌英美洋行和架记、顺章、广昌等帕栖洋行。这些洋行基本上是在东印度公司垄断时期就已经在广州从事港脚贸易的鸦片贩子。他们靠走私贩毒在鸦片战争时期已经积累了大量的资本。西方纺织工业发展起来后，他们接受英国纺织业公司代理、推销工业品的业务。另一种以经营纺织品为主，包括公易、义记、丰茂、祥泰、和记、李百里、裕记、惇信等洋行。该类洋行大多在东印度公司贸易垄断结束或者鸦片战争后才开设的，在中国的历史较短，规模较小，业务是代理西方厂商的棉毛织品，换回中国的丝、茶。此时，英国纺织工业品已经引起洋行贸

易方式和商品结构的变化。英国厂商委托在华的洋行销售工业品，给予佣金。该时期的洋行不仅是代理行，也是自营贩运的商人，还从事贸易、航运、保险、金融汇兑等业务。

第二次鸦片战争后，由于洋行数量剧增、银行业务扩展、交通通信革命、苏伊士运河通航等因素的影响，上海的中西贸易方式发生了根本变化。首先，上海港口腹地有了较大扩展。19世纪60年代后，长江流域和华北各口岸陆续对外开放，进出口货物只要缴纳子口半税就可在内地通行无阻；与此同时，1858年日本对外开放，开辟了上海和日本间的转口贸易，上海代理西方与日本的贸易。其次，1869年苏伊士运河通航、1871年海底电缆联通上海带来的交通通信革命引发上海中西贸易与投资领域的结构性变化。《1871年福州海关贸易报告》记载："（经过好望角）旧航线的航程需120天，通过运河的航程则仅需55至60日。"受交通通信红利的影响，中西贸易逐渐改变了抢货模式，而是根据欧洲行情选择性进货，而且一年可以多次进货。这种贸易模式变卖方市场为买方市场，改变了西方在贸易中的不利地位。再次，中小洋行迅猛发展。19世纪60年代，上海的外国银行存贷款业务逐步发展起来，极大地缓解了当时的资金短缺难题，也为中小洋行开展业务提供了大量资本。由此，资本较小的中小洋行大量涌进上海，为了增加佣金收入，极力扩大代理贸易经营业务，不择手段压价竞争。总之，交通通信革命打破了中西贸易中华商的卖方市场地位，同时拥有了银行贷款和便捷信息的中小洋行也打破了一些老牌大洋行凭借大量商船和庞大资本建立起来的贸易垄断地位。

贸易方式的根本改变和中小洋行的竞争迫使老牌洋行拓展贸易与投资领域。一些老牌洋行一方面增加贸易额以求得利润的补偿，另一方面不得不扩大经营范围，将资本投放到新兴的航运业、银行业、保险业和为出口商品加工的工业方面。例如上海老牌洋行不仅投资航运、银行和保险，还投资码头、仓库、船坞、房地产、打包厂及缫丝厂等。不过，甲午战争前，由于受到投资政策的限制，洋行投资经营的项目基本上限于进出口贸易的辅助和加工企业。在1895年允许外资建厂前，清政府并不限制轮船修造业、轧花业、缫丝业，只是对机器棉纺织业限制较严。1895年前船舶修造业、轧花业、缫丝业在上海已经有了很大的发展，其中轮船修造业的发展最为充分。

（二）船舶修造业的起步

开埠以后，上海船舶修造业务也因航运繁盛而迅速扩张，成为获利丰厚的行业。19世纪四五十年代之交，在上海集中出现了一批船舶修造厂，虽数量多，但是多以修船为主。1848年，英国人编纂的《中英年历》说上海"造船及其与之有关的锻冶、制绳是十分引人注目"[①]的。徐新吾、黄汉民认为外资船舶修造工厂是上海最早的一批近代工业企业。19世纪50年代中期以后，上海进出口的船舶数量增加到千艘。19世纪五六十年代之交的上海造船业出现了新的特点：行业中心从虹口向浦东扩展，出现了虹口和浦东两个船舶修造工业中心；船厂业务范围除了修船，又开始造船业务，还出现了专门修理运煤船的专业化船厂。此后，外资控制的船舶修造业进入大规模发展阶段。上海造船业的霸主祥生和耶松船厂先后成立，开办资本都超过10万两。1860—1865年，外资船厂在虹口新设4家，在浦东新设5家，另外还有两家与船舶修造业务相关的公司设立。进入19世纪70年代后，耶松和祥生船厂依靠规模和技术优势开始租赁、兼并其他船坞或船厂。两大船厂自19世纪60年代创办以来，不仅承修外国来华的大型船舶，而且还为太古、怡和、海关、招商局和政府当局等中外用户修造各类汽船、炮艇和货船，至甲午战争爆发，已生产各类船舶六七十艘。19世纪90年代初期，耶松和祥生船厂的资本已分别增加到80万两和75万两，雇佣工人都在2000人上下，企业利润率常在18%~22%。

中日甲午战争前，上海建成的船坞或船厂共计28家，祥生、耶松等以造船为主的著名企业均已经出现，而且已经规模初具。官营的江南

[①] 汪敬虞：《十九世纪西方资本主义对中国的经济侵略》，人民出版社1983年版，第348页。

造船所于1865年出现，民营的造船厂于1866年出现。截至1892年之前，上海共有6家中资民营船厂，但是规模相对较小。笔者认为1892年耶松完成改组之前为上海造船业的起步阶段，之后为持续发展期。在《海关十年报告（1892—1901年）》中，上海海关税务司说上海造船与船坞工业特别兴隆，特别是耶松船厂经过改组兼并后，已经控制了上海的造船和船坞事业。

（三）缫丝工业的初步发展

1861年，英商怡和洋行在上海开设怡和纺丝局，从意大利引进了100台丝车，这是我国最早的一家机器缫丝厂。1866年，法国丝商建一小丝厂，同年闭歇。上海不是养蚕区，缫丝业所需原料茧需从内地购买。鲜茧从收获到成蛾的时间仅有两周，而当时的江南蚕茧处理方法非常落后，鲜茧上市后无法长期保存。由于原料茧的供应问题，怡和纺丝局自1861年建成后，并不能正常进行生产，于1870年宣告失败。1875年，徐寿发明新型烘茧灶，能长期贮茧以待缫制。这是缫丝业成功的一个最重要的因素。1878年，旗昌洋行在上海开办旗昌丝厂，有丝车50台，三年后扩充至200台。1881年，公和永丝厂引进丝车100台。1882年，怡和洋行再开怡和丝厂，公平洋行建公平丝厂。此后，英商纶昌丝厂、美商乾康丝厂、法商信昌丝厂、德商瑞纶丝厂先后开业。

政府没有严格限制外资缫丝工业企业的投资，但对其采购蚕茧做出限制。内地官员为阻止外商购茧，多采取征收高额茧税和颁布售茧禁令等措施。受此影响，上海各机器丝厂多营业不振。此后，在洋务派官员的引导下，原料茧供应遭遇阻挠的事情得以缓解，但各地与通商口岸间的厘金仍然存在。从内地运到上海的蚕茧厘金负担沉重。如果再加上复进口、出口税，每担成本要超过60两，接近厂丝价格的10%。

由表2.1可见，虽然税收使得原料成本高昂，但缫丝业还是迎来一轮发展的高潮期。1894年以前上海共有14家中外商人开办的缫丝工厂，每年厂丝产量达到近5000担的规模。

表2.1　1894年以前上海缫丝厂基本情况表

年份	厂名	资本额（两）	负责人	丝车数（台）	年产量（担）	职工人数
1861	怡和纺丝局		英商怡和洋行	100		
1878	旗昌		旗昌洋行	200		
1881	公和永	304000	黄佐卿	380	410	1000
1882	怡和	360000	英商怡和洋行	450	486	1300
1886	裕成	168000	陆纯伯	210	227	400
1890	延昌恒	176000	杨信之	220	238	300
1891	宝昌（垃圾桥）	355200	法商卜鲁纳	444	479	1300
1891	宝昌（里虹口）	324800	法商卜鲁纳	406	439	550
1892	纶华	400000	叶澄衷	500	540	1300
1892	锦华	120000	陶吉斋	150	162	400
1892	新祥	332800	黄佐卿	416	449	850
1893	信昌	360000	马建忠	450	486	800
1894	乾康	200000	吴少圃	250	270	800
1894	瑞纶	160000	德商	200	216	600
共计	14	3260800		4376	4402	9600

资料来源：徐新吾主编：《中国近代缫丝工业史》，上海人民出版社1990年版，第141页。

（四）机器棉纺织业的起步

19世纪六七十年代之际，由于西方大工业的进步和交通通信领域的技术革命，机器工业品运输成本下降，相对于中国手工棉纺织品有了更大的价格优势。洋布能与土布竞争的原因在于洋布劳动生产率的逐步提高。假设1829—1831年英国棉纺织工人的生产率是每小时产量为100，那么1859—1861年时就提高到了708，1880—1882年提高到948。1869年，苏伊士运河通航后运输成本降低，洋布价格再度大幅下跌。以本色市布为例，1867年每匹7磅重，价格为2.12海关两，1876年以后在1.19海关两以下，下跌一半左右。自此以后，外国棉布依靠低廉的价格赢得了中国民众的青睐，由此洋布贸易逐渐扩大。19世纪70年代中期以后洋布进口大约在1000万匹，1888年上升到1866万匹，1894年为1379万匹，价值2968万海关两。[①]上海一直是洋布进口最大的口岸，但是只消费20%的高档货，其他大部分都转销到华北和长江各口岸。由此可见，从19世纪70年代以后，洋布对手工棉纺织业的冲击力逐渐增大。

　　英国棉纱在鸦片战争前后的很长一段时期并不是重要的进口商品，原因在于机器纱支数较细，不适宜织造土布。19世纪70年代印度粗支棉纱进入中国是棉纱贸易的转折点。印度在1861—1865年美国南北战争期间从棉花价格的上涨中获得巨额利润，积累的资本开始进入机器棉纺领域。印度纱不断提高劳动生产率，价格低廉，且纱支较粗，适合织造土布，而且印度与中国同为银本位国家，进出口贸易不受19世纪70年代开始的金贵银贱的影响。上海棉纱进口在1867年仅仅0.12万担，但是到1894年增长到62.26万担，其中54.27万担转口到长江和华北各口岸，12.4万担复出口到国外，上海本地消费4.41万担。[②]在江南主要的土布产区，洋纱替代土纱的过程大约从19世纪80年代开始，甲午战争后洋经土纬、洋经洋纬的土布逐渐被布庄所接受，由此国内外机器纱才盛行起来。下表可以清晰地反映这一过程。

---

① 各年度海关贸易统计报告，引自《上海对外贸易（1840—1949）》（上册），上海社会科学院出版社1989年版，第47页。

② 各年度海关贸易统计报告，引自《上海对外贸易（1840—1949）》（上册），上海社会科学院出版社1989年版，第49~50页。文中上海转口、出口和消费的棉纱包含本地生产的产品。

表2.2 近代江南主要土布产区洋纱替代土纱的概况

产地	替代过程	替代时间
江阴	1886年前后，已有印度纱。1891年以后，双龙、铁锚、云龙、龙门、红团龙出现，后日本水月、苏纶天官、业勤升平出现。土布改为洋经土纬，旋又改洋经洋纬。机纱充斥，商业资本遂"放纱收布"	甲午战后
常熟	1903年前后，梅李镇陈勤斋最先经营洋纱。农民买做经纱，但遭布庄拒收。因有利可图，改洋纱者日增，洋经土纬风行。因客帮销路未受影响，布庄开禁	1903年后
常州	1906年前后，洋纱充斥，尤以兰凤、水月、兰鱼、双鹿等日本纱最多，规格有14、16支两种。商业资本"放纱收布"。1912年左右，常州土布生产全部改用洋纱	1906年后
无锡	据土布业贺纪荃回忆，大约以1904年为分界线，前为土经土纬，后为洋经土纬，不久洋经洋纬迅速发展，至1909年全部过渡为洋经洋纬	1904年
通海	1884年前后，有印度机纱到通海销售，因其条干均匀，不易断头，渐为织户乐用，织洋经土纬的土布。1890年，土纱商店仍有20余家。直到1895年，机纱打开销路，日销20大包，多为12支纱，关庄布占大多数	1895年
余姚、慈溪	两县所产土布始终用当地棉花自纺自织，直到新中国成立前，基本上保持土经土纬的特点。纱支相当于10支至14支左右的机制纱。1924年以后农民才织造洋纱布	1924年
平湖	在1907—1911年间，才从上海运入洋纱，开始有日货水月、日光，后有申新厂所产人钟牌。洋纱先做经纱，纬纱为土纱。农民用洋纱织布可以节省时间，洋纱坚韧光洁，便于生产，故多舍土就洋	1907年
硖石	土纱多由当地土纱庄从东乡18镇及上海大场、嘉定等地贩来。1900年左右开设在硖石镇的土纱庄仍有20多家。大约在1901年，洋纱已由上海输入硖石	1901年

资料来源： 徐新吾主编：《江南土布史》，上海社会科学院出版社1992年版，第471、531、554、571、610、669、680、695~696页。

19世纪七八十年代外国棉纱、棉布的大量进口严重冲击着上海及其周边的手工棉纺织业,严重影响了江南传统男耕女织的经济社会结构。为改变这种局面,洋务派开始筹划进口外国机器发展本国棉纺织业。待江南造船所、轮船招商局开办成功后,1876年李鸿章开始派员运作机器织布局事宜。

1878年,上海机器织布局开始筹备,郑观应拟定集股章程,但是遭遇1882年经济危机和中法战争,搁置11年之久,直到1889年才得以开工生产。据《1882—1891年上海海关十年报告》记载,上海机器织布局有资本40万两,取半官方的企业管理,实际由杨藕舫负责。该厂1891年年产量约为2000包,所有织机投入生产后,年产量可达14000包。产品在上海境内免税流通,但是如果转运出口或者运到内地,必须按照关税税率在海关足额交税。其价格比外国同等质量产品稍低一点。① 上海机器织布局1892年生产了约400万码棉布、100万磅棉纱,雇工人约4000人,并于1893年开始发放股息,高达25%。杨宗濂曾经对翁同龢透露该局除日常开支外,每月可获利约1.2万两。纺纱利润较织布尤为丰盛。李鸿章决定大规模扩充纺纱,于1893年7月8日致电驻英公使薛福成,要他购买生产14支或15支纱的机器100台……另配搭轧花、清花、梳花、摇纱、打包等机件和动力设备,以备将来扩充,强调此举系"为国家商务兴大利"。经李鸿章奏请,上海机器织布局享有特别专利权和优惠待遇,"十年以内只准华商附股搭办,不准另行设局"。该织布局所产布匹,在上海销售可免厘税,如运销内地,在上海新关完纳正税,免沿途厘税。1893年10月,机器织布局遭遇火灾,毁于一旦。1894年,继承了机器织布局专利和厂址的华盛纺织总厂成立,拥有750台织布机和6.5万枚纱锭。1894年,裕源纱厂以2.5万枚纱锭投入生产。1895年,大纯纱厂和裕晋纱厂也进入这一行业。直到1895年4月《马关条约》签订

---

① 徐雪筠等译编:《上海近代社会经济发展概况(1882~1931)——〈海关十年报告〉译编》,第32页。

为止，后两家纱厂一直向纺织稽查公所支付每包一两的专利费。尽管支付了专利费，这两家纱厂仍然获得丰厚的利润。这自然吸引外资纱厂迅速进入这一工业领域。1891年，半官方的机器纺纱局在虹口租界内的杨树浦成立，实际经理为唐松岩，企业资本29万两，已经运转的机器有92台，日产量16包，约为6000磅的棉纱。该局生产的棉纱质量较高，比孟买纱白，能够支付股息，前景十分良好。此时，较之于织布，纺纱是更好的投资项目。

与此同时，外资也在积极筹划投资设立棉纺厂，但是受到清政府的强烈抵制而未能如愿。1882年，美商丰泰洋行经理魏特摩与上海祥生船厂经理英国人格兰特拟招股30万两成立纺纱公司。为保护正在筹办中的机器织布局的利益，李鸿章当即命令上海道台邵友濂查禁。魏特摩致函美国驻沪副领事哲沙尔，要求出面干预。1882年10月13日，美国驻华公使杨格向总理衙门提出照会，指责上海道台邵友濂的干涉是"不智"行为，并且声称上海织布局的专利权"无效"，"因其与条约章程相违背"。18日，总理衙门照会美国公使，以"机器织布系中国创办之举，必须酌情妥为保护"的理由，断然拒绝美国方面的无理要求。由于清政府官员的禁止，洋商无法在上海设立纺纱厂。

除了有官方背景的机器织布局和机器纺纱局外，上海还有几家轧花厂。棉利公司是一家私人公司，有资本1.5万两，厂址在新闸，有机器40台，每天轧花56担。杨树浦的源记公司也是一家私人公司，据说资本在20万两左右，有120台机器在运转，每天生产能力为清花170担。浦东的上海机器轧花局是一家外国公司，虽然中国人抗议说外国人在中国境内开设工厂没有任何条约依据，但是该厂继续开工，有资本7.5万两，轧花机32台，据说比本地轧花作坊强得多，每天产量90担。该公司的股票掌握在欧洲人和日本人手中，三井物产会社负责经营管理。[1]

---

[1] 徐雪筠等译编：《上海近代社会经济发展概况（1882～1931）——〈海关十年报告〉译编》，第33页。

19世纪50年代至90年代,是上海工业投资的起步阶段。应该说19世纪50年代中期开始的船舶修造业、19世纪70年代后期兴起的缫丝工业和19世纪90年代兴起的棉纺织工业都有了发展,特别是造船业,已经进入兼并重组的规模扩张阶段。

表2.3　1894年以前上海外资工业投资的概况

行业	厂数	资本额(万元)	占比(%)
船舶修造业	8	323.8	33.2
纺织业(缫丝、轧花)	6	197.9	20.3
印刷业	7	93.8	9.6
公用事业	3	148.0	15.2
制药业	3	32.0	3.3
食品、卷烟业	6	59.2	6.1
其他	12	120.5	12.3
合计	45	975.2	100.0

资料来源：徐新吾、黄汉民主编：《上海近代工业史》，上海社会科学院出版社1998年版，第27页。

甲午战争前,缫丝、船舶修造业是当时的两个投资热点,拥有投资规模较大的企业,已经形成行业;棉纺织业虽然投资较大,但主要是中国官方性质的企业,企业数量较少;印刷、食品与卷烟、制药等投资也主要是少数几个厂,还不具有行业性质。由此我们也可以看出,上海近代工业投资虽然已经涉及多个行业,但只有个别行业规模较大,其他大多数还不具有行业性质,整体而言还处在起步阶段。

四、上海工业投资的扩张与综合性工业中心的形成

1895年，民间投资解禁后，上海近代工业投资进入起飞阶段。1889年，上海机器织布局的开工预示着上海从1882年经济危机和1885年中法战争的阴霾中走了出来。尤其是1895年《马关条约》签订后，外资取得在通商口岸自由投资各种工商业的特权，预示着工业投资热潮的到来。受前几年棉纺织业丰厚利润的鼓舞，中外商人都想进入基本上被官府垄断的领域。棉纺织业投资引领了新一轮的工业投资热潮。此时海关税务司一语道出了外国在沪企业家难以抑制的喜悦之情："官方允许外国人在中国的开放口岸建立工厂。这当是梦寐以求的：只要有了这一条，就能使刚开始形成的工业发展运动变得生机勃勃。从那时以来，上海就出现制造业企业纷纷开张的局面。"[①] 投资限制取消的成果很快得以呈现，在1892—1901年，上海除了在最引人瞩目的缫丝、棉纺织业取得一定成效外，卷烟厂、棉籽榨油厂和造纸厂也取得重要进展，尤其造船和船坞工业更是生意兴隆。这股投资热潮一直在延续，在一定程度上悄然改变着上海的城市性质。第一次世界大战给上海和中国带来怎样的改变，学术界已经有了太多的论述，在此根本不用赘言。自19世纪六七十年代到20世纪20年代，上海经过60多年的工业投资与扩张，已经出人意料地成长为一个综合性的工业中心，抵御风险的能力有了很大的提高。这段时期上海近代工业有了长足的发展，在企业规模和行业种类上，都有巨大飞跃，但不可否认的是其成功有必然性，也有第一次世界大战带来的偶然性。

1922年前后，上海工业投资热潮逐渐减退。从1889年开始的工业投资热潮在第一次世界大战期间达到高潮，到1922年以后又转入低潮。

---

① 徐雪筠等译编：《上海近代社会经济发展概况（1882~1931）——〈海关十年报告〉译编》，第102页。

1922年以后国际市场的竞争进一步加剧,再加上上海工潮迭起和内地动乱,长达30年的工业投资热潮坠入低谷。1922年前后是上海工业投资浪潮的转折点。自此之后,上海进入10年的调整期。当然这10年并不是一无是处。虽然所有的工厂都受到经济危机的影响,但是遭到打击最重的是1912—1921年这10年间大量新开设的投机性质的小工厂、小企业。同时,困难期也迫使尚能维持的企业采取严格管理措施,消除浪费,加强企业管理和技术创新。时人对于上海迅速地成为一个综合性的大工业城市感到不可思议,认为从微观的工业企业发展的条件看,上海地价贵、水源不洁、房租高、工资高昂,不是工业投资的理想区位。分析上海成功的原因在于以下几条:首先,从宏观而言,上海有着优越的地理位置,控制着一些必不可少的工业基本原料,而且又有长江流域作为广大的销售市场。其次,工部局电气处(上海电力公司)在电力能源方面的远见与努力以及过去10年间中国内地的动乱,也是上海工业成功的重要原因。低廉的电力成本和相对安全的投资环境使得许多本应迁出上海并想在原料产地设厂的行业仍然留在上海,从而形成工业投资仍集中于上海的趋势。最后,银价贬值和国民政府建立后进口税率的提高也使得国外进口货物价格飞涨,反过来又刺激了对国内工业品的消费以及出口。这在一定程度上也刺激了上海工业的继续发展。

  1922—1933年,面对世界经济危机、内乱烦扰、工潮迭起等问题,上海工业仍能继续发展。该时期的上海海关税务司认为只要形势恢复正常,上海不但有充分的条件能继续保住全国工业中心的地位,而且在较短时期内,还会成为世界大工业城市之一。[①] 刘大钧也认为上海工业在1932年之前颇有进展,虽然有战争和世界性经济危机等不利因素的影响。上海的工业多为进口替代类型,相对进口产品具有价格低廉优势,外加国内抵制日货运动,除了缫丝、棉纺两业低迷外,其他工业皆有长

[①] 徐雪筠等译编:《上海近代社会经济发展概况(1882~1931)——〈海关十年报告〉译编》,第277页。

足发展。化学工业因为适合我国环境，机械工业因为发展其他工业所必需，故在近年进展尤大。上海最重要的纺织业，和食品工业的发展有所不同。其中，缫丝厂倒闭者甚多，但丝织业颇能获利；棉纱厂也亏损严重，棉织业反而有所发展。在食品工业中，卷烟业进展最大，面粉业次之。但随着全球性的经济危机和贸易壁垒的影响逐渐加深，1933年后上海工商企业遭遇极端困境，倒闭者很多。①

1935年，上海的工业逐渐有所起色。到1936年全面抗战爆发前夕，上海全部工业产值（包括外资产值）为118225.5万元。其中，上海民族资本棉纺织、缫丝、毛纺织、面粉、卷烟、造纸、火柴、制药、机器与船舶修造以及电业10个行业生产总值37534.1万元，若再加上其他行业43205.5万元（其中包括小部分外资产值），共达80739.6万元。从行业看，工业生产总值超过1亿元的有棉纺业、棉织业、卷烟业3个行业，高于1000万以上的有面粉业、毛纺业、机器与造船业、缫丝业、制药业等8个行业。如下表所示，从工业产值看，上海的各行业除制药、毛纺织外，在20世纪30年代初基本上发展到顶峰，其后受经济危机的影响，出现下滑。

表2.4　上海近代工业行业产值统计表

（资本、产值单位：万元）

行业	1895	1911	1925	1928	1930	1936
机器与船舶修造		资本910.7 产值344.8	资本1291.0 产值1314.0	1931年 资本2234.1 产值2240.7	1933年 资本2548.6 产值2190.9	资本3019.1 产值2051.2

---

① 刘大钧：《上海工业化研究》，商务印书馆1940年版，第62~63页。

（续表）

行业	1895	1911	1925	1928	1930	1936
缫丝	资本475 产值313.9	资本785.7 产值1443.8	资本1091.1 产值1727.6	资本1445.6 产值2360.4	资本1526.9 产值2021.2	资本648.4 产值1270.3
棉纺	资本326.4 产值1614.1	资本1301.6 产值4740.2	资本1105.9 产值22782.6			资本21514.1 产值39060.9
棉织	产值369.3	产值469.9	产值5767.7			产值13338.2
面粉	1901年 资本62.7 产值278.0	1912年 资本235.5 产值1530.0	1926年 资本785.3 产值7744.3		1933年 资本854.2 产值11356.9	资本1096.0 产值6891.7
毛纺	1909年 厂数1 产值35	1919年 厂数1 产值32.5	厂数3 产值38.9	厂数5 产值88.2	厂数14 产值326.4	厂数41 产值2525.8
卷烟	产量6000箱 产值85.2	产量37860箱 产值537.6	产量3.5万箱 产值4871.2	产量56.6万箱 产值7827.9	1931年 产量85.4万箱 产值11748.7	量76.1万箱 产值10525.9
制药		资本21.0 产值39.0	资本78.2 产值273.6		1936年 资本371.4 产值1001.6	1941年 资本493.0 产值2112.6
火柴	资本13.8 产值60.2	资本33.9 产值90.4	资本134.5 产值476.8	1927年 资本122.6 产值488.9	1933年 资本409.7 产值588.0	资本409.7 产值526.1
造纸	资本15.3 产值19.9	资本61.1 产值99.6	1926年 资本181.1 产值265.1		1931年 资本251.1 产值469.1	资本500.5 产值821.0

资料来源：徐新吾、黄汉民主编，《上海近代工业史》，上海社会科学院出版社1998年版，第311~342页。

下面分别阐述主要行业的发展概况。

(一)船舶修造业

表2.5　1894年以后上海船舶修造业发展概况

序号	名称	经营性质	设立年份	简况
1	*和丰船厂	英商	1896年	资本60余万两，有船坞一座。1900年被耶松公司兼并
2	*瑞镕船厂	美商	1900年	资本30余万两。1913年增75万两，厂址在杨树浦。1912年兼并万隆铁工厂，1936年与耶松公司合并组成英联船厂
3	森记制造机器轮船厂	民资	1901年	
4	*求新制造机器轮船厂	民资	1902年	资本69.9万元，创办人为朱志尧。后欠东方汇理银行80万两，无力偿还。1919年改为中法合营；资本120万两，法方控制
5	*大隆铁工厂	民资	1902年	早期曾修理轮船，后专事修造纺织机器
6	*万隆铁工厂	英商	1905年	创办时资本30余万两。厂址位于杨树浦，有船坞一座。1912年并入瑞镕船厂
7	协顺昌船厂	民资	1905年	
8	和兰制造机器厂	荷兰商	1905年前	制造小型渔轮、兵轮
9	汇昌机器船厂	民资	1906年	
10	东华造船株式会社	日商	1910年	有华人股本
11	信享总机器公司	美商	1913年	

（续表）

序号	名称	经营性质	设立年份	简况
12	*招商局浦东机器厂	官办	1914年	为招商局附属机构，厂址位于浦东陆家嘴。抗日战争期间迁往重庆，战后迁返上海
13	*张华浜修理厂	浚浦局	1915年	为公共租界浚浦局之修理厂，专修航道疏浚工作船，有船坞一座
14	义顺昌船厂	民资	1919年	
15	合兴造船厂	民资	1925年前	1926年为民生公司建川江轮船"民生"号
16	*中华造船厂	民资	1926年	厂址在上海复兴岛。抗战后，工厂规模颇为可观，曾建造川江最大船舶"民俗"号
17	万声记船厂	民资	1927年前	
18	*马勒机器造船厂	英商	1928年	厂址在浦东庆宁寺，有1000吨和400吨船排滑道各一座
19	*三北机器厂	民资	1929年	为三北轮船公司附属企业，创办人虞洽卿。抗战期间曾迁往重庆
20	*鸿永兴船厂（后称鸿祥兴船厂）	民资	1930年前	厂址位于浦东陆家嘴
21	胡万兴船厂	民资	1931年前	
22	*英联船厂	英商	1936年	由耶松、瑞镕两厂合并组成
23	朱银记船厂	民资	1937年前	
24	鸿昌船厂	民资	1937年前	
25	鸿昌兴船厂	民资	1937年前	
26	垣丰机器厂	民资	1937年前	
27	黄浦机器造船厂	民资	1938年	

资料来源：《上海船舶工业志》编纂委员会编：《上海船舶工业志·行业》，上海社会科学院出版社1999年版。说明：凡确知1949年尚存在的坞厂，都于厂名前注以＊记号。

由上表可见，1919年以后，我国民资船厂投资出现高潮，但大多是以修理为主的小厂，与外资船厂不可同日而语；外资船厂新的投资较少。

1912—1921年的十年，尤其是第一次世界大战期间，大量商船货轮遭到严重破坏。这为上海造船工业带来了难得的良机。上海各船厂5年前只限于制造汽艇、拖驳船以及少数吃水较浅的轮船，第一次世界大战前后，船厂的设备能力不但能够接受国内公司的订单，而且还能接受外国政府和公司的订货，承造大型远洋轮船。1912年，江南造船所承造美国政府4艘万吨货轮和3000马力的发动机。这是中国当时签订的最大一份造船合同。1920年，江南造船所下水和正在建造的船只有40艘，包括排水14750吨的"官府"号。上海造船企业不仅可以自制船身，还可以生产船用引擎，船舶吨位上已经可以生产万吨巨轮。由此可见，上海造船企业已经具有较强的生产能力，无怪航行于中国水域的船主都纷纷前来订货。援用伦敦劳埃德商船协会的评价：对中国这个国家的发展前途要加以密切注意。中国现已纳入世界常年造船国家的行列。当然中国的造船工业仍然不能算处在良好的状况，因为它在原材料方面全部依赖国外。中国虽有大量的煤铁资源，但是这些资源没有得到应有的开发利用。造船工业似乎还处在一种孤立的地位，已经跑到国内经济发展的前头。造船工业只有作为整个国家经济体系的一个组成部分，而不是像这一时期那样处于整体之外，才能真正健康发展。①

1922—1931年，上海船舶修造业的主要特征是中资造船厂增设较多，原料成本和人工支出成本都有所上升，只有少数几家制造小型船只，大部分专营修船业务。新厂纷起，竞争激烈，加之工资增高，汇兑低落，税率又比香港高，以致制造和修理成本十分高昂。这些都对这一时期末的上海船舶修造工业影响很大。这段时期社会对汽油船

---

① 徐雪筠等译编：《上海近代社会经济发展概况（1882～1931）——〈海关十年报告〉译编》，第212～214页。

或机动轮船的需要大大增多。这主要是因为轮船在动力系统方面有明显的优点,另外也与新式的中国商人对一切现代化的事物具有热情有关。①十年来上海各船厂为中国企业实际建造的轮船只数及吨位如下表。

表2.6 1922—1931年中国企业建造轮船的概况

年份	轮船(只)	登记吨位	最大船只登记吨位
1922	33	1964.78	765.90
1923	29	2580.34	877.09
1924	30	1933.97	821.54
1925	32	1709.83	494.81
1926	34	1273.85	583.90
1927	30	1314.13	710.41
1928	56	1862.47	643.12
1929	86	2503.77	553.50
1930	78	4710.78	1088.79
1931	68	2505.56	864.45

资料来源:徐雪筠等译编:《上海近代社会经济发展概况(1882~1931)——〈海关十年报告〉译编》,第280~281页。

---

① 徐雪筠等译编:《上海近代社会经济发展概况(1882~1931)——〈海关十年报告〉译编》,第280~281页。

船厂除了修理和制造船舶外，也开始为缫丝、轧花、棉纺等行业安装、修理机器，后来逐渐走向仿造各种机器的道路，从而衍生出专业化的机器制造业。

上海机器制造工业大体有两个发展阶段，1866—1894年是机器制造工业的产生时期。在此期间，民族资本先后设立了12个厂，其中1866—1885年设立了9个，都是船舶修造厂，1886年以后又设立了3个，开始有了轧花、缫丝机器修理业务的萌芽。1895—1913年是该行业的初步发展时期，在此期间，民族资本共设有86个厂，加上上个时期设立的12个厂，除7家倒闭外，到1913年尚有91个厂，分属6个专业机器制造行业，其中船舶修造行业19个厂，轧花机器制造行业16个厂，缫丝机器制造行业8个厂，纺织针织修配行业8个厂，机器安装及公用事业修配行业5个厂，印刷及其他行业35个厂。上海民族机器制造业在淞沪会战前夕约有570个厂，生产总值占全国民族工业产值的一半。上海民族工业企业除部分小型工厂开设于苏州河以南租界内，大多数厂设在虹口、闸门、南市、浦东地域，其中位于闸北的工厂几乎全部毁于淞沪会战的战火，在南市的损失过半，损失较重的企业达到360多个，几乎全部损毁。

（二）棉纺织业和毛纺织业

1889年之后，上海棉纺、棉织、轧花等成为投资的热点。1895年，清政府的投资限制放宽后，长期被压制的投资热情很快就在棉纺织业迸发出来。1882—1891年的十年间，中资棉纺工业经历了起伏，各厂面临的前途也不好说，有过大盈，也有过大亏。1890年，经过长期筹备的具有半官方背景的上海机器织布局终于开工生产棉纱、棉布。1891年，华新纺织新局成立，以华商为主体。在1892—1893年，这两家纱厂收益很好，其中上海机器织布局宣布1893年的股息为25%。资本很快就被吸引到这一领域。后来上海机器织布局于1893年毁于火灾。1894年，盛宣怀和李鸿章又合作开设了华盛纺织总厂，拥有750台织布机，6.5万枚纱锭。同年，裕源纱厂以2.5万枚纱锭投入生产。1895年，大纯纱厂和裕晋纱厂投产。这些纱厂虽然每年都要向纺织稽查公所交付每包一两的专利权税，但是仍然能获得丰厚的利润。自从外国人直接在华开厂后，根本不承认纺织稽查公所的地位。后来中资纱厂也就不再支付税款。自从外资进入这一领域后，竞争日趋激烈。在1895—1899年，上海等地纱厂投资收益不如预期，南通大生纱厂集资设厂也受到影响。这一时期外资纱厂的经营状况也不乐观。

这一时期上海纱厂的投资成效不大，主要有以下几个方面的原因：首先，中国原棉价格不正常上涨，棉商在棉花中掺水，纱厂被迫使用进口印度棉；其次，纱厂资本不足，导致透支；再次，劳动力缺乏培训，生产效率低下；最后，棉纱运往内地要和进口货物一样缴纳关税。①

自1901年以来上海棉纺织厂有了较快的增长，周边的苏州、杭州、宁波和南通等地开设了众多纱厂。1902—1911年的十年，上海浦东有14个大棉纺织工厂，其中英国人的4个，德国人的1个，日本人的3个，中国人的6个，共有纱锭40万枚以上，织布机2500台。上海周边地区至少还有4个专事纺纱的工厂，合计有纱锭近10万枚，其中最大的是南通大生纱厂，有4万枚纱锭。②周边这些纱厂都有获得利润的条件，其中收益最好的是南通大生纱厂。1901年，大生纱厂发放了7厘股息。

1912—1921年，棉纺织工业在各行业中的发展最为可观。该时期上海各棉纺织厂共雇了10万人，具体投资规模如下表。除此之外，还有15家纺织厂在筹建中，合计有纱锭50万枚以上，布机3000余台。1915年，上海棉纱产量420万件，到1920年增加到860万件。③

---

① 徐雪筠等译编：《上海近代社会经济发展概况（1882~1931）——〈海关十年报告〉译编》，第104~109页。

② 徐雪筠等译编：《上海近代社会经济发展概况（1882~1931）——〈海关十年报告〉译编》，第159页。

③ 徐雪筠等译编：《上海近代社会经济发展概况（1882~1931）——〈海关十年报告〉译编》，第211页。

表2.7 第一次世界大战期间上海棉纺织业的发展概况

国别	工厂数	纱锭枚数	布机台数
中国	19	499346	3090
日本	13	252180	1986
英国	5	255284	2153
合计	37	2006810	7229

资料来源：徐雪筠等译编：《上海近代社会经济发展概况（1882~1931）——〈海关十年报告〉译编》，第211页。

中资在纺纱方面实力雄厚，但在织布方面比较差，不仅织布厂寥寥无几，且产品只限于粗平布、卡其布和斜纹布。由上表可见，后来上海织布厂、织布机的数量都有了很大发展。

上海机器织布业的发展大致有高端、中端和低端三种形式。首先是中端形式，即独立于纱厂以外的机器织布业，包括染织厂、针织厂。1901年，手拉机由宁波传入上海，开设了第一家甬布工厂纬元厂，引进了手拉机；此后织布业又出现了脚踏铁轮机。用人力推动的先进织布机——脚踏铁轮机，已经超越了手工工具成为真正的机器工具。到1907年甬布工厂已经有8家，手拉机共有800台；以后还有进展，到1912年有工厂二三十家，有织布机2000台。1912—1914年，上海出现群生布厂、大森染织厂、达丰染织厂等装备手拉机、铁轮机的专业棉织厂。据1915年的调查，上海华商织布厂共有50多家，织布机5000多台，其产品爱国布畅销全国。除了织布外，衫袜业、毛巾被毯业、针织业也先后出现。衫袜业在世纪之交就有云章衫袜厂，后改名景纶厂。

1912—1914年，卫生衫迅速打开销路。上海又有富华、景福、公和、勤风、百达、伟成等衫袜内衣厂。毛巾被毯行业中最著名的当属

1912年成立的三友实业社。上海针织业的发展与捷足洋行在川沙、南汇推广手摇织布机有关,1912年柯泰手摇织袜厂设立,后来又有锦华、信华等厂。后来上海华商又引进电力针织机,开办进步袜厂及锦星、胜德等针织厂。第一次世界大战期间,该类型的工厂猛增,手拉机增加到1万台以上,是手拉机的鼎盛时期。后来上海手拉机手工工厂在大机器织布及小作坊织布业的挤压下逐渐分化,其中一部分向铁轮机工厂过渡,升级为生产仿机制布的铁轮机工厂,还从日本学习丝光技术,不久发展成动力铁轮机工厂,于是在上海出现一批独立的机器染织厂,如三新、鸿新、大丰恒、大顺等。1925年之后,在进口洋布和国内机制布的倾轧下,甬布工厂大规模改进设备,放弃改良土布,向生产机制布方向发展。有的布厂逐步发展成为机器染织厂,1930年以后这种倾向更加明显。1932年前,甬布产量已经降为20万匹,比1925年减少三分之一;到全面抗战前夕,甬布厂所剩无几,年产量仅剩10万匹。

其次是低端形式,以安徽帮最具代表性。20世纪初从安徽迁来的一批手拉机小作坊,到沪后织造与甬布相仿的条格布,由于成本低廉,在上海周边地区声名鹊起,号称安徽帮;到20世纪20年代该行业发展到4000台织布机,20世纪30年代发展到6000台,到1937年全面抗战前还有2000家,到1948年仍存在1570多家。中低端织布行业自20世纪初兴起以来发展迅速。1907年,上海有7家手拉机布厂以及100余家安徽帮的小型作坊,第一次世界大战以后发展更为迅速,1925—1930年,年产甬布和安徽布300万匹以上。这是改良土布的鼎盛时期。但是自20世纪30年代后,土布行业逐渐没落。特别是1937年全面抗战开始后,位于闸北、南市区的设施多毁于炮火,生产下降,户数、产量、织布机数量均已不如以前。至于甬布工厂更是残存3家,均已奄奄一息。至此上海改良土布的整体业态趋向没落。

上海棉纺织业的主力军应该是棉纺厂敷设的织布部门,即行业的高端形式。上海许多纱厂在设厂之初就附带织布机。但是由于此时棉纱需求较大,利润丰厚,中外纱厂重点关注棉纺部门。第一次世界大战期间，上海棉纺行业获得长足发展。1922年之后，由于棉纱供过于求，棉纺行业竞争激烈，导致一些叱咤风云的老厂纷纷陷于困境，能够继续生产的多是资本雄厚、管理科学的厂家。1922—1931年，上海的机器棉纺部门没有太大进展，纱锭只增加10万枚，但棉织部门获得显著的发展。中外纱厂附带的织布机从1922年约7000台增加到1931年的1.8万台。上海的外资纱厂和布厂占有优势，其中日资企业的优势更加明显。上海生产的棉纱和纱布大都行销国内市场。由于内地不宁，银价跌落，中国制造的棉制品逐渐开拓国外市场，出口至亚丁湾及近东各地。

因此，从市场供给看，在电力充足的上海，棉纺织行业基本实现了手工生产向机器生产的转型。当然不可否认，由于多样化的市场需求，上海棉纺织行业出现高端、中端、低端的分化态势。

上海毛纺织行业也获得较快发展。上海纺织厂除了生产棉制品外，也生产人造丝夹毛制品。上海的市场上出售该类商品，售价比质量相同的进口产品便宜一半以上。1909年，日晖织呢厂成立，是上海该行业中成立最早的厂家，但是1910年歇了业。1912年辛亥革命后，服饰革命使得毛呢衣料需求陡增，自然刺激了毛纺织行业的发展。据上海社会局调查，毛纺织行业主要有四类业态：一是专织驼绒的行家，主要有胜达呢绒厂、胜达呢绒第二厂、纬纶呢绒厂、先达纺织厂、天益毛织厂、精业工艺厂等厂家；二是专门织造羊毛巾和手套，主要有亚细亚针织厂、三元织造厂、南洋织造厂、公余机织厂、久茂织造厂、怡昌福织造厂、振兴织造厂、中华织造厂等厂家；三是纺织厂兼做毛织品，主要厂家有公利针织厂、华利织造厂、华翔织造厂、富民针织厂、新华袜厂、联和袜厂、大北地毯工厂等；四是专门织地毯的工厂，有恒丰永地毯厂、义昌恒地毯厂、公义成地毯厂等厂家。这四类厂家资本额为21.37万元，仅占纺织业资本总额的千分之一左右。资本最多者是先达和胜达，资本超过5万元，资本小者仅数千元。总之，无论从企业规模还是行业规模看，此时毛纺织行业尚不入流。但是上海毛纺织业发展较快，1936年，有厂41家，实现产值2525.8万元，全面抗战爆发后，在1937—1940年租界内又新增呢绒厂10余家。

(三)缫丝和丝织工业

1.缫丝工业

据1892—1901年的海关报告记载,1895年以后上海缫丝厂激增,到1901年上海共有28家缫丝厂,共有缫丝车7800~7900台,雇佣工人1.8万~2万人。但是只有少数几家有所发展,其余各厂要么关闭,要么重组。外地的话杭州和绍兴各有一家,分别有缫丝车240台和280台。镇江有两家,有缫丝车330台。苏州有三家,有缫丝车630台。由此可见,此时上海是名副其实的缫丝业中心。上海缫丝厂每年的产量在8000~12000担之间,主要取决于蚕茧的收获量。1900年,上海缫丝厂实现9000担产量。

在1902—1911年,缫丝工业的规模有了增长,但是由于内地捐税沉重以及传统缫丝业的竞争,发展情形不容乐观。海关税务司认为缫丝工业具有很大的风险,而且上海缫丝业已经认识到原始的生丝生产方法无法与日本企业的科学方法相竞争。该时期从事缫丝的中国企业都遭受了重大损失,但至1911年,上海仍有中资缫丝厂40~50家,拥有12500台缫丝车。

在1912—1921年,上海缫丝工业陷于内外交困的境地。上海有78家缫丝厂,大多由中国人经营。由于蚕茧原料供应不足,缫丝厂每年要停工数月,导致资金闲置,利息沉重。1920年,丝价大跌,世界各地的缫丝厂竞争激烈。由于上海的生丝外销不畅,许多缫丝厂面临严重的困境,纷纷宣告破产。尽管缫丝工业在重要性方面仅次于棉纺织工业,但由于内部原料短缺、外部市场的不确定性,行业发展前景不容乐观。

在1922—1931年,由于原料和生产工艺无法与日本企业竞争,缫丝业的发展仍然没有根本的改观。1928年,上海开设的缫丝厂有103家,雇工约6万人,到1931年全年开工的只有20家。关于生丝生产及质量下降的情况,前面已经述及。缫丝厂的主要问题是缺乏新式设备、水质不净、资金不足。多数工厂仍使用30多年前所买的机器,并未加以改良。

少数工厂曾在设备上做了微小的改进。上海全部采用新式设备的只有一家工厂。该厂生产的丝质量既高，售价也较其他厂便宜。缫丝厂的原料成本十分昂贵，收购价格又起伏不定，因而投入的资金多少，关系十分重大。许多缫丝厂之所以失败，产品质量之所以下降，原因在于资金不足。厂家一旦资金匮乏，就难以控制并维持产品的标准，结果是质量日趋低劣。总之，缫丝业历经30年的发展，行业面临的原料困境和技术困境仍然没有改善。

全面抗战前夕，上海开工的缫丝厂有44家，绝大多数开设在虹口、闸北一带。这些缫丝厂在战争中损失惨重，只有宝泰、广源、恰源、利源、中国5家冒着战火迁入租界，连同原来租界内的怡和、鸿丰、同裕3家，共有8家在战争中幸存。孤岛时期新设立的缫丝厂激增，至1939年，有10台以上缫丝车的缫丝厂有36家，共有缫丝车6293台。①

表2.8 上海缫丝业发展概况

年份	1895	1911	1925	1928	1930	1936
厂家数	13	46	74	103	111	49
资本额（万元）	475	785.7	1091.1	1445.6	1526.9	648.4
丝车数（台）	4276	13062	18298	24375	26175	11116
厂丝产量（公担）	2792.9	12845	15370.3	21000	17982	11302
年产值（万元）	313.9	1443.8	1727.6	2360.4	2021.2	1270.3

资料来源：徐新吾、黄汉民主编：《上海近代工业史》，上海社会科学院出版社1998年版，第315页。

上海缫丝业由于受到茧源供应短缺以及缫丝工艺落后的影响，始终

---

① 徐新吾主编：《中国近代缫丝工业史》，上海人民出版社1990年版，第388~389页。

没有实现突破性的发展。1930年之前，虽然个别年份出现波折，但是整体的发展趋势是上升的，之后由于遭遇世界范围内的经济危机，缫丝厂外销剧降，导致缫丝业一落千丈。

2. 丝织工业

上海是江南生丝和丝绸出口的重要口岸，也是丝织工业企业的主要集聚地。从技术和投资看，上海的丝织工业大体经历了三次投资高潮。辛亥革命后，鉴于杭州纬成公司引进手拉机，生产的产品精良，且成本较低，丝织业商人开始投资建立丝织工厂。在第一次世界大战期间，有的丝织厂又引进了电力丝织机，原有的手拉机工厂逐渐向电力丝织厂过渡。1915—1922年，上海先后开设了肇新、物华、锦云、文记、中华工业、天纶、天成、怡新、美亚、震华、德和、国华共12家电力丝织厂。1924—1927年，上海继续开设了12家电力丝织厂，共有电力丝织机333台。到1927年，有22家电力丝织工厂，共有电力丝织机1632台。其中低于20台电力丝织机的小厂有7家，20台以上的大中型厂占了大多数。这20多家电力丝织厂大部分是原来从事丝绸商人的投资。另外，原有80家家庭手工业机户大多转为丝织工人。从以上数据看，1915—1927年是上海丝织工业的第一次发展高潮。受此鼓舞，1928—1931年，上海又新开设了475家不满20台机器的小型丝织厂，共有资本2311650元，电力丝织机3769台。这几百家丝织厂多是失业的丝织业工人集资创办而成的，主要分布在杨树浦、虹口、斜桥、曹家渡和闸北等地。1928—1931年可以视为第二次投资高潮。

上海的电力供应充足，缫丝工业较为发达，产品销售和机械购置又极为便利，因此上海的丝织业领先于杭州、苏州等地。但是在20世纪30年代初，由于长江流域水灾和东北销路中断，上海丝织业陷入危机。到1932年，小型丝织厂十家九倒。直到1935年下半年，厂丝售价才看涨，绸缎价格也看好。全面抗战前夕的1936年和1937年的上半年，丝织品产销两旺。此时上海有大小丝织厂480家，电力丝织机7200台。淞沪抗战爆发后，南市、闸北、虹口的大多数丝织厂被毁，只有部分工厂迁入租界。在孤岛环境中，新设丝织厂的数目不断增加，1938—1941年共新设立46家丝织厂，有电力丝织机971台。算上原来的和迁入的，共有152家丝织厂，丝织机5000台，其中超过20台和50台机器的大中型厂有十多家。这一时期可以看作第三次投资高潮。

虽然孤岛时期丝织工业的机器台数不及战前，但是1938—1941年的生产指数接近甚至超过1936年。1941年底，日本军队占领租界后，繁荣消失。

（四）面粉工业

面粉业作为手工业已经在上海存在很长时间了。1890年前后，上海有手工磨坊58家，各家面粉的平均日产量在100斤左右。上海在1894年之前出现过3家机器磨坊，由于初创时期市场上的机器面粉尚未得到认可，磨坊开工不足，产量有限，不久相继停业。甲午战争期间，东北及直隶、山东等以面粉为主食的地区，受战乱影响，生产破坏严重，洋面粉进口随之从以前的70万海关两上升到100万海关两；1900年，义和团运动及八国联军侵华期间，北方粮荒，洋面粉进口突破300万两，同时上海、无锡等地的粮食源源不断地北运，尤以面粉最多。上海的英商增裕面粉厂因而获得厚利。这种局面推动了机器面粉业在上海的发展。

1900年，上海第一家具有官方背景的民营机器面粉厂阜丰面粉厂诞生。阜丰面粉厂于1898年由孙家鼎家族的孙多森、孙多鑫兄弟集资筹办，资本30万两，1900年开始开工，获得免厘税并通行全国的政策优惠。1902年之后，几乎年年获得厚利。1911年之前，上海机器面粉业还有裕丰、裕顺、中兴、立大、申大5家面粉厂，共投资200余万元，拥有日产面粉2万包的能力。由此可见，面粉工业成为上海新兴的投资热点。

1912—1921年的十年，面粉工业在上海延续前期的发展势头，发展较快。1911年，上海只有8家面粉厂，第一次世界大战期间发展迅速，1921年发展到21家，日产面粉10万袋。此时，上海的面粉厂约占全国的三分之一。津浦路可以沟通北方产麦的各省，有利于上海面粉厂运输原料，销售产品。这对于上海面粉工业的发展是一个重要的推动力，使得面粉工业中心大有从东北移至长江流域的趋势。上海的面粉厂大多采用美制机器。几家面粉厂的最新式的机器可与西方最好的面粉厂相媲美。20世纪20年代初，中国已由一个依赖进口面粉的国家变成一个出口面粉的国家。

1922—1931年，面粉工业继续发展，已经成为上海的主要工业之一。1922年，外商的面粉卷土重来，民族面粉工业盛极一时的景象戛然而止。1922—1923年，上海没有新厂设立，直到1924年才出现转机，面粉厂的开工率和行业规模开始上升。20世纪30年代初，上海共有面粉厂15家，日产面粉680万磅（合14万包）。除日资所办的三井面粉厂外，其余都是中资的，其中福新面粉厂共有7家，皆是荣宗敬所创办。此时，上海各厂所用小麦来自全国各地，由于内地战乱频仍，运输困难，进口小麦的数量日益增多。上海各厂生产的面粉几乎全部销售到内地，仅有一小部分运销中国香港及地中海各口岸。

全面抗战开始后，沦陷区的面粉厂或毁于战火，或被占领。开设于租界内的面粉厂有阜丰、华丰、立大、福新二厂、福新七厂、福新八厂共6家。孤岛时期，租界内人口激增，需求旺盛。1938年以后面粉工业逐渐繁荣，工厂日夜开工。据当时5家最大的面粉厂的数据，1938年的面粉产量是965万包，1939年增加到1582万包。租界里的面粉厂生产所需的小麦除由苏北运来外，还可从国外进口。1939—1941年的三年，共进口洋麦12164394市担，加工洋麦可以获得厚利，因此租界对洋麦的依赖程度大大加深。据华丰面粉厂的创办人叶山涛称，该厂1937年6月开工，当年亏7万元，1938年盈利20万元；1939年和1940年因大量购买洋麦，两年共盈利150万元。①

---

① 徐新吾、黄汉民主编：《上海近代工业史》，上海社会科学院出版社1998年版，第240、246页。

从机器面粉业的发展看，相对棉织、丝织行业，上海面粉厂的机器生产取代传统作坊式生产最为彻底，基本进入机器大工厂时代。

五、上海城市地域分工的变化：贸易、金融、工业中心

开埠前上海已经成为我国南北洋贸易的交汇地。北方的粮食、豆类等土产，南方的洋广杂货以及长江流域的土布、茶叶等土产在此交换。从区域看，上海继太仓浏河淤塞后，成为江南地区的门户港口，是大运河之外南北交流的又一孔道。开埠通商后，广州一口通商政策被打破，上海港取得直接贸易的资格，并在19世纪50年代末期成为中国对外贸易的第一大港口。自1867年开始，上海港的进出口贸易额在全国进出口贸易额中占有四五成的比例，但大部分货物复出口到其他城市。自19世纪50年代以后，上海始终占据着我国贸易第一港的位置，是国家进出口贸易的中心。

在国内外贸易中，大量的土货、洋货交换必然需要巨额的银钱流动，自然也会引起传统金融机构票号、钱庄和现代银行向上海集中。上海钱业是中外贸易的媒介，在汇兑、拆票、投资方面都发挥着重要作用。外资银行在上海设立的最早，也是最多的。上海的中资银行成立的时间也比较早，国内大银行大都向上海集中。上海拥有庞大的金融体系和辐射到四面八方的金融网络，集中了数量众多的票号、钱庄、银行、信托公司、保险公司、证券交易所等各类金融机构，聚集了大量的金融资本。据李焱菜写的关于上海金融情况的报告，1920年，上海中资银行的资本约2亿元；上海南北市的汇划庄和中同行共计101家，再加上一般钱庄以及未列入统计的小钱庄，营业资本总和至少6000万元。在沪的外资银行总资本大约也在2亿元。因此，1920年，上海金融总资本在4.6亿元左右。1920—1927年，上海中资银行发展迅速，是1920年的6倍多。1927年，资本合计12.45057亿元。据1946年6月统计，上海银行、钱庄存款额占全国银行、钱庄的存款总额的43.5%，因此，全国借贷利

率和金银外汇行市自然以上海为转移。

在此基础上，上海信托业、股票交易所等行业也有了长足的发展。上海金融网络不仅覆盖了上海及其周边地区，而且与汉口、天津等其他开埠城市有着密切的金融联系。上海由此成为新中国成立前全国最大的金融中心和远东国际金融中心之一。

近代上海金融中心的成长存在阶段性特征。北洋政府初期中国银行业的业务与国债息息相关，因此北京的金融地位不容忽视。1920年，政府驻沪调查金融的专员李焱棻在报告中认为上海与北京息息相通。北京是全国财政金融中心；上海是最大商埠，是中国对外贸易的咽喉，国内外汇市价多以上海为标准，是全国的商务金融中心。因此，此时有北京与上海两个金融中心。只是到了1927年后，当局对经济的控制力减弱，金融业逐渐独立，设总行于北京的中国、交通等银行先后迁入上海，不再把北京作为营业中心。北京财政金融中心的地位消失，只剩下上海一个金融中心。

上海以商贸起家，以工业强市，在20世纪20年代初期已经成长为我国最重要的综合性工业中心城市。贸易和工业的发展，吸引了周边地区大量的人口进入上海。另外，周边地区的战乱和自然灾害也使得大量人口进入上海。1852年，上海有54万余人；1866年，增至70万人；1910年，约有128.9万人；1927年，增至264.1万余人；1937年，淞沪会战爆发后，从1937年的385.2万人增至1942年的392万人。20世纪40年代的上海已经成为中国人口最多、工商业最发达的大都市。上海由此在江南地区超越苏州、杭州、南京等传统中心城市，成为区域的经济中心城市。

总之，上海作为长江三角洲区域经济发展的增长极，又通过工业扩散，重新建构了长江三角洲的经济空间。

第二节　宁波近代工业的发展与城市地域分工的演化

近代的宁波是鸦片战争后最早开埠的五口之一，也是金融业、近代工业的发源地之一。因此，关于近代宁波贸易和宁波企业家的研究备受学者的青睐。今日学术界对宁波之研究主要有两个方面：一个是宁波本地的研究，即研究浙东宁绍地区的发展。这方面的成果比较少，只有几篇文章和一部涉及晚清宁波经济史的著作。其中李政与竺菊英关于近代宁波资本主义工业发展方面的研究最具有代表性，从宏观和微观角度介绍宁波近代企业和工业发展的成就与过程。另一个是宁波帮研究，就是对宁波企业家的研究，也就是研究宁绍商帮。该方面的文章和著作都很多，应该说无论从商帮演化还是其对各城市发展的作用都已经研究得比较精细。近代港口与贸易方面的研究是学术界研究的热点。郑绍昌研究近代宁波港口贸易的变化，并对变化原因进行分析。周镛兵对宁波港的对外贸易进行分期研究。竺菊英详细分析了近代宁波经济与上海的关系。王列辉对上海、宁波两港的空间关系进行长时段的考察和定量测度，认为近代上海、宁波两港的关系大致经历了枢纽港—支线港到枢纽港—大型深水直挂港的转变。娄娜以港口腹地的演变为中心，详细研究近代宁波贸易的变化及其成因。石博文基于《海关公报》的资料研究近代宁波港的贸易。但是目前对于宁波近代工业投资机制的研究不够深入，没有阐明贸易、金融、投资之间的关系。本节拟从长江三角洲的城市空间关系出发研究宁波近代工业的发展和城市地域分工的演化，既要研究宁波的近代工业发展所引发的经济转型，又要研究区域城市体系内宁波城市职能的转化。

一、近代宁波港的贸易发展情势

近代浙海新关（洋关）建立后，宁波港贸易的统计逐渐呈现系列化、正规化。1844年1月1日，宁波正式开埠通商后，进出口贸易在很长一段时间内仍由浙海关（常关，俗称里关）管理。1855年，英国驻宁波领事馆向宁绍道台提出建立新式海关的要求。1861年5月，浙海关监督驻浙海关所在地，浙海关税务司在江北岸外滩设置浙海新关，俗称为"洋关"，专管出入宁波港的涉外关务。浙海关主要负责监督、征税、缉私和编制贸易统计等业务。浙海关在1861年太平天国攻克宁波城后，改为"天宁关"，在1941年被日军占领，1948年被国民政府改为江海关宁波分关。相较于后三者，浙海关存在时间较长，对进出口贸易的掌控及贸易数据统计的常态化影响最大。

后来的商埠对宁波港贸易的影响有所不同。1876年，温州开埠通商并没有影响宁波港贸易的增长势头，由于温州与内地交通不便，并未完全改变宁波港对温州及其周边地区的贸易辐射范围。这说明原来宁波与温州的贸易额不大，另外宁波港也可以通过复出口贸易继续控制温州市场。因此，温州开埠并没有对宁波港产生太大的影响。但杭州开埠对宁波港的影响是致命的。杭州与上海间水路畅通，往来仅需要24小时，而与宁波间的水路交通由于浙东运河，再加上甬江桥梁低矮、水位太浅、运河拥堵、航船过坝等原因，往返反而需要3天半，又由于上海货物种类多、价格便宜等原因，杭州、嘉兴、湖州一带都从上海进口洋货。1896年，杭州开埠通商后，上海—杭州贸易线路更加畅通，进而严重挤压宁波港的腹地。据王列辉研究，此时宁波港的腹地已经缩至宁波、绍兴、严州、金华、衢州、广信、处州的大部以及台州北部。另据时人记载，宁波港的城市经济腹地变得更小，只剩下宁波府下属的各县及绍兴所属的余姚、上虞、嵊县、新昌等邻近数县，腹地面积不过5000平方公里，人口不过500万。

二、宁波近代工业的发展进程

（一）近代工业投资的起步

1887年，慈溪人严信厚集银5万两，在宁波创办通久源机器轧花厂。这是中国最早的机器轧花企业，也是近代宁波最早的工业企业。近代早期的工业投资者一般都具有官方背景，严信厚也不例外。他曾经是晚清重臣李鸿章的幕宾，后帮办督销长芦盐务。亦官亦商的严信厚，交往日广，财富日隆。通久源机器轧花厂只是严信厚创办的一个企业而已，他在上海还创办了南帮票汇业中极具声望的源丰润票号，资本银100万两，创办或参与投资的钱庄还有上海恒隆、德源，杭州寅源、崇源，汉口裕源，兰溪瑞亨、宝泰，金华裕亨慎和宁波信源、衍源、永源、五源、泰源、鼎恒、复恒、泰生等。严信厚的实业重心在上海，他长期担任上海道道库的惠通官银号经理，掌管上海道公款收支，还发起创建中国自办的第一家银行——中国通商银行，参与创办中国第一家保险公司——华兴保险公司，也是我国第一个商会组织上海商业会议公所（上海总商会的前身）的首任总理。1907年，严信厚在天津病逝，其子严子均继承父业，主持源丰润票号，凭借与上海道台蔡乃煌的关系承办源通海关官银号，有权为上海道经手存放海关的巨额税款。他在继续经营宁波通久源纱厂等企业的同时，1905年又创办上海同利麻袋厂，投资当时上海唯一的造纸厂——龙章机器造纸公司以及大有榨油厂、宁波东方造纸厂、面粉厂、内河航运公司等。

严信厚在家乡之所以首先创办机器轧花厂，其原因主要在于宁波附近各县的农村普遍种植棉花。宁波"机杼之声，毗户相闻"，是浙东手工棉纺织业的中心，而且宁波港的出口贸易中原棉出口日本，每年也有一定分额。例如1886年，原棉出口52022海关两；1887年，原棉出口增加一倍，达到105529海关两。轧花厂运营后，原棉出口增速更快，几近30万海关两。

1891年，通久源轧花厂轧出净棉3万担，获利丰厚。因此又投入资本进口轧花和棉纺织机器，既轧花又纺棉。1894年，严氏又集资30万银圆创办浙江省第一家纱厂——通久源纺纱织布局，股东有汤仰高、戴瑞卿、周熊甫等沪甬巨商，拥有1.1万多枚纱锭和230台织布机，每天出纱2500担。严信厚从工商部获得每年缴纳7000元厘税以免除每担7钱关平银的待遇，可以不用领取子口税单，直接通过浙海关出口。其创设的龙门牌棉纱畅销宁波、绍兴、温州及福建各地，每年获利甚丰。厂内设备也陆续增加，几年后又增加了0.6万枚纱锭。

在纱厂主业规模扩张的同时，严信厚的工业投资也出现了多样化倾向。1904年，严信厚等人在纺纱厂的厂地上建立了一家以蒸汽为动力的面粉厂，即通久源面粉厂。这是中国早期的机器面粉工业之一。发动机和其他机器均由一家英国公司提供，初期资本为10万元，日生产能力600包，年产面粉近百吨。因所产面粉质优，市场销路曾一度看好。1906年，面对轧花厂轧下的大量棉籽，严氏利用棉籽创办通利源榨油厂，对轧花厂的副产品棉籽进行再加工，但由于棉籽有限，只能开工半年。

除了严氏外，1904年之前宁波的工业投资还很少，仅拥有宁波电灯厂和顺记机器厂。关于电灯厂的记载很少，只知道该厂投资1.4万元。顺记机器厂初期有资本0.5万元，1915年再行集资，改为合伙企业，并从上海购置车床。该厂设备完善，技术力量不断增强，可自制柴油机，承接轮船公司和各机器工厂的机械业务，后来影响越来越大，有"上海恒源祥，宁波顺记号"之说。

（二）近代工业的规模扩张

甲午战争后，清政府对于民间投资的限制逐渐放开，严氏通久源机器轧花厂就在此后扩建成通久源纱厂，又投资面粉厂。初期的投资获得厚利。这为后来者投资近代工业起到了良好的示范效应。1905年之后，宁波当地人和旅沪商人纷纷投资建厂，市场成为引导工业投资的主要因素。宁波由此迎来工业投资规模扩张的阶段。

表2.9 宁波近代工业投资概况表

年份	投资者	厂名	行业	概况
1887	严信厚等人	通久源机器轧花厂、纺纱织布局	棉纺	集资5万两,有400台日本踏板轧花机,后改用蒸汽机。1894年,改纱厂,有纱锭1.12万枚,织机400台,年产1.1万件。1896年开工生产,1917年毁于火灾,后作价24万元售予和丰纱厂
1889		慈溪火柴厂	化工	
1901	孙某	宁波电灯厂	电气	1.4万元
1901	徐荣贵	顺记机器厂	机械	0.5万元,1915年再行集资,改为合伙企业
1904	严信厚等人	通久源面粉厂	食品	资本10万元,日产600包,市场销路较好。1907年停产
1905	徐炳贵	汇昌机器厂	机械	0.4万元
1905	戴瑞卿等人	和丰棉纺厂	棉纺	资本90万元,拥有2.3万枚纱锭,年产量2.7万包低支纱和高支纱
1906	马鸿翔	华兴机器厂	机械	
1906	蔡鸿仪	禾盛碾米厂	食品	资本10万元
1906	蔡鸿仪	禾盛烟公司		资本10万元
1907	顾元琛等人	和丰电灯公司	电力	为和丰纱厂供给照明而设立。1909年董事会将电厂单独划出,另招股份成立新公司,但是发展不顺。1914年停工,作价卖给永耀电力公司
1907	严信厚	通利源油厂	食品	1911年该厂停办,后转给翁基初经营,一直延续到新中国成立后
1911	翁基初	通利源油厂	食品	资本8万元,蒸汽机、柴油机各一部,各种设备46台。浙江省最大之油厂
1911		公益织布厂	纺织	初期有资本3万元,分别有250台木制织布机,设在镇海

（续表）

年份	投资者	厂名	行业	概况
1912	王仰之等人	宁波电话公司	通信	初有100门，磁石式交换机2台，1915年增至400门。1921年改组为四明电话公司。1935年公司装机容量2500门，用户2000户
1912		复成染织厂	染织	资本2.4万元
1912	徐蕙生	正大火柴厂	化学	初为法资企业，有排板车7辆，拆板车3辆。1909年余茂纸行租办，不久亏蚀。1913年，徐蕙生筹资1.5万元租办。正值第一次世界大战，厂务蒸蒸日上。抗战前有排板车18辆，年产6万件
1914	虞洽卿	永耀电力公司	电力	初期资本13万元，其中3万元来自和丰纱厂的电厂资产。初有50千瓦机组，后添置120千瓦蒸汽发电机。1935年装机容量增加到8100千瓦
1916		镇益织布厂	纺织	初期有资本3万元，有200台木制织布机，设在镇海
1918		明华玻璃厂		资本3万元
1919		慈溪大成袜厂		资本1万元，月产1200打袜子
1920		定海舟山电灯公司	电气	
1921		慈溪慈明鸿记电灯公司	电气	
1922		乾大面粉厂	食品	资本0.2万元
1923	李德芳	厚丰布厂	纺织	资本2.2万元。李德芳原为洋布摊主，1928年又创立厚丰二厂
1924		沈家门电气公司	电气	
1924		象山明星电气公司	电气	
1925		象山耀华电气公司	电气	

（续表）

年份	投资者	厂名	行业	概况
1926		奉化电气公司	电气	
1926		鄞县韩岭卷烟厂		浙江最早的卷烟厂
1927		中国和记卷烟厂		资本0.5万元，年卷烟700箱
1927		恒顺面粉厂	食品	资本0.3万元
1928		浙江第一卷烟厂		资本0.65万元，年卷烟600~700箱
1928		中国永安卷烟厂		
1928		镇海昭明电气公司	电气	
1930	戴瑞卿	立丰面粉厂	食品	资本15万元，资本最雄厚（浙江面粉业资本共计16万元）
1931		至记玻璃厂		资本1万元
1934	金廷荪	太丰面粉厂	食品	接盘立丰的设备、厂房，因为原来需外运，面粉又要运到上海经销，成本较高，效益不好，全面抗战后好转

资料来源：陈梅龙、景消波译编：《近代浙江对外贸易及社会变迁——宁波、温州、杭州海关贸易报告译编》，宁波出版社2003年版。孙毓棠编：《中国近代工业史资料》（第一辑），科学出版社1957年版。汪敬虞编：《中国近代工业史资料》（第二辑），科学出版社1957年版。

由于资料的限制，表2.9中工业投资的统计尚不够完整，一些投资较小的企业和一些手工业由于找不到资料，只好付之阙如。再者，虽然说宁波的工业投资进入规模扩张阶段，但并不意味着笔者认同宁波工业的发展水平高。宁波近代工业的投资门类虽然较多，但是从企业和行业的规模看，工业化水平一般。

除了棉纺织业外，宁波在近代工业化过程中，以下几个行业的发展也是值得一提的。第一是碾米业，泰康和泰记是浙江最早采用机器碾米的厂家。到20世纪30年代,宁波有碾米厂69家,柴油引擎达到75台,碾米机109台,资本总额超过208万元,年产量84.3万石。

第二是罐头食品业。奉化、慈溪、鄞县、余姚、嵊县、上虞是浙东的竹笋产区,所产鲜竹或笋干多运销杭州、绍兴、上海等地。20世纪20年代以后竹笋罐头食品工业兴起。1920—1931年,宁波罐头食品工厂有如生、恒新、顺生、大陆、滋生、华新等7家。奉化设立生生、天生、似生、萃园、亚东5家罐头厂。其中,宁波的如生和奉化的萃园是两个主要厂家。两个厂家的产品销往南京、杭州、汉口、天津及南洋。其他各厂的产品主要在宁波当地销售。

第三是机器修造业。宁波的机器修造业起源于广德兴铜匠店,是徐荣贵顺记的前身。1900年创立,是独资企业。1915年,徐荣贵集股5000元,成为合伙企业。1924年,顺记机器厂为"大中华民国机器公会"天字号会员,领得银质会员章一枚。1915年,宁波机器厂有以顺记、汇昌为首的5家厂,年产值约21万元。1927年,机器修造业进一步发展,当时参加"鄞县机器工业同业公会"的会员有顺记、全道、泰康、汇昌、华兴、志成、顺昌、荣昌、泰昌、万泰等机器厂,有汇丰、华通、昌兴等翻砂厂,有高兴昌、华万昌等打铁厂,有远昌冷作厂。

第四是电气业。通久源纱厂和和丰纱厂都有自备照明设备。宁波电气业就起源于这些厂。电气业之首永耀电力公司于1914年由虞洽卿、刘鸿生、戴瑞卿等人集资13万元成立。永耀公司购买和丰纱厂附设的电厂设备,公司业务发展很快,到20世纪30年代资本总额达到120万元。宁波各地工业用电不多,但是电力工业发达程度较高,应该主要是照明用电。

第五是丝织业。宁波丝织工业在清代时期主要是家庭副业性质,产品除留作衣料外,也向附近各县销售。1916年最盛时散居乡间的机户有数百台织机。部分机户接受市内绣花庄订货,织造素缎和红缎、蓝缎。到1924年,宁波有织机600余台,手拉铁机近100台,纺经料房百户左右。宁波先后成立的丝绸厂有涌昌诚、经大、华泰、华经等4家,绸庄有协和丰、华纶、庆祥、永新茂等。①

除上述五种外，宁波还有铜锡业、草席业、制伞业等传统行业，因与机制工业关系不大，在此不做详述。

关于宁波近代工业的发展阶段和发展水平，由于资料和数据限制，主要以不同时期的企业数量、投资额和产值来衡量。如下表所示。

表2.10 宁波工业发展的概况

年份	工业企业数量	资本额、工人数、产值
1912	通久源纱厂、通利源油厂、正大火柴厂等19家工厂	资本170多万元
1921	共有39家近代化企业。棉纺针织业9家、食品加工业11家、机器修造业6家、公用交通业5家、日用品工业8家	230万元，有工人5000余人
1932	机制工业有棉纺织业、染织业、面粉业、榨油业、碾米业等15种，共计103家，大多数工业为轻工业，以碾米业最多，有69家；纱厂资本最大，有90万元。造船及翻砂厂，家数虽多，但投资很少，基本上是依附其他工业之修理工厂	投资总额2619700元，职工5527人，年产值1107.5万元
1948	484家工厂，百人以上大厂有8家	工人有7639人
1951	有284家工厂。20家锯木厂，48家小型针织厂，47家机器厂（每家工人不到6名），109家小型纺织工厂（除恒丰、大昌、厚丰等外，其余只有十数台布机），10多家烟厂（大都两三台卷烟机），32家粮食加工厂（工人为临时工），1家电厂即永耀	工人4988人

资料来源：李政：《解放前宁波市的民族工业》，《宁波文史资料》（第一辑），1983年，第97~109页。陈训正、马瀛纂：《民国鄞县通志》第五《食货志》，1951年张传保序刊本，第53~54页。实业部国际贸易局编：《中国实业志·浙江省》（第3编），133页。

---

① 求良儒、蒋猷龙：《浙江丝绸史纪要》，《浙江文史资料选辑》（第24辑），浙江人民出版社1983年版，第46页。

由以上的表格可见,近代宁波拥有棉纺织业、丝织业等主导产业,但是工业规模不大,小型化特征非常明显。棉纺织业是近代宁波资本额最大、工业化水平最高的行业,但代表纱业的和丰纱厂纱锭最多时不过2.6万枚。这基本是无锡、南通的纱厂初创时的规模。当地人曾用"三支半烟囱"来形容新中国成立前宁波工厂规模小得可怜,其中和丰纱厂、太丰面粉厂(前身为戴瑞卿等人于1930年设立的立丰面粉厂)、永耀电力公司各占一支,另外半支是指通利源油厂(受原料限制,开工半年)。

三、宁波近代工业发展缓慢的原因分析

(一)港口腹地狭小,贸易规模不大

宁波在开埠时期,腹地辐射全省及安徽等其他地区。但是,1877年温州开埠、1896年杭州开埠后,宁波的经济腹地变得越来越小,只剩下宁波府所属各县及绍兴所属的余姚、上虞、嵊县、新昌等邻近数县,腹地面积不过5000平方公里,人口不过500万。《民国鄞县通志》也认为,由于宁波的经济腹地被局限于宁绍一带,从而导致宁波港的地位下降,成为依附于上海的一个辅助性港口城市。此后,外洋贸易皆到上海,直接来宁波者很少。

(二)工业原料需要外运,成本较高不利于市场竞争

南通、无锡、常州等纺织工业发达的城市多位于重要的棉产区或者丝产区,原料供应充足。但是宁波主要产业的原料供应都不够充足。《民国鄞县通志》认为甬埠工业不能充分发展的最大原因是原料不足。宁波所产的席草、毛竹及丝、棉,除席草、毛竹尚称适用外,丝与棉都不能与外货相竞争,而且产量少,不能满足工业需求。宁波的工厂每年需要原料的总值达700余万元,以棉花、小麦为大宗。工业产品因成本高昂无法在上海市场立足。

(三)资本和人才大量外流上海、杭州等大城市,成为放款转账码头

资本大量外流后,宁波本地的工业企业资本额较小,企业规模和技

术水平自然受到限制。这从前面宁波的工业投资规模可以看出。上海不仅吸走了宁波的外商,而且也吸引了大批宁波商人。宁波的大量资本也随之流入上海,再由上海周转到其他城市。据统计,宁波的钱庄每年放款到上海的款项就高达二三千万元之多。与此同时,上海开埠后,大量宁绍人进入上海谋生、经商。新中国成立前宁波的近代工业,绝大部分由上海甬籍商人回乡投资。宁波人善于经商,在上海从事工商业的人尤多,在上海工商界中举足轻重。据1941年不完全统计,由宁波人在上海开设的大小工商企业有2746家,其中光是从事呢绒、绸缎、纱布行业的就有120家,在金融界有钱庄14家、银号5家、银行17家、证券交易所14家,几乎操纵了上海金融界。上海工商界中的名流朱葆三、叶澄忠、虞洽卿、袁履登、秦润卿、刘鸿生、黄延芳、金廷荪、周宗良、刘聘三、竺梅先、项松茂、俞佐庭等,都是宁波人或宁波所属六县的人。上海成为宁波帮实业的重心,而宁波本地自然处在次要地位。

不可否认,宁波本地的人才和资本都被上海吸引走的同时,上海也在技术、信息和工业方面有一个补偿流,但是不如吸走的多。这种黑洞效应自然会严重影响宁波本地的工业投资。

四、宁波金融业的发展

由于地理位置偏居一隅,外加原料短缺、资本外流、市场狭小等因素,宁波近代工业的发展水平不高,只能满足宁波及周边各县的需要,在区域竞争中不具有优势。但是这并不意味着宁波在城市地域分工中不重要。因为宁波的金融资本是保证上海、杭州等城市贸易、工业正常发展的最重要的"血库"之一。明清以来特别是近代,宁波的金融企业家和宁波的钱庄金融网络在区域经济发展中发挥着极其重要的作用。

(一)发达的钱庄业

北京四恒号钱庄是宁波人经营钱业的开始。1864年,宁波已经有36家大钱庄,此后仍在不断开设。19世纪中叶太平天国运动时期,"滇铜道阻，东南患钱荒"，于是钱庄商人创立过账制度，商人之间"彼此输纳，辄委钱庄转移而不以钱币授受，仅登簿录以了结其收付"。过账制度这一制度创新解决了货币搬运和铜钱紧缺问题，交易双方称便，逐渐成为宁波商业活动的习俗，因此宁波成为"过账码头"。

清末宁波有六七十家钱庄，辛亥革命后，市面不稳，同行受累，仅剩17家。到民国初年，钱庄相继开办起来，比辛亥革命前多了10多家。到1931年，宁波大小钱庄160家，其中大钱庄42家，资本总额386.6万元。除放款本埠外，还放款上海、汉口、杭州、绍兴等地，钱庄营业兴旺时对外放款，"仅就上海一埠言之，已得二三千万元之数"。

新中国成立前，不仅宁波的近代工业要依赖于本地钱业，而且省内其他城市，如杭州、温州、绍兴、金华以及省外上海、武汉、天津、营口等城市，都有宁波钱庄的放款。宁波钱业之雄厚，凌驾于沪汉各埠。1935年，由于世界性经济危机的影响，上海等地工商业大批倒闭，影响到宁波钱庄的信用，纷纷提存，进而发生金融风潮，倒闭大小钱庄30余家，占总数的四成，从而使宁波钱业一蹶不振。

（二）新式银行业、交易所、保险业的发展

宁波开埠通商之后，外资银行汇丰、花旗、麦加里先后设立了驻宁波办事处，经营汇兑、储蓄、保险、押款、信托等业务，并行使外钞金券。国内银行的设立始于清末四明银行宁波分行。由于宁波具有金融业的有利条件，中国通商银行、交通银行、浙江兴业银行、四明银行、中国银行、农民银行、中央银行等20家银行在宁波设立分行。宁波本地有浙东银行、渔业银行、鄞县银行3家。宁波的银行多数是大银行的支行，在宁波社会经济中的作用不如钱庄大。

20世纪二三十年代，宁波交易所有了较快的发展。1923年创办的宁波棉业交易所股份有限公司，资本20万元，主要从事棉花的定期买卖，1934年的营业额达到1390万元。1923年创办的四明证券交易所股份有限公司经营证券业务，资本20万元，1934年的营业额达到1.5304亿元，成交的主要是浙江省政府公债。宁波的保险业也有了发展，到20世纪

30年代，有英商17家，美商7家，德商1家，法商1家，华商6家，国籍不明者12家。这些保险公司全部是上海等地的保险公司的分公司或代理处，业务最多为火险，其次是寿险。

宁波钱庄业和银行业的发展使其成为浙江金融中心之一，其金融事业之发达，实不亚于杭州，成为仅次于上海的"放款码头""转账码头"，对宁波和周边城市的工商业发展发挥了重要作用。

五、宁波城市地域分工的演化

近代宁波独特的发展道路是地理环境和商贸格局共同作用的结果。宁波是鸦片战争后中国开埠通商最早的五个口岸之一，在一口通商时期，虽偏居浙东，但仍为浙江、皖南最重要的贸易口岸，为进出口贸易中心，辐射本省兼及安徽等内地省份。温州和杭州开埠后，宁波腹地受到挤压。《中国实业志·浙江省》曾经把浙江分为四个经济区域，其中宁波经济区域以浙江第二大城市宁波为中心，包括慈溪、奉化、宁海、镇海、余姚、临海、天台、仙居、黄岩、温岭等县。从港口贸易辐射看，近代宁波基本上是宁波府的中心。再者，由于资本和商业精英迁入上海、汉口等通商大埠，宁波成为上海集聚效应的最大牺牲品，城市工业的规模和发展水平远逊于上海，也比不上无锡、常州。宁波在区域贸易和辐射范围方面虽然有限，近代工业的规模和发展水平也不够突出，但是大量的宁波资本和管理人才在上海、杭州、苏州等其他城市引领着发展的潮流。

宁波是一个仅次于上海的对区域发展发挥重大作用的金融中心。地处浙东的宁波与西部的杭州、北部的上海构成一个等边三角形，每个边长长约100公里。宁波与杭州的直接交通十分困难，至少需要3天半；而有些转口贸易经由杭州转到上海，需要36小时，如果用拖船只需要24小时。后来虽有沪杭甬铁路贯通，但是铁路更加有利于杭州。宁波在失去杭州的支持后，腹地大为缩减，无法与当时在贸易、金融、工业领域最发达的经济中心上海竞争，只能作为上海商埠的一个分埠存在。

第三节　镇江近代工业的发展和城市地域分工的演化

1861年4月27日，镇江正式开关。镇江开埠通商是近代长江内河开放的第一步。地处京杭大运河与长江之交的镇江，为大江南北、上下游之交通枢纽，自唐宋以来便樯帆林立、商贾辐辏，明清时期更是上游米谷、木材、洪油（湖南洪江所产桐油）的集中之地，有"银码头"之称。咸丰十一年（1861），英国派员乘船来镇江看地势，于西门外的云台山附近圈划租界，以备建造关署。开埠后的镇江洋行聚集，华洋杂处，逐渐形成江广、江绸、木材、绸布、钱庄五大行业为主体的商业贸易格局。镇江港口水深，腹地广大，北边包括山东、河南、江苏北部，南边包括安徽、江苏南部。海关总税务司赫德曾经认为上海深受吴淞口外沙洲淤涨困扰，贸易前景黯淡，认为20年内镇江将成为半中点站或货物转运站，取上海而代之。可见，当时镇江在长江三角洲地区的区位优势和贸易地位之重要。

图2.1　镇江海关税务司印（来自南京海关）

目前学术界关于镇江近代经济的专题研究不多。当地文史工笔者在20世纪八九十年代对近代镇江的商业、金融业、手工业和机器工业的发展情况进行了记载和研究，留下了大量资料。该成果主要集中在《镇江文史资料》第6辑和第15辑。戴迎华对近代镇江经济衰退原因的研究认为，其地理优势的丧失、缺乏支柱型产业、帝国主义的经济压迫是主要原因。戴迎华的系列论文还对近代镇江米市形成的条件、市场发育和影响及近代镇江的金融业和商业的变迁进行了探讨。郑忠认为近代镇江经济衰退的原因在于铁路交通使得镇江丧失区位优势，从而引发港口腹地范围的缩小、腹地农村经济衰退等连锁效应。吴滔、胡晶晶认为随着英租界的建立与外国商人的进入以及港口贸易的繁荣，在商业利益的驱动下，华洋各方势力通过博弈重组了江岸地区的空间秩序，逐渐向商业性港口转变，打破了传统"东港西渡"的空间格局。刘伟峰从港口腹地角度出发，对镇江港口贸易的特点、腹地的范围进行了较为全面的研究，为城市经济的研究提供了坚实的基础。另外，在长江流域和省区现代化研究中也涉及了近代镇江的城市和经济发展。单树模从历史地理角度对近代镇江的兴起和发展做了较为全面的总结。张仲礼等对近代化过程中的镇江略有论及。茅家琦、周洁等对于近代镇江的贸易、产业、社会文化等方面的发展进行了研究。

虽然关于近代镇江经济发展的研究成果已经涉及多个方面，也有了一定深度，但是目前的研究成果还不足以全面揭示近代镇江经济发展的全貌，对于贸易、商业和工业的联动效应，即经济增长机制的研究还须进一步深化。城市是区域的中心，是区域的节点。但学术界对镇江的研究缺乏空间视角，对镇江在区域分工中的职能，即城市之间和城市与区域的关系缺乏研究。另外，在工业和贸易专题研究上还存在缺憾。例如贸易研究不考虑进出口贸易的物价指数，工业研究忽视镇江丝织业和制糖业的发展。本节拟以历史地理的视角，探讨贸易趋势和产业进程，总结经济增长的机制；从空间上阐述镇江与其他城市之间的联系及其对镇江经济的影响。

镇江作为开埠口岸，中转贸易繁盛，自然孕育出工业的投资机会。贸易推动工业的发展是镇江工业发展的重要特点。因此，研究镇江工业的发展首先需要介绍镇江的贸易情况。

一、近代镇江港贸易的兴衰

（一）"漕运便车""税厘优惠"与镇江贸易的兴盛

19世纪60年代，镇江开埠后，外商洋行、广潮商帮相继而至，倾销洋货，收购北货，国内南北各帮客商也来交易。清政府于这一时期在全国开征厘金以补充军费，又称税厘。货物逢关必须纳税，遇卡必须抽厘。但是外国人在缴纳了子口税后就可以免纳厘金，通行内地。镇江是长江下游征收子口税的重要商埠。中国商人在镇江可以托庇洋商，向其购买洋票，挂上洋旗，凭借外商特权，得免税厘，只需到镇江向海关报税一次，即可报运出口。镇江20多家洋行均可向华商出售洋票、洋旗。另外，镇江为漕船来往必经之地。为调动漕运人员的积极性，清政府允许漕船载运部分免税货物，因此北方一些客商与漕运粮船合伙，利用漕运粮船免税厘的便利，于放空南下时顺便带上北方土产到镇江。这是镇江能够吸引大批南北客商的重要条件。镇江由此成为南杂货和北杂货互换贸易的中心。这一贸易背景在1911年之前是决定镇江贸易、工业兴盛的关键因素。

（二）镇江港贸易的衰落

表2.11　1864—1931年镇江的贸易形势概况

年度	进口贸易		出口贸易		年度贸易值	贸易指数（1913=100）
	贸易值	占比%	贸易值	占比%		
1864	8671723	76.4	2680574	23.6	11352297	46.2
1865	12555898	85.6	2111191	14.4	14667089	59.7

（续表）

年度	进口贸易		出口贸易		年度贸易值	贸易指数（1913=100）
	贸易值	占比%	贸易值	占比%		
1866	10050469	88.4	1314548	11.6	11365017	46.3
1867	11558367	93.1	855716	6.9	12414083	50.6
1868	12140682	93.4	854776	6.6	12995458	52.9
1869	15822952	95.3	778839	4.7	16601791	67.6
1870	53580036	98.7	719649	1.3	54299685	221.2
1871	20933624	92.5	1699379	7.5	22633003	92.2
1872	25715557	79.8	6509353	20.2	32224910	131.3
1873	24637346	94.5	1444313	5.5	26081659	106.2
1874	29712034	92.9	2266068	7.1	31978102	130.3
1875	32220326	92.7	2553963	7.3	34774289	141.7
1876	29301645	92.6	2352575	7.4	31654220	128.9
1877	28690493	91.8	2555025	8.2	31245518	127.3
1878	35555992	86.8	5421950	13.2	40977942	166.9
1879	36650989	95.0	1919692	5.0	38570681	157.1
1880	32345695	87.3	4715134	12.7	37060829	151.0
1881	31051889	77.9	8787375	22.1	39839264	162.3
1882	32772718	82.9	6754470	17.1	39527188	161.0
1883	30465720	91.3	2912370	8.7	33378090	136.0
1884	29942065	90.9	3000249	9.1	32942314	134.2
1885	30008879	87.5	4304080	12.5	34312959	139.8
1886	25331808	82.6	5343544	17.4	30675352	125.0
1887	29446251	89.8	3350836	10.2	32797087	133.6

（续表）

年度	进口贸易		出口贸易		年度贸易值	贸易指数
	贸易值	占比%	贸易值	占比%		(1913=100)
1888	26161885	90.5	2743158	9.5	28905043	117.7
1889	24800576	90.3	2672499	9.7	27473075	111.9
1890	34125705	92.8	2634105	7.2	36759810	149.7
1891	36565225	91.8	3257706	8.2	39822931	162.2
1892	36465455	87.9	5004788	12.1	41470243	168.9
1893	32655987	85.7	5444628	14.3	38100615	155.2
1894	24148229	75.3	7918464	24.7	32066693	130.6
1895	27165691	54.9	22298693	45.1	49464384	201.5
1896	27435492	77.6	7896808	22.4	35332300	143.9
1897	26555178	77.3	7809873	22.7	34365051	140.0
1898	26052302	78.2	7245273	21.8	33297575	135.6
1899	32301269	86.0	5271873	14.0	37573142	153.1
1900	25546584	81.2	5905843	18.8	31452427	128.1
1901	29675531	80.3	7283797	19.7	36959328	150.6
1902	31297569	81.7	7011477	18.3	38309046	156.1
1903	31385554	80.4	7641570	19.6	39027124	159.0
1904	27455939	75.0	9149852	25.0	36605791	149.1
1905	29914357	74.9	10015210	25.1	39929567	162.7
1906	35597223	78.2	9917827	21.8	45515050	185.4
1907	32706074	85.3	5655940	14.7	38362014	156.3
1908	25430956	74.6	8640305	25.4	34071261	138.8
1909	24721517	70.1	10561095	29.9	35282612	143.7

（续表）

年度	进口贸易		出口贸易		年度贸易值	贸易指数（1913=100）
	贸易值	占比%	贸易值	占比%		
1910	18405513	70.9	7555319	29.1	25960832	105.8
1911	17844605	75.7	5729510	24.3	23574115	96.0
1912	16022619	72.0	6245920	28.0	22268539	90.7
1913	15507517	63.2	9040429	36.8	24547946	100.0
1914	14164972	71.0	5794633	29.0	19959605	81.3
1915	12078534	70.3	5105605	29.7	17184139	70.0
1916	12227769	74.2	4254087	25.8	16481856	67.1
1917	11164626	77.8	3190688	22.2	14355314	58.5
1918	10704501	78.4	2954349	21.6	13658850	55.6
1919	12786871	72.1	4940355	27.9	17727226	72.2
1920	13395690	74.0	4694756	26.0	18090446	73.7
1921	14054841	80.6	3384150	19.4	17438991	71.0
1922	14063954	90.6	1460531	9.4	15524485	63.2
1923	14260619	90.9	1436047	9.1	15696666	63.9
1924	14785238	78.4	4080952	21.6	18866190	76.9
1925	16306750	87.5	2328062	12.5	18634812	75.9
1926	18073405	93.4	1272655	6.6	19346060	78.8
1927	12908792	92.6	1035022	7.4	13943814	56.8
1928	17276218	92.3	1435814	7.7	18712032	76.2
1929	14069639	92.1	1201902	7.9	15271541	62.2
1930	14497070	93.0	1087531	7.0	15584601	63.5
1931	9692263	90.3	1044040	9.7	10736303	43.7

资料来源：中国第二历史档案馆、中国海关总署办公厅编：《中国旧海关史料》相关年度镇江海关报告整理，京华出版社2001年版。数据已经根据孔敏主编的《南开经济指数资料汇编》之《1867—1936年中国进出口物价指数（1913=100）》折算。

由上表可见，经过南开经济指数中的进出口物价指数换算后，数据显示镇江的贸易大体分为三个阶段：1864—1871年，从贸易指数看，进出口贸易基本上逐年增长，但是超过100的年份极少，处在成长期；1872—1909年，贸易指数甚至超过150，处在鼎盛时期；1910年以后，贸易指数大都在80以下，陷于衰退之中。贸易在1910年出现转折。刘伟峰认为镇江贸易的衰落主要在于洋货的中转减少。但从进出口贸易指数看，1892—1921年贸易额高升，其中土货出口在贸易总额中的比重有所上升，洋货比重下降。其他年份的洋货贸易还是占90%以上。

（三）镇江港腹地变迁

近代镇江贸易的中转特色是非常明显的。1880年，英国驻镇江领事在领事报告中说进入苏南的洋货很少，南京、苏北、安徽、河南以及山东南部最多。[①]大运河及其众多的支流是通往这些地区的心脏地带的交通要道。开埠后的镇江一方面是漕运枢纽，另一方面也成为洋货转输内地的理想之地。

随着长江中上游商埠依次开埠通商以及平汉、津浦铁路开通，铁路货物税收低且交通便捷，到镇江港的货物流向出现新变化。镇江的水路运输有成本低廉、运量巨大的优势，但沿途厘卡层层盘剥，使出口商品的成本陡增20%，低价优势荡然无存。铁路运输只需完纳统税就能畅通无阻，省时省钱。因此，随着胶济、平汉、津浦等铁路的开通，本省及安徽、河南、山东等处货物，向经运河而至本埠者，已渐由汉口、浦口、胶州等处转趋他埠。另外，镇江的中转贸易中南北货物的交换色彩比较浓厚，从某种意义上讲就是土货换洋货。在土货改变流向后，洋货

---

① 《1880年英国领事报告》，引自《中国旧海关史料》，京华出版社2001年版。

自然也会换地方。1904年，胶济铁路通车后，青岛来的洋货沿着铁路线辐射鲁南、豫东地区。1905年，大浦开埠后，江北腹地买进的洋货也由上海直接北运今连云港的大浦与青口港，不再由镇江中转。1925年之后，陇海铁路连通新浦后，大浦港成为镇江有力的竞争者。大宗洋货从上海直接在大浦港装卸，由新浦转输苏北、鲁南。由此镇江辐射的区域大大缩减，贸易额自然逐渐减少，主要服务江北运河沿线和里下河地区。这些地区由于与镇江有着传统的金融联系，不会轻易改变，但在镇江的港口条件出现问题后，特别是"小长江航线"的出现，也发生了一些变化。

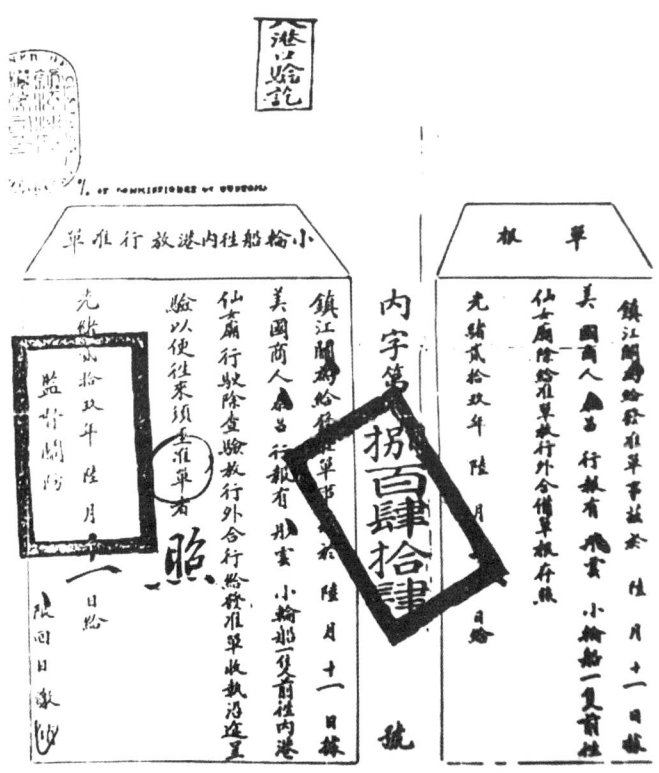

图2.2 光绪二十九年六月十一日镇江关发给船只的内港航行准单（来自南京海关）

"小长江航线"是上海与苏北交通最关键的航线,主要指南通张謇大达轮船公司开辟的上海—南通—泰州—扬州的小轮船航线。1903年,张謇与上海、南通的地方士绅集资创办了南通大达内河小轮公司、上海大达轮船公司、大生轮船公司,航行于上海与南通之间。由于货源充足,轮船公司不但添置新船,开辟上海—海门航线,并将上海—南通的航线延伸至口岸(位于泰兴市),改称沪口线;后来沪口线进一步延伸到扬州的霍家桥,成为沪扬线,其停靠点大都是苏北长江沿岸的港口。沪扬线与苏北腹地的交通大体可分为三段:上段扬州霍家桥可以进入里运河连通淮河;中段可以过泰兴口岸进入苏北里下河地区;下段南通各港又可与串场河连接。这样,苏北运河沿线的洪泽湖以西、皖北一部分的农副产品可以经过霍家桥中转至上海及其他地区;苏北里下河地区和沿江地区的农副产品可以由口岸、新港、天生港等转运至上海。

对于镇江贸易的衰落及其原因,时任镇江商会会长杨方益的回忆最有说服力,也最为全面。杨氏回忆,清末,京汉、津浦铁路先后通车,华北诸省土特产品的出口及外货输入,多改陆运,镇江水运优势大为减色,待沪宁线铁路铺成,货物更过而不留。加上镇江附近江面新沙续涨,航轮进出不便,于是镇江商业地位一落千丈。虽然一战期间,少数民族工业乘势兴起,但并未能遏制镇江商业的颓势。1926年前后军阀混战,鲜有宁日,工商业发展更受打击。1929年,江苏省政府迁来镇江,邑人曾寄托很大希望,冀能借助全省人力物力,谋求镇江的复兴,屡次拟议疏浚江河,并订定整治港埠计划,惜未能实现。只是由于人口增加和官僚政客往来频繁,使饮服、住宿等消费性行业有所发展而已。1931年,长江下游大水灾,苏北是受灾最重的地区,又恰为镇江商业往来密切区域,各业货款及钱庄放款,损失奇重,以致市面呆滞,银根紧缺,打击极大。数年间,未及恢复,而抗日战争又起。由此可见,镇江贸易衰落的主要原因是交通成本问题,但是也不可否认还有诸如灾害、战争、金融危机等其他原因。

(四)镇江商业发展情况

数十年来,镇江本帮经营南北货贸易的行栈、商号逐步发展起来,形成几个资金雄厚、生意兴隆的主要行业,有钱、木、江广、江绸、绸布"五大业"。下面主要介绍与贸易和近代工业投资有关系的四个行业。

1. 江广业

镇江江广业主要经营糖和北货,其次是桐油、麻、香及南货等,是当时最大的行业,执商业之牛耳60年,即使衰落之后,仍然是商界举足轻重的行业。镇江的糖有来自台湾及广州、顺德等地的国产糖,还有来自荷印、吕宋及古巴等地的洋糖。北货主要是北方诸省的豆饼、芝麻、花生仁、麻油、红枣、柿饼等20多种。当时外商大量收购北方土产。南方商人推销糖和南货,然后带走北货。镇江南北货贸易极为繁盛,1906年前后,北货年销售额纹银2000万两,其中出口占50%;糖年销售2.7亿余斤,其中国产糖占到54%。江广业中还有油、麻业务,以江苏、浙江为主要市场,经营油、麻的行号由2家发展到30余家,极盛期每年销售桐油达20余万桶。油、麻业主要以国内市场为主,在此不做过多涉及。豆市贸易为后来镇江的榨油业和冰糖业提供了原料,是机器榨油业和冰糖工业的基础。

2. 江绸业

江绸是京江绸的简称,为镇江手工业特产,主要有线绉、缣丝、官纱、塔夫绸4个品种,畅销国内外。初期的线绉行销俄国、印度和南洋,后来塔夫绸行销印度和朝鲜。专为朝鲜织的"朝鲜披风"料,甚至发展到每年40万件。清末10年是江绸业的高峰期,年销售量26万至27万匹,约合白银450万两,利润丰厚。江绸业后来使用铁机织绸,生产效率有了很大的提高。

3. 绸布业

鸦片战争前后,镇江原有的绸缎店和布店各为一业。绸缎货源为苏杭丝绸和本地江绸。布的货源则来自苏、松等地,销售范围除本地外,兼及苏北及山东、山西、河南、河北和安徽等地。第一次鸦片战争后,镇江一些大绸缎店又到上海贩洋货，如斜纹布、绒布、漂布、洋纱、粗毛织品、哔叽等。后来镇江又有了专营"洋货匹头"的商号。所谓匹头，就是只卖整批而不拆零之意。一些绸缎店和布店也经营洋货。由此可见，绸布业实际上包括上述三个行业。山东、河南和皖北地区的商人运输北货来镇江销售，其回程的空洋票船大量装运洋货匹头北归。洋货匹头的生意更加兴隆。这是绸布业发展的高峰期，每年达500万两之巨。

4. 钱庄业

1865年以前，钱庄尚称钱店，只以兑换为主，存放较少。随着商埠建立后进出口贸易的发展，钱庄的业务范围以存放汇兑为主。1865年，镇江钱庄有10多家，资本约10万两。1891年，镇江成立钱业公所，为同业集会交易、议定兑换价格和利率的场所，组织形式和业务范围也逐步完善。1899年，镇江钱庄增至32家，资本超过30万两，最高放款余额达到1500万两以上。这是镇江钱庄业发展的鼎盛时期。1911年，辛亥革命后，镇江的绅商富户以换资经营钱庄为致富捷径，因此又增加几家，其中资本雄厚的有三四家。1914年以后，镇江钱庄再度兴盛。1921—1926年，镇江钱庄又回升到28家。1932年，市面渐趋稳定，钱庄业除已经倒闭、歇业的14家外，勉强复业的仅7家，观望的4家。1935年，实行法币政策后，镇江钱庄只剩下3家，营业不振。

镇江钱庄业依靠"挹彼注兹"而发展。镇江钱庄的资金来源，除本地存款外，苏申两地富商均有大量存款。因镇江钱业公约中有"对于兑票，共负清偿义务"的规定，因此镇江钱庄信用卓著。上海的润昌栈是镇江钱庄派驻上海庄客集中之所。上海各行业的客户只要看到其"见镇江钱庄汇票"的批复，就可以凭此出货，甚至连外滩银行业都当作本埠庄票收受。初期与润昌栈往来的钱庄主要是镇江帮钱庄，其后因为润昌栈信誉日固，苏州帮与宁绍帮也先后加入，据统计，上海每年提供的存款达到一千四五百万两。除了在江南的业务外，镇江钱庄业也对江北的工商企业放款，在区域资本融通方面发挥着重要作用。

二、镇江近代工业投资的进展

镇江开埠,得风气之先,外洋商品和新式生产方式一起传入。1895年,甲午战败后,赔款数额巨大,政府财政危机,对民间投资的限制逐渐解除。在两江总督张之洞的主持下,机器制造工业先后出现在江南、江北的城市。1895—1896年,镇江出现四经、大纶、萃纶三家缫丝厂,共有37.5万两的投资额。三厂是江苏省除上海外最早的缫丝厂,起先获利丰厚,但在1898年,一家因无法支付昂贵的生产费用而停工,另一家在无望的气氛中勉强维持。缫丝从业者在文史资料中回忆说,镇江盐商投资缫丝业,是为了响应张謇的号召。这是误传,应该是响应张之洞的号召。投资缫丝业的真正原因是生丝出口可以获得厚利,再者也是为当地织造江绸提供生丝原料。

从表2.12可见,在1895年、1896年的初期投资后,工业投资暂时停滞。从1903年到1921年,工业投资持续不断,是持续增长时期。1921年之后,无论从厂数还是投资额看,都已进入衰落期。从行业和规模看,镇江的工业投资主要集中在缫丝、面粉、榨油三个主导产业。

表2.12 近代镇江企业投资概况

年份	投资人	厂名	行业	基本情况
1895	盐商李维之	四经,后改为永利	缫丝	集资15万银圆,在上海招聘管理与技术人员及熟练女工,生丝销往国外
1895	盐商尹汉台	大纶	缫丝	集资18.5万银圆,日产生丝70公斤
1896		萃纶丝厂	缫丝	集资4万元
1896	德国商人	蛋品加工厂	食品	产品出口到纽约和欧洲
1903	朱芴倚、刘舜年	合兴面粉厂	食品	初有资本18万元,1914年改组为贻成面粉厂,1930年为贻成新记面粉股份有限公司,资本50万元

(续表)

年份	投资人	厂名	行业	基本情况
1904	郭月楼、张謇	大照电灯厂	电气	1904年筹款2万两,靠南通大生资助,1905年10月开始发电
1904	许鼎霖、张謇	开成笔铅罐厂		集资14万元
1905	王西星	同茂永蛋厂	食品	集资2万元
1906	汪业恒	镇泰榨油厂	食品	集资5万元
1906	席月楼	镇江自来水公司		
1907	傅筱庵	泰来元记机器面粉厂	食品	有工人200人
1909	曾铸、尹克昌	镇江造纸厂	造纸	集资3.5万元,1908年作价8万两出卖
1909	郭月楼	大有碾米厂	食品	大照电灯厂利用本厂电力开办机器碾米
1909	汪瑜述	源升榨油厂	食品	集资4万元
1910		义生火柴厂	化工	
1911		镇江玻璃厂	化工	
1913	陈子英	大源机器油饼厂	食品	资本10万元,采用机器与人力混合方式,自造豆油和豆饼
1913		镇江宝昌机器厂		资本5000元
1913		茂昌机器厂		资本2000元
1915	李皋裕	贻成面粉公司	食品	集资20万元,1918改组贻成晋记面粉公司
1916	张勤夫	富成丝厂(原大纶)		丝车208台
1916		余记丝厂(原永利)		丝车248台

（续表）

年份	投资人	厂名	行业	基本情况
1918	柳肇庆	镇江慈幼织布厂		资本8.4万元
1918	李鹤侪	华兴工艺厂	棉织	
1921		荧昌火柴厂	化工	有工人650人，每日出火柴80~100箱
	日商	燧生火柴厂	化工	后卖美商贸易公司经营
1925		丹阳益大染炼整理厂	印染	资本4000元，年产量3万匹。动力为蒸汽机
1926		镇江自来水公司		10万元
1928		丹阳华新染炼整理厂	印染	资本3000元，年产量3万匹。动力为蒸汽机
1931		5家冰糖厂	食品	大中华、国华、大生、新华、大华

资料来源：孙毓棠编：《中国近代工业史资料》（第一辑），《民族资本创办和经营的工业》，科学出版社1957年版，第38~53页。汪敬虞编：《中国近代工业史资料》（第二辑），科学出版社1957年版。彭泽益编：《中国近代手工业史资料》，生活·读书·新知三联书店1957年版。

镇江机器制造工业的发展参差不齐。首先，镇江缫丝业的投资因蚕茧不足而举步维艰。大纶和永利丝厂共有480台丝车，均为10年前老式丝车，在日本已经淘汰，且原来厂主的资本亏耗已尽，相继出租。1930年前，各家缫丝厂没有雄厚的资本，全由两三个同业集资三五万元承租厂基。工厂在春季时派人收取鲜茧，再向银行押款，资本少，所收鲜茧只能支撑开工五六个月。不久两厂又改名，但终因销路不畅，暂时停业。其次，机制的面粉、电气、榨油等行业发展较好，但是规模有限。1903年，商人朱芍倚、刘舜年集资创办第一家面粉厂合兴面粉厂，总投资18万元，后1914年改组为贻成面粉厂，1930年又重组为贻成新记面粉股份有限公司，有资本50万元，每日出面粉6000包，销路主要是浙江、安徽、江西等省。

1904年,镇江早期最重要的企业大照电灯厂建成投产。1907年,该厂扩充了设备,增资5万两。1914年,该厂遇到债务危机,幸得南通张謇资助5.2万两,免于破产。大照电灯厂在1923年改名大照电气公司,成为镇江经营最好的一家近代企业。1909年,大照电灯厂利用本厂电力开设大有碾米厂,此为镇江机器碾米之先河。1913年,陈子英等人集资创办大源机器油饼厂,资本10万元,采用新式机器和人力混合方式,制造豆油和豆饼,从业人员达452人之多。

另外,与贸易有关的江绸业经过改造后成为重要的机制工业。传统手工业江绸业与当时各地流行的土布业一样,为其带来了大量的收入。镇江织造的绫绸和宫绸年产量约8万匹,价值70万海关两,走水路运至上海大约3万匹。织造该种绸的织机约1000台,织工4000人,太平天国运动兴起前的织机数量大致与现在相同。绢丝每年产1.4万至1.5万匹,价值9万两,销于本埠和江苏省。镇江还出红素绸,年产300匹,价值3600两。太平天国运动兴起前此种织机约100台,现存仅三四十台。清末的10年是江绸发展的高峰期,年销售量26万至27万匹,约合白银450万两。丰厚的利润自然引起手工业者的投资。当时镇江从事织造的机房(小业主)有1000户,织机3000多台,加上车房、染坊等有关工人1.6万至1.7万人,另有以络丝为副业的家庭妇女2000余人,再加上绸号、绸庄职工等从业人员,直接依江绸为生者不下2万人。故江绸业是当时镇江极有影响的一个突出行业。但是曾拥有织机数千台、年销售额达三百余万两的江绸业,在甲午战后受制于日本所加征的高额关税,不得不放弃朝鲜这一主要消费市场,同时因未能及时开拓新的市场而一蹶不振。外销失败,加之几家大绸号多将资金投资房地产及其他实业而收缩营业资本,在竞争中更处于劣势。在江绸业衰败之时,1917年创设有40台铁机的光华绸厂,接着又有新华、仁章、德华等绸厂建立,其中仁章有70台铁机,但仍不能扭转江绸业的颓势。1930年前后,镇江大纶丝厂领到政府支援江浙丝织业的丝绸公债,但并没有清理积欠,而且重新开工,仍无法维持而结束。

机房为了生存，转为小型布厂。于是镇江出现小型织布厂、作坊共200余家，其中80%多为织造江绸的机房转行而来。全面抗战开始后，大绸号全部停业，只剩下机房，仅织绢丝，基本供应本地用户，曾经盛极一时的江绸业消失。1919年的五四运动时期，全国人民反日爱国运动高涨，掀起抵制日货的高潮，爱用国货，上海、无锡、常州、江阴的国产布得以抬头。镇江除官办第三工厂、商办慈幼布厂的规模较大外，其他小型布厂相继开设数十家之多。

另外，冰糖业也是镇江新兴的工业门类。1931年之后，与镇江贸易联系最为紧密的江北遭遇大水，钱庄放款多不能及时归回，镇江各业遭到沉重打击。此时只有福记糖行集资创办冰糖厂，利用荷印粗砂糖试制冰糖成功，且成本低廉，陕西、河南客商纷纷订购，销路旺盛。又利用冰糖下脚料糖卤制成青糖和低级白糖，因而冰糖厂大兴，又继续设立4个工厂，年销量500万斤。这是糖业衰落下的一针兴奋剂。但是好景不长，仅数年后日寇全面入侵，镇江糖厂、糖行被战争摧毁。

综上所述，机器碾米业、面粉业是发展较好的产业。其他产业虽然经过较长时期的发展，但是产业规模还是比较小。1905年之后，虽有电力、火柴、碾米、面粉等机制工业的投资，但是规模不够大，主要以地方消费为主。这种现象虽然因为冰糖业的出现有所改观，但是未能从根本上把镇江改变成像无锡、南通一样由机制工业主导的工业城市。机制工业的发达程度、生产规模在一定程度上代表着城市经济现代化的程度。显然，镇江在工业方面与无锡、南通还有很大的差距。

在江绸业及其贸易衰落后，镇江近代工业基本以服务本地市场为主，没有太大的发展空间。镇江较之无锡、苏州、南通等，先有机制工业，但是由于原料、交通等原因，反而不如后来之无锡和南通。

三、丹阳近代工业的发展

丹阳在镇江辐射范围内，故也在研究范围之内。丹阳工业以丝织业为主。丹阳产绸始自同治年间。有丹阳人旅居湖州，得习当地丝织工艺，又见利润丰厚，于是创设绸厂织造阳绸。丹阳产蚕茧而不缫丝，当地所产之茧丝无法满足当地织户之用。大部分原料多仰给于浙江辑里丝。丹阳全县有织户2000余家，散布于乡间。其号称大织户者，有10余台，小户仅有一二台而已。民国初年市面风行华丝葛。于是丹阳之阳绸工厂添设新式铁机以适应环境。其后营业发达，机户激增，最盛时有4000台之多，年产30万匹，总值六七百万元。其后受人造丝的竞争，营业惨淡。

表2.13 1930年丹阳新式绸厂的概况

厂名	设立时间	资本（万元）	机械（台）	工人
中新仁记	1930	0.8	铁机20	85
九纶绸厂	1930	0.1		46
蔚成	1927			52
中新新记	1929	1	62	300
美丰	1931			33

资料来源：宇鸣：《江苏丝织业近况》，《工商半月刊》1935年第7卷第12号。

表2.14 全面抗战前夕丹阳工业的投资概况

行业（厂数）	资本（万元）	总产值（万元）	行业（厂数）	资本（万元）	总产值（万元）
翻砂（1）	0.3	2.5	织绸（8）	4.5	23.5
机器（1）	0.1	0.1125	染炼（2）	1.4	5.4184
榨油（6）	3.51	11.255	总计（18）	9.81	42.7859

资料来源:《中国工业调查报告》(第2编),《地方工业概况统计表》,1937年2月,第58~60页。

由上表可见,丹阳在全面抗战前的主要工业是丝织业和榨油业,其他工业都微不足道。

四、镇江城市地域分工的变化

镇江近代机制工业虽然不如无锡、南通发达,工业产品在区域市场的份额和外贸中占的比重不大,但是依靠传统商业网络和强大的金融资本,在区域贸易和商业中发挥着重要作用。

在1860—1911年,镇江中转贸易发达,形成一个辐射长江以北、山东以南、安徽以北、河南以东的土洋货交易的贸易圈。1911年之后,镇江贸易圈缩小,但是还可以覆盖里下河地区和运河沿岸地区。后期中转贸易衰落后,镇江还可以控制运河沿线和里下河地区,主要在于镇江是江北的金融中心、里下河地区的贸易中心。尤其是镇江钱业集团进入上海后,依靠集体信用,收集到更加雄厚的金融资本,成为江北里下河和运河沿岸甚至东部南通、海安、如皋等地的金融来源。总之,镇江依靠钱业集团在苏州、上海和苏北建立了中介联系,不仅为江南工商业发展提供资金,也是江北地区经济发展的金融血库,成为区域重要的金融中心、贸易中心。

第三章

棉产区城市工业的发展与地域分工的演化

长江三角洲的沿江、沿海沙地地势高,水热条件适当,比较适合棉花种植。自明清至近代,江南的棉区主要集中在滨江沿海一带,由江阴、靖江以下的长江两岸,逶迤而东,绕经松江地区,跨入浙江平湖、乍浦,又沿杭州湾两岸,达于南岸的慈溪。长江北岸的沙堤从南通向东,至海门、启东、如东也是棉花种植地带。上述地区也是传统棉纺织业发达的地区,具体情况在各城市部分分别论述。

第一节 无锡近代工业的发展与城市地域分工的演化

一、无锡近代经济发展的研究综述

近代无锡民营工业的投资十分活跃,围绕食品、棉纺织和缫丝三大主导产业形成了强大的工业生产能力,全面抗战前期工业产值为第五位,仅次于上海、天津、武汉、广州。无锡工业的发展成就自然引起学术界的关注。目前关于近代无锡经济的研究主要涉及无锡的工业投资与主导产业、工业化道路的比较、商业、商会与同业公会组织、近代工业与贸易对农业的发展等方面。上述研究成果以政治事件为标志划分了近代无锡经济发展的阶段。上述研究主要关注三大主导产业及六大资本集团的形成，并且根据政治事件粗略地划分了发展阶段，但是对无锡工业经济的整体发展水平、工业投资关联性和城市间经济关联性的深入研究还不多。未来该领域需要寻找一个能够解释无锡较长时期经济增长的研究框架，探讨工业投资的增长机制，并研究无锡与上海、苏州、常州、江阴等周边城市之间的关联性，评价无锡在区域分工与合作中的作用。

二、无锡近代工业的起步

无锡的近代工业投资发轫于1895年前后。1895年之前受传统观念和政府限制，无锡没有出现近代工业投资，内地民间资本多热衷于米行、钱业、土布等传统行业。洋务派和洋人是西式机器大工业投资的主力，多位于上海。无锡早期的工业投资多是以工业生产的某些环节实现机器生产或者改良为目的。

无锡的近代工业投资起步于1895年创立、1896年开工的杨氏业勤纱厂，继之有1900年匡仲谋建立的亨吉利布厂，再次为荣氏于1900年创办、1902年开工的保兴（1903年改组为茂新）机制面粉厂。此后直到1904年才出现新的投资。也就是说，无锡在1900—1903年没有一家新的近代工厂创办。1904年，无锡有两家缫丝厂创建。1895—1903年可以看成无锡近代工业投资的发轫期。创办期间，新开工业企业颇受资本不足的困扰或者地方保守势力之牵扯，能够成功实属难得。

杨氏兄弟入幕李鸿章，因功擢道员。杨宗濂历任布政使、按察使、长芦盐运使等职。杨宗瀚后随刘铭传到台湾办理洋务事业，1890年调任上海主管上海机器织布局，纺纱获厚利。1903年，织布局毁于火灾，杨宗瀚去职。后杨氏兄弟受两江总督张之洞邀请赴宁筹划商务，决意开办纱厂。业勤纱厂拟投资银24万两，杨氏兄弟各投资6万两，亲属刘鹤森

第三章
棉产区城市工业的发展与地域分工的演化

图3.1　无锡第一家近代工厂业勤纱厂（无锡中国民族工商业博物馆提供照片）

兄弟投资4万两，再招股12万两。但最后刘氏裹足不前，导致业勤纱厂真正的投资只有八九万两。1896年，厂房建成，但是刘氏兄弟的股本只有2万两，外股处在观望状态。万般无奈的杨氏兄弟只得面见两江总督，获得苏省积谷公款10万两资助，后又筹4万两，借款2万两，凑齐股本，纱厂成立。业勤初开时虽然规模甚狭，纺纱不多，但因厂处内地，工价低廉，能就近销往织造土布的农村，棉纱供不应求。业勤昼夜开工，但仍不能满足常州府和苏州府各个乡镇的需要，可谓盛况空前；在富有效率的经营之下，该厂股息最少为25%。①

1900年，荣家兄弟集股创立保兴面粉厂之时，无锡风气未开，受到地方士绅阻挠。地产、风水的官司从无锡打到常州，又从常州打到南

---

①《捷报》，见汪敬虞编的《中国近代工业史资料》（第二辑下册），第688页。

京。后靠合伙人朱仲甫的官场人脉,终于得到南京官方的支持而过关。在与士绅打官司时,荣氏兄弟认识到商人地位远不如官僚士绅,于是借1901年山西灾荒,政府办赈之际,荣德生捐盐提举,荣宗敬则捐同知衔,希望通过捐官提高自己的社会地位,减少传统势力的阻力。

图3.2　民国初年的茂新面粉厂(无锡中国民族工商业博物馆提供照片)

1902年2月,保兴面粉厂正式投产,日夜出面粉300包。1903年,面粉厂没有大的起色,官僚朱仲甫见无利可图,提出退股。荣氏兄弟增股到2.4万两,成为最大的股东。该厂重组后改为茂新面粉厂,销路稍好,苏、锡、申足以销完,迫切需要增加产量。但是石磨时时要停,产能受限,面粉价格也低于钢磨产品两角,难以获利。1904年,日俄战争后,东三省的面粉销路旺盛,微有余利。装备钢磨的华兴、阜丰、增裕则获得厚利。1905年,茂新六部英制钢磨机器投产,日产800包,又逢沪宁铁路之沪锡段通车,装运上海,市场销售旺盛。该年度面粉厂新机运营后,每日可余500两,年利润6.6万两。

1904年,是无锡工业投资呈现新气象之年。不仅制粉厂和棉纺厂获利丰厚，而且裕昌和锡金丝厂在这一年创办。工业投资在经历了三年的观望后，又开始启动。荣德生认为机器缫丝、机制棉纱、机制面粉三业在1904年均已具根底。新式工业企业在市场竞争中站稳脚跟并获得厚利，极大地鼓舞了观望者。此后，无锡企业家开办新式工业之风气日开。追求厚利的本性也引导资本开始从传统商业、钱业领域逐渐转向工业投资。荣德生先生所谓之"均已具根底"之意也应该在于此。

无锡近代工业的第一轮投资主要在缫丝、棉纺织与面粉工业。那么投资者为什么选择上述行业进行投资呢？主要原因如下：

（一）机纱渐为市场乐用

工业投资首先需要考虑市场需求。生丝自鸦片战争以来就是江南最重要的出口产品。机器缫丝业的投资意在提高缫丝业的产量，加大出口，而且缫丝业的投资门槛不高。但是棉纺织业的投资门槛较高，投资风险较大。但"实业救国"情结、官办和外资企业的厚利以及国内巨大的市场也极大地鼓舞着民营企业家们。在1875年上海未设纱厂之前早就有印度纱进口，推销于上海附近及江南一带，最初每年仅数千件，甲午战后就达到20余万件。从江南的主要土布产区看，洋纱替代土纱的过程从19世纪80年代开始，甲午战争后洋经土纬、洋经洋纬的土布逐渐被布庄所接受，机纱才盛行起来。具有进口替代性质的棉纺织业投资自然顺理成章地兴起。

在国门洞开的时代，江浙亦被卷入全球市场，要想在国际贸易中抵制洋纱进口，促进土货出口，工业投资的方向自然要考虑该地方资源的禀赋优势。江浙多棉桑就是区域的资源禀赋优势。

（二）晚清政治改革与两江总督的谋划

1895年，《马关条约》签订后，清廷发布上谕改弦更张，要"以恤商惠工为本源"。不久清廷下达谕旨，取消限制民间兴办工矿企业的禁令。

在这种形势下，1894年11月至1896年1月，主政两江的张之洞邀集官绅商董，反复筹议，并向苏沪商贾洋人广为询访，酌量地方情形，增设纱、丝各厂，大力倡导地方实业。在设立地方商务局推进实业的建议得到清廷支持后，张之洞迅速在江宁、镇江、苏州、南通等地设立商务局，并委派当地"乡望素孚，商民信服"的绅士督办。此后，在1895—1900年，无锡杨氏兄弟、苏州陆润庠及镇江、南通等地方名流主导的近代工业投资陆续出现。两江总督张之洞是江南近代开风气之先的民营工业投资的倡导者和护佑者。继任的刘坤一对于地方士绅投资近代工业也给予支持和保护。由此可见，江苏早期的缫丝业、棉纺织业投资是官绅合议的结果，是根据地方多棉桑的情形决定的。

关于机制面粉工业的投资，荣德生在回忆录里曾经提到1900年在上海的经历。由于八国联军入侵天津、北京，上海工商业亦风声鹤唳，地价、物价大跌。上海各业十分惨淡，惟增裕、阜丰面粉厂获利。看到小麦来源，粉厂去路，粉是无捐税之货物，大可仿制。可见税收优惠和稳定的市场需求是荣氏投资面粉工业的主因。

无锡第一轮工业投资获得初步成功主要在于以下几个条件：首先，早期投资者如杨氏兄弟、荣氏兄弟等多为有官方背景的地方名流或旅沪商人，有在上海、广州等通商大埠活动的经历，甚至参加过西式机器大企业的经营管理，从而为投资、管理企业积累了经验和资本。其次，起初从事近代工业的投资者如杨氏兄弟，多为地方士绅或者官僚，受到两江总督张之洞、刘坤一等洋务派官员的资助和保护，能够排除地方传统势力的干扰。再次，19世纪80年代，无锡替代常州成为省内外米粮集散和漕粮采办的商业中心，金融、交易服务与交通条件优势极为突出。最后，无锡的蚕桑业和土布业也有一定的经济基础，紧靠江阴、太仓、常熟等棉花的来源地和土布产地，毗邻原料和市场。

三、无锡近代工业的规模扩张

学术界对于城市或者区域产业经济发展阶段的研究有一个趋向，就是以政治事件为分割点，分阶段研究。笔者不否认制度对于经济发展的巨大影响，但前提是这些制度在一个相当长的时期内发挥作用。例如1894年之前，政府对于民营投资的限制政策，在1904—1937年这样的政策基本是没有的。除了1927年国民政府对于中国银行、交通银行等金融势力的控制外，政府对实体经济的控制还是比较松的，而且投资工业带来的厚利以及政府的爵位奖励也同样弱化了地方传统势力的干扰。这种变化在1904年之后的无锡极为明显。由下表中的投资情况看，传统钱业、布业、米业商人也开始参与近代机器工业的投资，社会风气逐渐开化。基于上述认知，笔者拟依据调查统计资料和不同时期的投资热点来说明工业发展的阶段和水平。从工业投资的表中，除了1895—1904年和1933年之后两个期间投资较少外，我们基本上看不出政治事件对工业投资的影响。

因此，笔者认为1904年之后，无锡的近代工业投资进入持续发展时期，虽间有挫折，但行业规模和门类在逐渐增加，纺纱、面粉、缫丝、染织行业的企业规模也得到扩张，出现了规模巨大的现代化企业，形成了以荣氏、杨氏、唐蔡、薛氏、唐程、周氏为首的六大工业资本集团。接下来笔者将结合下表和相关的工业调查资料对无锡工业领域的主要行业进行研究。

表3.1 无锡近代工业的投资概况

年份	投资人	工厂	产业	资本额或机器台数
1895	杨宗濂、杨宗瀚	业勤纱厂	棉纺	集股33.6万两，10192枚纱锭，1896年开工，1903年增纱锭2548枚，1906年增纱锭1092枚
1900	袁辅臣、匡仲谋（旅沪商人）	亨吉利布厂	棉织	开设于无锡杨墅园（今洛社镇杨市社区），180台铁木结构织布机，为最早最大的织布厂，1919年歇业

（续表）

年份	投资人	工厂	产业	资本额或机器台数
1900	朱仲甫、荣宗敬兄弟（次年朱氏退股，祝大椿入股）	保兴面粉厂	食品	资本3.9万元，1902年开工，1903年改为茂新面粉厂。后添置钢磨，资本增至10万元，为无锡最早的面粉厂
1904	周舜卿	裕昌丝厂	缫丝	仿制意式直缫车96台，1918年增至330台
1904	王毓文、徐焕文（1909）、薛南溟（1910）	锡金丝厂，后改为锦记、永泰二厂	缫丝	初有40台，后增加到180台
1906	张石君、叶慎斋、荣宗敬等7人	振新纱厂	棉纺	1907年振新纱厂建成投产，总投资27万余元，有纱锭1万枚
1906	查伸康	锡经合资缫丝厂	缫丝	集资4.2万元
1907	徐翔周	大丰米厂	食品	装有2台碾米机，立式柴油机为动力
1908	荣德生、钱镜生	宝新碾米厂	食品	资本1万元。6台碾米机，动力为60匹马力柴油机。1909年扩装8台
1908		华兴米厂	食品	安装4台碾米机，由东仁兴白坊改造
1909	吴玉书	劝工染织厂	色织	资本4万元
1909	孙鹤卿、薛南溟	无锡电灯公司	电气	资本6万元，1910年改为耀明电灯股份有限公司
1909	朱晋良	协记机器厂	机械	在无锡棉花巷开办
1909	唐保谦、蔡缄三	九丰面粉厂	食品	初建时拥有钢磨12台，动力450匹，1911年投产
1909	祝大椿	源康丝厂	缫丝	祝氏创办，丝车256台，后增为320台
1909	华承谟	德源碾米厂	食品	有工人30人

（续表）

年份	投资人	工厂	产业	资本额或机器台数
1909	王桐	云澄布厂	棉织	有工人280人
1909	夏云鹤	美纶织布厂	棉织	有工人294人
1910	孙鹤卿	乾生丝厂	缫丝	资本10万元，丝车208台
1910	许稻荪	振艺丝厂	缫丝	丝车208台。许曾在上海公永和丝厂任职，也曾在苏州租办过丝厂
1910		劝工布厂	棉织	资本10万元
1910	邹海周	邹成泰机器碾米厂	食品	资本0.5万元，机砻8台，米机6台
1911	杨翰西	无锡电话公司	电气	无锡始有电话。后又集资创建溧阳、太仓电话公司
1913	祝大椿	乾丰丝厂	缫丝	资本5万元。1919年借与乾生
1913	杨翰西	润丰机器榨油厂	食品	无锡机器榨油之始，后转给唐保谦经营
1913	吴玉君、方寿颐	惠元面粉厂	食品	被荣氏买下后改名为茂新分厂
1913	薛南溟、徐锦荣	锦记丝厂	缫丝	1909年徐焕文开办，但经营不善，旋租于薛南溟、徐锦荣，后被买下，称永泰二厂
1913	吴襄卿	锡成公司	印刷	资本3.6万元
1914		大盛丝厂	缫丝	资本5.2万元，后改称隆昌工厂
1914		锡昌丝厂	缫丝	资本5万元
1914		南昌布厂	棉织	资本10万元
1914		瑞生布厂	棉织	资本8万元
1914	孙伍佰、过惠平	泰隆面粉厂	食品	1914年开工。过惠平为钱庄商人
1914	陆维镛	长丰面粉厂	食品	资本30万元

（续表）

年份	投资人	工厂	产业	资本额或机器台数
1915	吴仲炳	丽华布厂	棉织	资本50万元
1915		华成森布厂	棉织	资本10万元
1915		大生布厂	棉织	资本3万元
1915	尤瑞芳	涌宝成榨油厂	食品	资本2万元
1915	刘虞卿	三和榨油厂	食品	资本1万元
1915	许良初	俭丰榨油厂	食品	资本2万元
1916	庄兰芳	庄源大榨油厂	食品	资本1万元
1916	唐首铭	宝新面粉厂	食品	1918年，陆维镛13.8万元购得，改为长丰三厂
1916		瑞康慎丝厂	缫丝	资本4万元
1916	蒋镜海	光华染织厂	染织	资本1万元
1916		怡盛布厂	棉织	资本2万余元
1917		成记布厂	棉织	织布机百台，资本2万余元
1917	杨味云	广勤纺织公司	纺织	资本100万元
1917		华纶布厂	棉织	资本10万元
1918	荣德生	允利实业公司	化工	生产氯气、碳酸等化学品
1918	浦文汀	恒德油厂	食品	资本10万元，无锡最大油饼厂，1920年投产
1918		恒康丝厂	缫丝	资本5万元
1918	杨融春	德新碾米厂	食品	资本0.6万元，机器12台
1918	唐骧庭、程敬堂	丽新染织厂	纺织	资本60万元，1921年开工生产
1919		源利布厂	棉织	资本二三万间，织布机百台
1919	胡镜如	豫泰针织厂	针织	资本1万元

（续表）

年份	投资人	工厂	产业	资本额或机器台数
1919	朱福明	裕泰针织厂	针织	资本1万元
1919		德兴丝厂	缫丝	资本1万元
1919	唐保谦	锦丰丝厂	缫丝	资本10万元
1919	荣德生	开原电力公司	电气	在荣巷创办，供河埒、仙蠡等乡照明用电
1919	荣氏兄弟	申新第三纺织公司	纺织	资本300万元，2万纱锭，布机52台
1919	唐保谦、蔡缄三	九丰面粉厂分厂	食品	资本20万元
1919	陈蝶仙	中国第一镁制造厂	化工	资本3万元，产品为碳酸镁原料
1919	方寿颐（钱庄）	豫康纱厂	纺织	资本80万元，1.4万枚纱锭，1921年开工
1919	薛南溟、陈子宽	工艺机器厂	机械	资本2万元
1919	沈阿根	沈兴记机器厂	机械	资本1万元
1920		瑞丰丝厂	缫丝	资本5万元
1920	周舜卿	慎昌丝厂	缫丝	丝车272台
1920		乾昶丝厂	缫丝	资本4.8万元
1920	荣氏兄弟	茂新二厂	食品	整合惠元公司与苞米粉厂而成
1920	唐保谦、蔡缄三	庆丰纱厂	纺织	资本100万元，1.48万枚纱锭，1922年投产
1920		申兴布厂	棉织	织布机60台
1920		华有布厂	棉织	织布机50台
1920	陈耀祖	永益碾米厂	食品	资本0.5万元，机器12台
1920	杨翰庭	益源碾米厂	食品	资本0.4万元，机器10台

(续表)

年份	投资人	工厂	产业	资本额或机器台数
1921		泰孚丝厂	缫丝	资本约6万元
1921		骏盛丝厂	缫丝	未详
1921	孙恂楚	乾源丝厂	缫丝	资本4万元
1921		瑞昌丝厂	缫丝	与锡昌为兄弟公司
1923	胡缨清	振业染织厂	染织	150台
1925	陈耀祖	仁昌裕碾米	食品	资本0.6万元，机器12台
1925		大新碾米厂	食品	资本0.5万元，机器8台
1925	谢维翰	永源碾米厂	食品	资本0.1万元，机器8台
1925	黄建农	恒丰染织厂	染织	铁机35台，筒机6台，资本0.3万元
1925	陈仲藩	新艺染织厂	染织	资本0.75万元
1926	陈蓉轩	利用造纸厂	造纸	资本2万元，造纸机1台，打浆机2台
1926	吴纯如等	竞华染织厂	染织	资本2万
1926	杜敬堂	鸿裕染织厂	染织	资本0.35万元
1926	戈子祺	中华针织厂	针织	资本1万元
1926	陈仲言	人余针织厂	针织	资本2万元
1926	毛祖均、吴培林	无锡铁厂	机械	资本2.5万元
1927	吴纯如	蕴华染织厂	染织	资本0.25万元
1927	王治中	利新碾米厂	食品	资本0.5万元，机器8台
1927	陆竹卿	益新碾米厂	食品	资本0.5万元，机器10台
1928	徐子洲	华丰染织厂	染织	资本0.6万元
1928	沈桂卿	永茂碾米一厂	食品	资本0.5万元，机器12台
1928	谈文明	余新碾米厂	食品	资本1万元，机器14台
1928	周荫庭	周一昌碾米厂	食品	资本0.5万元，机器6台

（续表）

年份	投资人	工厂	产业	资本额或机器台数
1928	薛震祥	震旦机器厂	机械	资本2万元
1929	张成德	成泰机器厂	机械	资本1万元
1929	毛永康	振华染织厂	染织	资本0.5万元
1929	张锡堂	大昌榨油厂	食品	资本0.5万元
1929	周培扬	张元大榨油厂	食品	资本0.2万元
1929	严作霖	大华染织厂	染织	资本1万元
1930	许锡章	永茂碾米二厂	食品	资本0.5万元，机器12台
1930	苏斌化	民生碾米厂	食品	资本0.5万元，机器8台
1930		嘉禾碾米厂	食品	资本0.5万元，机器8台
1930	戴雕升	公益冰糖厂	食品	资本1.5万元，原料来自荷属殖民地和福建土糖
1932	薛明剑	允利化学工业厂	化工	资本8万元，制镁、钙、钠和漂白粉
1932	王乐水	赓裕染织厂	染织	资本1.5万元
1932	潘永祺	福新染织厂	染织	资本0.3万元
1932	徐载庵	三新染织厂	染织	资本3万元
1932	曹子喻	同仁染织厂	染织	资本5万元
1933	蔡声白	美恒染织厂	染织	资本40万元
1935	唐骧庭	协新毛纺织染厂	毛纺	集资创办
1936	薛寿萱	兴业制丝有限公司	缫丝	公司在美英法等国设办事处或代销处
1937		兴业染织厂	纺织	
1937	杨翰西	广丰面粉厂	食品	
1938	日商	惠民公司、华中蚕丝公司	缫丝	两家公司统制苏、浙、皖3省蚕丝生产和经营，无锡有18家丝厂被侵占

资料来源：农商部总务厅统计科编纂：《农商统计》，1912年。顾毓方，《无锡之工业》，《实业统计特刊》1933年12月。孙宅巍、蒋顺兴、王卫星主编：《江苏近代民族工业史》，南京师范大学出版社1999年版。说明：关于针织行业主要列入有电力针织机的企业，其未装备机器企业不列入；机器制造工业主要列入投资超过1万元的大厂。另外，由于缫丝工业厂商较多，多采用租厂经营，厂名变化也多，资料有限，表中收集较少。

（一）纺织工业

近代无锡纺织工业起源于传统土布业，主要包括棉纺、织布、染织、毛纺、针织等主要行业。近代纺织工业首先在纺纱环节实现机器生产，织户和布厂用机纱在手拉机、铁木机上制造土布。无锡第一家机器纺纱厂业勤开工于1896年；1900年，匡仲谋开办第一家织布厂；吴玉书于1909年创办第一家染织厂即劝工染织厂。其后到抗战爆发，无锡纺织工业企业数量、规模和业态获得长足的发展。从表3.1可见，纺纱业由于投资门槛较高，企业数量不多，投资比较集中的时期是1919—1921年，有4家纺纱厂成立。布厂投资在1914—1916年出现一个投资高潮。染织业投资在1921—1927年出现高潮。具体发展情况将结合具体企业详述于下。

无锡棉纺织业投资从1895年业勤纱厂开始启动，截至1914年大约20年间，无锡只有业勤和振新两家大型的纺纱厂，拥有纱锭2.58万枚。第一次世界大战期间洋货来源骤减，棉纱价格高涨，棉纺织业获利猛增。无锡纺织厂进一步扩展，广勤、庆丰、豫康、申新三厂等大型棉纺企业纷纷建立起来。受市场厚利影响，这种投资势头一直延伸到1921年。

布厂是近代出现的一种以集体劳动代替个体织户的生产组织形式，在资本、机器和工艺上较之后者更加高级。染织厂自然更加高级，进一步延伸到印染产业链条。无锡布厂源于1900年匡仲谋创办的亨吉利布厂，染织厂源于1909年吴玉书创办的劝工染织厂。

1914年后，无锡出现织布业和染织业的投资高潮，布厂数量、投资规模和产量都有了很大的提高。到1921年，无锡资本超过50万元的厂家有丽新、丽华两家，资本额10万元的有劲工、南昌、华成森、华纶四家，3万元至8万元的有瑞生、大生、光华三家，资本在二三万元、日产量在十五六匹的织布厂更多。申新三厂一个厂拥有纱锭5万枚，织布机500台，接近于1914年无锡纺织、染织各厂纱锭和织布机总数的一倍。另外，无锡第一家针织工厂——协成电机袜厂也在1919年出现，有电动织袜机18台。

  第一次世界大战后，由于国内投资过多，再加上洋货再次在华倾销，国内军阀混战，无锡纺织工业受挫。1921年之后便出现经营困难。纱厂投资除了大厂增加纱锭、染织厂扩展外，再也没有新厂出现。开设不久的庆丰纺织厂只能依靠九丰面粉厂调度资金维持，丽新厂几乎一蹶不振，申新厂也出现亏损。

  1925年，五卅运动后，全国各地提倡国货，抵制日货。无锡棉纺织业出现转机。丽新积压多年的产品销售一空，不仅还清债务，而且增添了新设备。庆丰厂经过改革后，1925年所生产的"双鱼"棉纱，条干均匀，质量上乘，为各埠布厂所乐用。申新三厂也有一定好转，1925年盈利11.2万元。荣德生聘请纺织专家汪孚礼到厂任工程师，改进技术和管理，1927年之后，申新三厂推行新的工作法，卓有成效。无锡各厂竞相效仿。但是1927年9月开始，美棉价格暴涨，华棉又被外商大批转售国外市场，而口纱又大量运华倾销。广勤、庆丰、申新、豫康等纱厂被迫停工。业勤亏蚀停业4年之久，振新纱厂也停业3年之久。从1929年的工业调查看，无锡织布业发展的形势不容乐观，从投资额看，反而退步，资本在50万以上的布厂仅剩丽新一家，1万元至4万元的只有劲工、丽华、光华、竞华4家，2000元至1万元的有13家。

  1924—1930年，无锡布厂共有18家，但1924年前设立的布厂仅存6家，幸存的布厂不得不更新设备，提高质量以应对激烈的市场竞争。与此同时，织布机械方面也逐步改良，手拉机被自然淘汰，铁木机逐渐取消。丽新厂使用全铁机和漂染设备，染织行业相对形成了分工。美恒、华丰、光华、恒丰等织布厂均加强技术力量，注重产品特色。1931年，

"九一八"事变后，国内反日情绪高涨，国货更加畅销。至全面抗战前，无锡几家大型纺织厂都有了新的发展，中小型纺织厂也有所发展。但从1933年的织布业和染织业的调查来看，行业发展没有太大的改观，资本40万元至100万元以上的有美恒、丽新，3万元至5万元以上的有3家，1万元至2万元的有5家，1万元以下的有8家。

但行业内的明星企业在市场竞争中增强了实力。例如丽新、申新、协新成为无锡乃至江南的明星企业。丽新公司在1933—1934年以后购进纱锭16304枚，设立纺部，添购精元机、烧毛机、烘干机、拉幅机及四色与六色印花机各一台，扩充染部为印染部，还购进发电机、锅炉成立动力部，成为30年代我国唯一一家纺、织、印、染、电配套的"一条龙"联合企业。至全面抗战前夕，丽新公司拥有纱锭4.06万枚，线锭1.24万枚，布机1200台。再如申新三厂在这一时期，产品供不应求，到1937年获利三倍，纱锭发展到6.58万枚，布机1478台，工人4118人。庆丰厂也改进设备，1933年已经有纱锭6.33万枚，线锭4120枚，布机720台，设备是当时无锡最新式的，有完整的漂染部，成为完整的纱布印染工厂。再者，1935年无锡第一家毛纺织厂协新厂投产，是全国最早生产精纺产品、具有全新设备的全能毛纺织染工厂。到全面抗战前夕，无锡棉纺织业已经有了相当规模。1937年，无锡有纱厂7家，有纱锭24.8174万枚，占全省37.89%，占全国4.8%；有线锭1.52万枚，占全省92%；有布机3522台，占全省48.33%，占全国6.66%。至1937年前后，无锡针织业也有较大的发展，有手摇机48家，织袜机1500台，有电力机器织袜厂5家，电力织袜机156台。

但是全面抗战时期，无锡纺织工业遭受灭顶之灾，业勤、广勤、豫康三大纺织厂全部烧毁。协新毛纺织厂被炸毁。申新的巨额库存被烧光，损失惨重。庆丰、丽新、振新等纺织厂也遭受极大损失。日本人以占用、租用、统制和专卖等手段摧残掠夺，并规定纺织厂的规模只能在3000枚纱锭以下。这使得当时无锡棉纺织业出现设备分散、生产技术倒退的局面。一些资本家筹资开办16家小型纱厂，设备简陋，出现厂家多而机器少的现象，生产极不正常。太平洋战争爆发后，日本采取纱布收购办法大肆抢劫纱布，无锡厂将存货削价销售，损失惨重，大部分破产停工。全面抗战胜利后，无锡纺织工业一度稍呈繁荣。如申新三厂的纱锭由1万多枚发展到1948年的8.1万枚；丽新厂则在1947年恢复到纱锭3万枚，布机364台；荣德生于1947年独资创建天元麻毛棉纺厂，年底开工投产，首创国内亚麻、省内货麻纺织事业。但是1948年限价后，民族资本家在经济上蒙受巨大损失。无锡纺织企业由此而亏本，元气大伤，限于十分窘困的境地。到新中国成立前夕，纺织工业产品由于销路不振，开工不足，中小型工厂也很少开工。当时共有棉纺织厂15家，染织厂77家，印染厂17家，毛纺织厂1家，针织厂22家，其他21家，共计153家。有纱锭30.5268万枚，布机6075台。30余万纱锭中，开工21万枚，占70%。

（二）缫丝工业

近代以来，江苏的生丝冠于全国，而以无锡为养蚕制丝为最盛区域。清同治初年，无锡的乡民大半养蚕，后渐渐扩展到各乡。光绪十年（1884）开始有贩运鲜茧的茧行设立。光绪三十年（1904），无锡旅沪铁业商人周舜卿投资8万两，设立裕昌缫丝厂于周新镇，此为无锡缫丝业之始。其后随着生丝出口贸易日盛，缫丝厂逐渐增多。民国成立后缫丝业发展迅速。

表3.2 无锡历年设立的缫丝企业

年份	新增厂数（家）	年份	新增厂数（家）
1904	2	1924	1
1909	2	1925	1
1910	2	1926	4
1911	1	1927	2

（续表）

年份	新增厂数（家）	年份	新增厂数（家）
1919	1	1928	10
1920	2	1929	16
1921	1	1930	4
1923	1		

资料来源：顾毓方：《无锡之工业》，《实业统计特刊》1933年12月。说明：张宗弼的《无锡工业调查》（二）记载，至1925年已经有19家，1926年增至22家，1927年、1928年增加尤多，1928年底有37家，1929年又增加五六家。数据有所出入，但是缫丝业发展趋势与上表吻合。

由表3.2中缫丝企业的情况看，在1910—1913年，缫丝业出现一次投资高潮，一下子设立了4家缫丝企业。民国前，无锡只有6家缫丝企业。1919—1921年再次出现投资高潮，出现9家缫丝企业。到1921年，无锡每至收茧之时，农民担茧至行中求售，势如潮涌，机器缫丝已经基本上取代土法缫丝。由上表缫丝企业设立的情况可见，1926年之前缫丝业稳步增长。1926年，薛氏永泰缫丝厂由上海迁至无锡，与周氏之裕昌、慎昌、鼎昌集团和乾生缫丝厂共同构成无锡缫丝业之三大支柱。1926年之后，缫丝业的投资才获得空前发展，出现爆炸式增长。1929年，无锡共有缫丝厂43家左右。全县已知38家缫丝厂共有缫丝车10478台。每年缫丝业产值达到二三千万元之多。

进入20世纪30年代，由于世界经济危机，生丝需求猛跌，华丝出口一落千丈，1934年出口不足6万担，丝价从最高规银1400两跌至银圆500元左右，致使中国缫丝工业遭受沉重打击。无锡缫丝业亦受到沉重打击。周氏裕昌负债累累，纷纷破产。永泰公司由于致力于改良缫丝工艺和直接贸易而能独树一帜。1935年，华丝出口有所恢复，但是很快被日本入侵所打断。至1936年，无锡有缫丝厂51家，占全省缫丝厂总数的92.27%，成为国内拥有缫丝厂最多的一个县城。当时拥有丝车1.5562

万台，占全省丝车总台数的95.13%，厂丝年产量和输出量在全省均居首位。该年全国输出厂丝47204担，无锡约占28.18%，在国内外享有"丝都"之称。1941年底，太平洋战争爆发，生丝贸易基本断绝，缫丝业经营困难。抗战胜利后，无锡共有大小缫丝厂95家，工厂虽比战前增加了一倍，但是缫丝车仅及战前的40%。此后发展态势也不好，在战后复兴的32家缫丝厂中，仅10余家能勉强开工。到1948年11月，所有缫丝厂被迫停工歇业。

（三）食品加工业

1.机制面粉业

无锡为本区域的米粮集散地，米和麦、豆各占半数。小麦原料的集中为无锡面粉业的发展奠定了基础。无锡的机制面粉业始自1902年开工的保兴面粉厂。机制面粉业的初期发展并不顺利，除前面述及的地方势力阻挠外，钢磨生产工艺、上海面粉市场的竞争也是重要原因。直到1905年茂新装备钢磨机器后，恰有东北市场供不应求，才有转机。这些都是无锡机制面粉业投资不够踊跃的重要原因。直到1909年，才有唐保谦、蔡缄三投资的九丰面粉厂出现。1913—1919年，机制面粉业的投资逐渐进入高潮。1919—1937年，基本没有面粉企业出现，但是已经存在的面粉厂的资本额都有了很大提高，且有些面粉厂的利润甚至被开有缫丝厂和棉纺厂的资本家用来救济陷入困境的丝、棉两业。1938—1945年，无锡面粉业畸形发展，又出现投资高潮，有大中小面粉厂21家之多。

另外，从产能看，1920年，无锡机制面粉厂有6家，每年加工小麦335万石，出面粉670万包，价值约1400万元。面粉、麦麸、小麦进出3000万元以上。这么大的流动资金主要依靠钱庄、银行周转。全面抗战前，无锡面粉厂主要有九丰、茂新一厂、茂新二厂、泰隆、广丰等6家，日产量3万包左右，全年当在千万包以上。1937年冬，无锡沦陷，无锡面粉业损失惨重，后来在日本的统制政策下畸形发展。沦陷期间，无锡出现大中小型面粉厂10余家，除茂新一厂被日军焚毁，九丰被日军占领改为大丰，茂新二厂被占领改为大新外，还有广丰、增丰、顺丰、泰丰、华新、振华、九福、永安一厂、永安二厂、民丰、新丰盛等，面粉日产量4万包，超过全面抗战前的水平。全面抗战结束后，被日商侵占的茂新等厂收回自办。1946年，面粉厂自由经营，竞争激烈。小厂起步快，适应性强，反而比茂新、九丰等大厂更为主动。直到1948年才恢复生产的茂新一厂、九丰两厂丧失了1946—1947年的获利机会。截至新中国成立前夕，无锡有大中小型面粉厂18家，日产面粉4.3万包。由于恶性通货膨胀下遭遇金圆券发行时的限价迫售，各厂业务处于半停顿状态。新中国成立后，18家面粉厂有的企业被接收，有的被淘汰，有的在政府和职工的意愿下，逐渐实现公私合营。企业数减少，但是生产规模扩大了。

2. 机器碾米业

1888年后，无锡为漕粮转运中心，同时也是苏省粮米聚集之地，每年由宜兴来米约120万石，江阴来米约80万石，常州来米约50万石，丹阳、溧阳及各地来米百余万石。无锡本地产米120万石，丰年160万石，本地人每年所需粮米220万石，尚缺100万石。故无锡所产之米，如无他地之供给，自用尚且不足。1929年，无锡出口之米700万石至800万石之间（连同安徽所来之客米）。巨量的米谷自然为碾米业提供了巨大的市场需求，无锡机器碾米业有了发展空间。

自1907年徐翔周在无锡开设第一家机器碾米厂——大丰厂，后茂新面粉厂安装6部碾米机器后，后续有多家碾米厂成立。至1912年，无锡即有宝新、邹成泰、华兴、恒裕、同仁5家碾米厂，年碾米产量可达108万石。1915年后，碾米业出现投资高潮，新增德源、永和、民育、复成、复昌、大通、永昌、永济、协和。由于碾米厂投资少，见效快，一时设立过多，造成生产能力过剩，致使盈利微薄。邹成泰碾米厂率先发起成立机器碾米厂同业公所。为维持同业利益，15家米厂以该业"厂多米少，供过于求，历年亏耗巨本"为由，向无锡知事呈请限制开设碾米厂，经过常州府尹转巡按批准，限制5年。1920年期满后，邹成泰等10多家碾米厂又呈请江苏省实业厅批准再延5年。因此在这10年间，无锡未有碾米厂设立。1929年，无锡有碾米厂14家，碾米机共有74台，每部价值在80—120元之间。13家米行兼有碾米机27台，机器大小相同，皆为上海工厂所造。上述碾米厂和米行碾米量在80万石至110万石。由于各乡自办车磨（牛拖之旧时磨米机）碾米，碾米厂营业稍为减色，1929年碾米厂所碾之米仅60余万石。1932年以后，不再有新厂设立。因为各厂已经进入投机时代，经营洋米期货，买空卖空。投机失败累及碾米厂倒闭者不少。此时碾米业逐渐失其本旨。此时无锡还有15家碾米厂，资本10万元左右，共有机砻85台，碾米机85台，每年出白米及糙米约190万石。

3.机器榨油业

新式机器榨油业至清光绪末年才设立，主要集中于上海。至于无锡，直到1913年，杨翰西设立润丰机器榨油厂，后转卖给唐保谦和陈湛如，初期投资2万元，该厂锐意进取，每年产值可达70万元。其后榨油业的高潮来临，1915年就有涌宝成、三和、俭丰三家设立。1916年，有庄源大设立。1920年，无锡最大榨油企业恒德厂投产，投资10万元，每年产值130万元。其后由于东北大豆逐渐被日本控制，引起原料短缺，发展缓慢。1929年，虽有两家设立，但两家投资额不过0.7万元。1933年，无锡共有榨油厂8家，共计投资18.7万元，每年产值337万元。此时大豆原料主要依靠长江流域的苏皖地区，油厂开工不足。

4.制糖业

无锡冰糖厂由戴雕升集资1.5万元于1930年创办，取名公益。冰糖由荷兰砂糖和福建土糖配制而成，大约原料100斤，可制冰糖70余斤。炼糖后的渣糖黄料名曰台面糖，多售于糕团店及居民。冰糖在一定程度上夺回了一部分洋糖占去的市场。

（四）其他新式工业

1.机器制造工业

无锡的机器工业应当地缫丝、棉纺织、面粉、榨油等机制工业修理机器之需而出现，后来亦为工厂制造缫丝、榨油、织布等机械，也为农业制造抽水机、柴油机引擎等。因此，无锡机器工业的出现主要是满足纺织、缫丝、面粉、榨油、碾米等主导产业的需要，是主导产业之关联产业。

无锡的机器工业始自1909年朱晋良投资的协记机器厂。民国后，又有渭兴机器厂的设立。市政当局为培养人才，促进实业，于1919年创设工艺传习所，学习制造、修理各种机器。成立之年，因经费拮据而停办。薛南溟集资买下，扩充为工艺机器厂，制造大口径离心轴、抽水泵及立卧各式柴油引擎，用以灌溉农田。农民纷纷购买，市场供不应求。1924—1925年，无锡的机器厂设立20余家。各机器厂之职工见有利可图，遂纷纷在外设立小规模机器厂，竟然达到40余家。近代无锡的机器工业的全盛时代来临。1929年，无锡的工艺、合众及无锡铁厂等资本较多的厂家可以制造整机，产品以砻谷机、碾米机、缫丝车、抽水机、柴油引擎等为主。资金较少的厂家主要以修理纺织机械、缫丝车、碾米机、抽水机等为主要业务。另外，机器工业内部还出现专业化的发展趋势，其中专门以翻砂为主的有11家翻砂厂，有生产袜机为主的3家袜机厂，有生产五金工具为主的两家五金厂，有生产电镀抛铜为主的两家电镀抛铜厂。该行业在鼎盛时期形成了总计22.3万元的投资额、63.2万元产值的机械制造行业。1929年之后，小机器厂谋一时之利，不关心机器质量，渐失信誉，而且苏常各县的机器厂先后设立，营业额一落千丈。1931年，缫丝业不振，蚕茧价格跌落，外加淞沪会战爆发，全国金融系统紊乱，农村经济破产，市场需求无力，以致专门生产农具的厂家营业困难。

2.印刷业

民国前，欧美的印刷技术渐次传入我国。上海的印刷店皆经营石印书籍，精致美观。无锡除木版印刷外，石印也渐渐发达。1912年，改用铅字活版，略具规模。到1921年，从事印刷业者增多，竞争激烈，时有破产转让者。特别是1927年北伐后，印刷工友组织工会，缩短工作时间，提高待遇。印刷业受此压力，成本增加，难以为继。1933年，无锡共有14家印刷企业。其中锡成是无锡印刷业中规模最大的公司,有大小铅印机器14台,出品精良,附近的南京、镇江等地客商皆来定货。中华公司以石印为营业大宗;理工公司用珂罗版印刷,专印名人书画册,营业状况比较好。此时,无锡印刷业之能力无法与上海相比。

3.化学工业之制镁业

碳酸镁为化学制品,近代中国主要仰给于日本。上海化妆品事业日渐发达,国内始有制镁厂设立,但出品不多。淞沪会战前,日货价格很低,国货深受其影响。无锡的碳酸镁厂创办较早,1919年,陈栩园在无锡设立第一家制镁厂。该厂有25匹马力机器,设备齐全,每年消耗原料纯碱2000担,苦卤1.2万担,出品1.5万担,多半供给上海家庭工业社。1932年,薛明剑投资8万元设立允利化学工业厂,有制镁、制钠、制钙、漂粉机各一台。

4.橡胶业

在橡胶滚筒出现以前,无锡各米厂的碾米滚筒是木制的,叫作"木砻"。木砻每台每天只能加工几十担米,效率低,碎米较多,且滚筒本身损耗较快。后来一个意外的收获改进了碾米业的生产工具。上海万国橡胶厂的朱开成发现橡胶棍碾米粒粒完整。这个发现使得上海万国橡胶厂不久就研制出橡胶滚筒,并由此设计了装有橡胶滚筒的碾米机。该种碾米机日产大米千担左右,产量高,质量好,成本低。米厂纷纷升级技术设备。无锡的荣兴机器厂看到生产橡胶滚筒有厚利可图,便购买炼胶机,以福兴橡胶厂为名拟生产橡胶滚筒,但是遭遇技术瓶颈,被迫从上海万国厂购买成品贴牌倒卖,从中获利。直到1937年开设堆栈及石粉厂的资本家邹季康通过本厂职员钱焕根的人事关系弄到上海万国橡胶厂的配方,接着买下福兴橡胶厂的炼胶机,雇工20多名,开设邹成泰橡胶厂,日产滚筒24只。这是无锡第一家橡胶厂,也开启了无锡橡胶制品的生产时代。1942年,钱焕根脱离邹成泰,与开米厂的任世昌、叶振扬、盛阿二等集股5万元,购置1台炼胶机及其他设备,开办友联橡胶厂,日产橡胶滚筒7只,成为无锡第二家橡胶厂。全面抗战前,两厂的原料全部依赖进口。全面抗战爆发后，原料紧缺，无锡的两家工厂停产。全面抗战胜利后，邹成泰橡胶厂复工，但进展不大。友联橡胶厂则一直处于时开时停状态，负债累累。新中国成立后，粮食加工业迅猛发展，橡胶滚筒的需求量激增，邹成泰的产量供不应求，友联又无力经营。在这种情形下，苏南行政公署粮食局将友联橡胶厂与正在筹建的义丰制镁厂全部买进，合并改组，成立国营的无锡橡胶厂。这就是无锡的第一家、我国橡胶工业历史上最早的国营橡胶厂之一。1956年，邹成泰橡胶厂在公私合营的高潮中并入国营无锡橡胶厂，不久又购进友联机器厂，职工发展到200人，生产已具有相当规模。

全面抗战爆发后，无锡的各种工厂大多遭到破坏而倒闭。抗战胜利后，无锡的机器制造工业又得到一次发展机遇，共有机器厂、翻砂厂183家之多，从业员工达到3000人，"在无锡可称不败之一业"。此时的机器制造工业不仅能够制造各种轻工机械和农业机械，而且已经开始制造车床、刨床、钻床等金属机床。例如中一铁厂所用之车床、铣床、刨床、钻床，都是震旦机器厂自行制造的。国统区的经济崩溃后，这些小铁厂都歇业倒闭。到新中国成立前夕，无锡机器制造业中只剩震旦机器厂和省立农机厂还在勉强维持开工。

总而言之，近代无锡的工业投资涉及门类较广，但从行业种类上看，主要围绕棉纺织、缫丝及以面粉为主的粮食加工三大主导产业展开，并形成荣氏、周氏、杨氏、薛氏、唐程、唐蔡六大工业投资集团。这三个行业的选择源于无锡的历史经济基础，又与其交通区位息息相关。无锡的生丝主要供应国际市场，棉纺织产品、面粉等主要以国内市场为主，由此可见无锡在国际与区域贸易分工中的重要地位。这三大主导产业虽为轻工业，但是由于其对机器制造和修理的需要，关联的机器制造业得以产生。无锡的机器制造业虽然还比较弱小，但已经能够制造动力引擎。全面抗战爆发后，无锡三大主导产业和关联产业受到战争的巨大影响，损失惨重，在一定程度上改变了原有的发展轨迹，也削弱了城市的工业实力。

四、无锡近代工业的发展水平

近代关于无锡连续性的、综合性的国民经济调查不多,再加上调查的口径不同,能够用来分析工业发展水平的数据不多。从表 3.1 中无锡近代的工业投资情况看,1914 年以后,无锡各行业的确迎来了投资高潮。这一高潮大约在 1921 年结束。为了考察投资成果,应该考察 1895—1913 年的投资情况。这段时期,无锡共建 12 家机器工厂,投资额 142.2 万元。此时南通有 14 家企业,资金 396.42 万元,如加上崇明、海门的纱厂,总投资额达到 548.32 万元。但从投资数据看,此时无锡的工业投资与南通相比较还有很大差距。

1914—1921 年,无锡的工业投资高潮结束后,经济地位已经超越南通。1921 年的调查记载,无锡工商业发展迅速,纺纱、缫丝、制油、面粉等工厂设立日多,加以民众富于进取,实业领袖辈出,物质进步一日千里,遂凌驾苏常诸邑而有"小上海"之称。由此可见,1921 年的无锡已经成为苏南地区仅次于上海的工业城市。

1929 年,无锡的工业调查数据最为翔实。此时无锡的工业投资额超过 1500 万元,产值超过 8130 万元。当时的调查者拿来比较的对象已经是上海、天津、武汉等全国的通商大埠。此时无锡以一县之地成为江浙沪仅次于上海的工业中心,而且实际上也是全国最重要的内地工业城市之一。1929 年之后,世界经济危机和中日关系恶化,无锡的工业经济开始不景气。1932 年,无锡虽有工业企业 170 多家,但是资本总额仅一千四五百万元,与 1929 年的总值相比基本没有进展。

全面抗战前的经济数据对于评价 1929—1933 年经济危机后的无锡至关重要。因为这可以代表经济危机前的发展水平。1937 年,据国民政府的《中国工业调查报告》统计,无锡在全国 6 个主要工业城市中的排名不断上升,产业工人数占第 2 位,工业产值仅次于上海、广州,居第 3 位,资本总额居第 5 位。

表3.3 1929年无锡的工业发展概况

行业	厂数	投资额（元）	年产值（元）
棉纺厂	5	5800000	27496000
织布厂	18	3874100	6164260
缫丝厂	38	1938960	25431540
织袜厂	20	85100	922980
面粉厂	4	1680000	11565000
碾米厂	14	68000	6482400
榨油厂	4	385000	2728800
制皂厂	4	41500	163700
铁工厂	12	66500	270000
西式木器厂	4	9000	36400
电话公司	1	250000	
造纸厂	1	50000	80000
制镁厂	1	30000	22000
发电厂	1	1500000	81363080

资料来源：《无锡工业调查》，载《统计月报》1930年第2卷第8期，第73～85页。

五、无锡城市地域分工的演化

近代"常属八邑"之一的无锡在取得江浙漕运中心的地位后，依靠优越的地理区位，作为工商业中心逐渐崛起，但是近代工业经济的快速发展是其迅速超越常州和省城苏州的关键。无锡作为工业城市崛起，继上海之后再一次打破了以政治秩序为主导的城市体系格局，超越常州、苏州成为江南仅次于上海的次一级工业中心城市。这种城市地位的升降完全是经济意义上的。在江南地区，无锡没有像南通一样取得小区域范围内的产业优势，常州染织行业的发展水平高于无锡，苏州丝织业的发展水平高于无锡。

另外，在此必须指出，近代无锡发展的成就与上海经济中心的辐射分不开。上海对无锡发展的推动作用主要体现在以下几个方面：首先，很多投资近代工业的资本家多有在上海经商、谋生的经历，积累了投资近代工业的资本和经验。其次，上海是无锡的投资方式、资本、企业管理思想、技术、机器设备的主要来源地。最后，无锡的生丝、面粉、纺织品等工业制成品需要经由上海获取市场信息，并转口外部市场。所以，无锡是上海近代工业梯度推移的结果。

还有，无锡与周边的苏州、常州、江阴等城市的经济联系也是推动前者崛起的重要因素。苏州为无锡提供了工业发展所需要的熟练工人、金融资本，同时也是重要的市场。江阴等沿江地区是棉花原料的重要来源。常州染织业需要无锡、苏州的棉纱。荣德生曾经据此提出把无锡与常州整合为一个纺织产业带的想法。

第二节 南通近代工业的发展与城市地域分工的演变

1899年，大生纱厂开办之前，南通偏于江北一隅，除生产棉花、土布以外，可谓是默默无闻的江海小城。但自清末张謇提倡自治兴办实业，历时三十载，南通得以成为江苏第三工业区。[①]张謇依托大生纱厂全面改变了南通原有的发展轨迹，不仅成为全国闻名的"模范县"，而且奠定了南通在中国棉纺轻工业、国家工业化进程中举足轻重的地位，成为我国

---

① 实业部国际贸易局编：《中国实业志·江苏省》（第4编），1933年，第44~49页。

"实业救国"思想和工业化的重要源地之一。以张謇为首的地方绅士和商人集团组成大生资本集团,在"棉铁主义""父教育而母实业""实业救国"等理念的指导下,以棉纺织业为主导,辅以盐垦棉业,走出了独具特色的企业发展之路,其业绩与思想是民族企业家竞相模仿的榜样。

目前学术界对于近代南通的关注主要体现在对张謇实业思想与大生企业集团、工业化道路以及城市空间研究三个方面。章开沅、陈争平、卫春回等学者致力于张謇的思想、事迹和大生企业史方面的研究;常宗虎、林刚在工业化、现代化等理论框架下研究南通独特的工业发展道路。上述研究成果对于廓清历史事件、人物、企业发展的脉络是不可或缺的,同时对工业化发展道路的研究也值得称道。前人研究的唯一缺憾在于没有对产业关联、经济增长机制做出更加深入的研究;同时由于缺乏空间的视角,城市地域分工方面的研究也没有照顾到。近代南通的发展不是孤立的,与上海、镇江有着密切的经济联系。

对城市研究情有独钟者在城市布局、城市规划思想等方面用力最勤。于海漪对于南通近代城市规划的建设历史和张謇规划思想的形成与特点的关注,成就了该领域最有分量的研究专著。吴良镛、刘远柱从"一城三镇"的城市格局、"以工兴城"的城市发展模式和城市建设思路等方面阐述南通近代城市化的进程。上述研究成果对于城市建设史、人物思想和空间格局的研究较为完善,但是忽视了对于城市地域职能、空间扩散机制的研究。

笔者认为大生公司的扩张战略是南通工业化的主要动力源,在工业化进程、城市和区域发展中发挥了主导作用,这是南通近代发展的一个特色。因此,综合上述研究,笔者打算首先对近代南通工业化进程和机制进行研究,同时也探讨南通在地域分工中的职能演化。

一、南通近代工业的起步:大生机器纺纱厂

甲午战败后,清政府开始放开民间工业投资的限制。该年九月,署

第三章
棉产区城市工业的发展与地域分工的演化

南洋大臣张之洞正式派张謇、陆润庠、丁立瀛分别在南通、苏州和镇江设厂，制造土货。南通的棉花质量最为优良，因此张謇决定设立棉纺厂，并从《易经·系辞》的"天地之大德曰生"中取厂名"大生"。1895年8月开始集股建厂，到1899年5月23日试车成功，大生筹建前后历时4年多。大生机器纺纱厂（简称大生纱厂）筹建的过程跌宕起伏，不仅受到南通地方官的阻挠，而且跨江到上海的集股过程也极为艰难。受沪上纺纱厂不景气的影响，起初约定南通、上海双方共同集股的沪商纷纷退出，大生不得已被迫改变集股对象和方式，最后只收集到民间股份19.5万两，同时领用官方储存在上海的2.04万枚纱锭。这些纱锭存在上海多年，锈蚀严重，最后作价25万两作为官本。大生虽然有40多万两股本，但是流动资金严重缺乏，除去建厂费、购置原料费用和每年支付的官利外，已经所剩无几，根本无法开工。

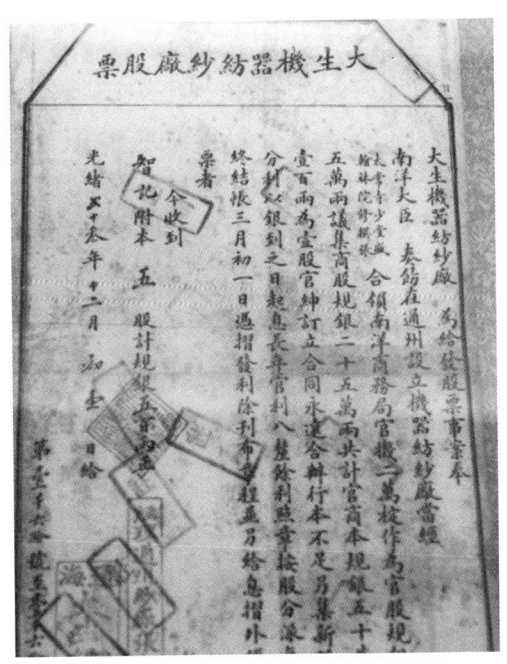

图3.3 大生机器纺纱厂股票（南通博物苑提供照片）

1899年，在两江总督刘坤一和南通布商沈敬夫等人的大力支持下，大生纱厂最后破釜沉舟，依靠存量棉花，开车纺纱，更续自转，竟然获得成功。经过前后5年的积累，到1904年时，大生纱厂已经在通海区域站稳脚跟，资产和企业经营进入良性循环，并徐图扩大纺纱主业的规模和关联产业。大生建厂历数创业之艰难，能够成功实属不易。从中我们看到两江总督张之洞和刘坤一在大生纱厂筹建和初期运营中发挥的重要作用。

二、南通近代工业投资的高潮

（一）横向一体化：大生纱厂在棉纺织业的扩张活动

在市场经济环境下，随着企业规模和经营范围的扩大，企业内部结构会发生变化。多部门公司或多区位公司会逐渐代替单厂公司。这种内部结构和区位的变化就是公司的成长过程。关于企业成长战略及其途径主要包括横向一体化、纵向一体化和多样化三个步骤。

首先是横向一体化扩张，是指企业通过扩大原有产品的生产规模、技术改造等途径实现产量扩张，占有更多的市场份额。一般早期的企业成长策略多以此为主。

其次是纵向一体化扩张，是指企业向原生产活动的上游和下游生产阶段的扩展。企业通过内部组织和交易方式将不同生产阶段联结起来，通过垂直管理规避市场交易的不确定性。企业通过横向一体化打败竞争对手，获得寡头垄断地位后，就可以实施纵向一体化扩张，以占领其供应领域和市场领域。

最后，一旦企业在一个生产部门占领重要地位后，向多种部门扩张便成为其唯一的增长战略。这里的多样化扩张仅指向与原公司业务不相关的领域，多样化扩张也是对市场风险和环境的不确定性的应对。另外，公司扩张不仅意味着公司规模的扩大，同时也是业务和生产的空间扩散，这一点，多区位的公司表现得更为明显。近代大生纱厂扩张的细节虽然未必完全如上所述，但是发展历程大体符合。

在上海未开埠之前，通海地区土布业就已经远销东三省，但大多用土纱织布。机纱进入通海地区大约在1875年。起初，民办信局通过招商局、太古的轮船带入少量货品。1884年前后，因为十支、十二支机纱条干均匀，不易断头，作为经纱，渐为织户乐用。后各店开始推销江南各厂机纱。到1895年，南通日销机纱达20大包，全年7200大包。① 当时布匹是洋经土纬，土纱应该占一半以上，后织布原料全用机纱。1899—1926年，每年土布产量在10万件以上，有几次突破15万件。每件土布按40匹算，合计600万匹。每件机纱可成布90匹，计需要原料机纱6.7万件。大生纱厂初期，年产量不过14285件，仅抵市场需求的三分之一强，外纱内销仍达到36000件。② 大生纱厂的纱产量有限，无法完全占领通海市场。

张謇不敢大意，首先对大生纱厂增资扩张，民间股份由19.5万两增加到63万两，又将盛宣怀领而未用的2.04万枚纱锭购入，作价25万两，扩官股达到50万两。③ 至此，短短数年，大生资本总额由最初的44.5万两增加到113万两，纱厂生产规模和产量得以倍增。

与此同时，1903年张謇以攻代守，提出在崇明外沙（今启东境内）开设分厂。1904年和1905年，大生纱厂盈利大增，张謇便迅速动工。在崇明设厂除了地价之外，别无优势，不是最优区位。张謇完全是从竞争角度进行布局的。1907年，分厂建成投产后获利情况较好。1907年，正厂、分厂经商部批准正式组建大生纺织公司。大生纱厂扩张的势头远不止如此。张謇曾计划在南通、海门、启东、如皋和东台县建设八个纱厂，后来只建成了四个。大生纺织公司扩张的势头在1924年以后就止步不前，进入调整期。具体情况如下表。

---

① 林举百：《近代南通土布史》，《南京大学学报》编辑部，1984年，第30~31页。
② 林举百：《近代南通土布史》，《南京大学学报》编辑部，1984年，第92~94、102~104页。
③ 《大生系统企业史》编写组：《大生系统企业史》，江苏古籍出版社1990年版，第37页。

表3.4 20世纪40年代末大生集团的纺织主业概况

厂名	时间	厂址	纱锭（枚）	线锭（枚）	织布机（台）
大生一厂	1895筹建 1899开车	唐家闸	92120	2000	601（1907年）
大生二厂	1904筹建 1907开车	启东久隆	20000		
大生三厂	1914筹建 1921开车	海门长乐	37900	4000	594（1920年）
大生四厂	仅有计划	南通四扬坝			
大生五厂	仅有计划	南通三余			
大生六厂	仅有计划	如皋掘港			
大生七厂	仅有计划	东台大中集			
大生八厂	1920筹建 1924开车	南通江家桥	19508		340（1924年）
总计			169528	6000	1535

资料来源：缪怀瑜：《苏北棉垦区棉业之回顾与前瞻》，载《纺织建设月刊》第2卷第11期，第3页。

经过主厂增锭和设立分厂，大生纱厂不再有剩余动力，有了规模收益，并且也由单厂发展为多区位公司，占领了大部分棉纱市场，也垄断了南通及其周边地区的棉纱业投资。

（二）纵向一体化：大生纱厂延伸产业链的活动

市场经济环境下产业间和产业内会自发形成技术经济的联系。这种技术经济联系主要包括前向和后向关联，也就是我们常说的产业上下游的联系。前向关联是指主导产业投产前，需要其他产业为其提供原料、燃料等初级、中间产品或者生产设备；后向关联是指主导产业的产品成为许多产业的原料、燃料或生产设备，或直接进入消费部门。近代的大生纱厂通过生产环节的前向和后向关联，延伸纺纱主业，形成植棉—纺纱—织布和植棉—轧棉—榨油等产业链。

经过前期的经营实践，张謇已经深刻认识到棉花行情波动对纱厂的巨大影响，在第五届、六届、七届、八届《说略》中反复强调"纱厂获利多寡，枢纽在进花出纱""厂之大纲，曰进花，曰出纱"。至1899年，大生纱厂开车时，国内已经有中外纱厂15家，共计565000枚纱锭，除湖北、浙江外，全部集中在沪、苏、锡地区，无不注意收购南通的棉花。故南通的棉花价格比一般棉花要高一元至三元。大生纱厂的扩张和接下来江南棉纺织业的迅猛发展打破了原有的销售格局，使得对通海地区的棉花的争夺更加激烈。

正是因为感受到棉花价格上的波动和上海、无锡等纱厂争夺原料的压力，张謇在大生纱厂建成投产后仅仅两年，就开始提取大生的利润，"即为供求自助之虑，故复营垦牧公司"。光绪二十七年（1901），张謇在吕四海边首营通海垦牧公司，资本30万两，总面积123277亩，后垦田91761亩，未垦31515亩。该公司平常年份可产籽棉3.6万担。进入民国后，张謇与其兄张詧等续营大有晋、大豫、大赉、大丰等盐垦公司。

盐垦实业自此蔚然成风。大生与垦牧公司通过内部调运棉花以供纱厂，规避棉花市场不稳定的风险。可见垦牧植棉投资是非常必要的。但是近代垦牧公司由于要购买地权，兴办农田水利设施，建设挡浪坝、水闸和道路等基础设施，资金周转慢，多负担沉重。通海垦牧公司经过前期建设，直到1910年才有盈利。

1897—1913年，长江下游地区先后有8家外资纱厂和22家中资纱厂建成。第一次世界大战后，江南又出现棉纱业的投资高潮。日本纺织业资本也大量在上海设厂，并深入南通购买棉花。其他如永安纱厂在刘桥设庄收购，无锡裕康、广勤、业勤，苏州苏纶，皆派人驻有通收购棉花。第一次世界大战之前大生之所以能获得厚利，稳健发展，与原料充足有着直接的原因。

图3.4 通海垦牧公司（南通博物苑提供照片）

投资棉花种植业是大生向产业链的上游延伸以保证原料供应的举措。与此同时，大生逐渐向下游织布业扩张。从表中我们看到，从1907年开始，大生在扩大纺纱厂规模的同时，先后在1907年、1920年、1924年三次购进织布机，扩大机织布的产量。但是，手工织布一直是通海地区最重要的产业，中间历经手拉机和铁轮机等技术革新。

（三）多样化：大生纱厂多领域的投资活动

在大生公司立足未稳之时，张謇就已经根据产业关联开始考虑多元投资。大生纱厂第一轮多样化投资主要在1908年之前。初期主要围绕纱厂运输、原料加工等方面展开；与此同时，也创办了与棉纺主业无关的产业，但处在次要地位。1908年，在通海实业公司股东会议上，张謇曾经在其报告中详细阐述通海实业公司下面的十几个公司与大生纱厂的直接和间接关系。企业创办人对多样化投资与大生主业的关系的表述，恰恰认证了企业扩张的思路。

1.轮船运输与码头仓储业

张謇首先关注交通运输业。因为大生所用棉花，一半购自海门一带，民船转运迟而偷漏多，难济厂需。故议购小轮拖运，期于厂工无误。张謇于1900年租用上海朱葆三的小轮，成立大生轮船公司，后来发展成为大达外江轮船公司；1900年到1906年，陆续创办了经营苏北内河航运，西达扬州、泰州，东达吕四的大达内河小轮公司；经营码头与仓储业务的南通天生港大达轮步公司和上海大达轮步公司。张謇认为大达内河小轮公司"与大生为直接关系"。

由于货源充足，大达外江轮船公司购置新船，开辟上海—海门航线，并将上海—南通的航线延伸至口岸（位于泰兴市），改称沪口线；后来沪口线进一步延伸到扬州的霍家桥，称为沪扬线。沪扬线又称为小长江航线，由上海上溯，经过海门浒通港，常熟浒浦口，南通姚港、任港与天生港，如皋张黄港，靖江八圩港，泰兴天星桥、口岸，扬州二江营、八江口、霍家桥，全长295公里。其停靠点大都是苏北长江沿岸港口。该航线的客运量也较大，大多数是苏北农村人，一部分是农闲时间到上海做季节性的临时工或因为天灾人祸背井离乡到上海谋生的人，一部分是小商小贩，经常往来于这条航线，平均每个航次乘客有五六百人。大达外江轮船公司开通小长江航线，对于苏北地区和上海的物资交流、商旅来往，发挥了很好的作用。投资轮船航运业满足大生运输原料的同时亦服务乘客，运营顺利，故投资比较成功。

2.机器面粉业

通海地区盛产小麦。由于大生纱厂初期只有2万多枚纱锭，机器尚有剩余动力，因此于1901年试制面粉，遂筹建大兴机器磨面厂。1904年投入生产，面粉可以供应市场，淀粉可以浆纱，提供给织布厂。麸子可以提出面筋，还可以作为饲料。大兴机器磨面厂虽为大生首创，但是

1909年另行招股,不再属于大生资本集团。

3.广生榨油厂与大隆皂厂

大生购进原料多为皮棉。皮棉加工后,棉花用于纺纱,尚余大量棉籽。棉籽除留做种子外,还有大量的积存。棉籽是一种重要的榨油原料。1902年,张謇发起招股成立榨油厂,加工棉籽。因为附纱厂而设,厂名广生。与此同时,张謇又集股2万元,在唐家闸成立以下脚料的油脂为原料的大隆皂厂,生产皂烛。大隆由广生投资,与大生为间接关系。广生的棉籽油大部分运到上海立德油厂加工,销售到南洋、欧美,还有一部分用石灰中和法炼成精油供应市场;广生生产的棉籽饼卖给上海三井洋行和吉田洋行,运到台湾作为甘蔗的肥料。广生榨油厂是张謇多样化战略中比较成功的典范,其原料来自大生,故为直接关系。

4.缫丝与丝织业

南通盛产棉花,亦产蚕茧。张謇创业之初,议设纱厂时,"原案丝纱两项并提",但由于无力创办缫丝厂,故先设立缫丝盆。1903年,始在唐家闸河岸购地20亩,创办阜生蚕桑染织公司,经营缫丝、丝织、漂染等业务,产品供应女工传习所,用作刺绣面料和丝线,也供应市场。阜生与大生主营业务没有任何技术和经济联系,但其资本由大生垫付。

5.机器修造与冶铁业:资生铁厂和资生冶厂

以前大生纱厂修补铁件,都要依靠上海铁厂,运输不易,而且"耗巨而不能赴用"。张謇添置新机器,设立资生铁厂,"为将来分厂置办机器之预备"。张謇担心铁厂仅仅为纱厂修补机件,不能招徕他处相关业务,开办成本会很高;又江北无冶业,苏北民间日用铁锅多来自汉口或者苏沪,遂兼营冶铁以补助发达较迟之铁厂。资生冶厂由铁厂衍生而来。资生铁厂与大生的关系十分密切。资生铁厂、冶厂公司承办过苏路公司南北线路铁路的钢桥、载石车、铺轨等工程,也制造过小轮和机动渡轮10多艘,但主要业务是为南通各厂修配机件。

6.泽生水利公司和船闸公司

大生纱厂所用的机器和原料,大都由轮船运到南通天生港,再由港道运至唐家闸。但是港道浅窄，运输不便。因此大生纱厂赞助设立泽生水利公司。泽生与大生为直接关系。后来泽生水利公司又衍生出船闸公司，与大生为间接关系。河流疏浚本为地方公共事业。由于近代南通地区该公共事业缺失，大生无法"搭便车"，只好"企业办社会"。张謇认为泽生与大生为直接关系，可见其对于保证运输正常的重视。

7.懋生房地产公司

唐家闸原名唐家坝，后称唐闸，原本荒寂之地。大生纱厂建立，广生等厂续立，工人聚居，商旅往来频繁，旅馆等居住设施匮乏。故设房地产公司，广收就近之地，建屋启市，为大生等厂之附属。房地产公司是为大生各厂员工提供住宿服务的行业，虽为附属，但亦不可或缺。

8.颐生酿造公司

酿造公司出自通海垦牧公司，与大生为间接关系。通海地区初垦之地，宜种大麦、高粱，皆可制酒，故设立酿造公司。后因光绪三十一年（1905）发生大风潮旧圩决口，淡水变咸，迁往海门常乐镇。

9.大中公行和船闸公司

海门的棉花经由水路运往南通纱厂，航道中间多坝，河道狭窄，运输困难。因此，大生在海门至南通的途中最便利的四扬坝设立过载公行，两面照应，以利于转运，而且可收其他船只的过载费，与大生为直接关系。虽为地方公共事业，但是对大生原料和产品的销售至关重要，只能直接投资。

10.翰墨林印书局

师范学校建成后，印书局才建立，业务多数围绕学校展开。另外还供应纱厂岁用账簿纸张，且大生的章程、账略都要印刷。印书局用旧庙改造，节省了很多建设费用。可见印书局与大生虽有业务联系，但主要业务是服务学校。

11.同仁泰盐业公司

该公司出自通海垦牧公司，与大生为间接关系。张謇考虑到旧法制盐靠天吃饭，不足依靠，因此，1903年，张謇集资购进淮南吕四盐场李通的源盐垣，仿日本的制盐方法改良制盐法。该公司是中国最早的盐业资本主义企业，对推动盐业近代化发挥了积极作用。1906年，该公司的精盐获意大利万国博览会最优等奖牌。

12. 大昌造纸厂

1908年，为了回收利用纺纱工厂和织布工厂的飞花，减轻空气和环境的污染，张謇集资2万元，盘下南通竹园纸坊的旧造纸设备，成立利用飞花为原料的大昌造纸厂。

综上所述，1901年，张謇从集股创办通海垦牧公司起，在通海地区创办十多家企业。从企业建立的时间看，主要集中在1908年之前的这段时期。这是大生多样化扩张的第一阶段。由于在多个方向上扩张太快，效果不够理想，大兴机器磨面厂、大隆皂厂于1908年破产歇业。1907年，在大生纱厂的第一次股东会议上，股东们对于纱厂以外的投资提出异议，要求大生纱厂与其他企业分开管理，以限制对大生利润的挪用。大生纱厂遂改称大生股份有限公司，其他所有企业改组后由通海实业公司进行管理，不久通海垦牧公司和同仁泰盐业公司独立出去。通海实业公司仅留下一些规模不大的企业，经营状况大多不好，唯有广生榨油厂的经营还算不错。大生公司的第一次多样化扩张虽然仅有几家公司成功，但是从表3.5反映的产业关联看，交通运输业的投资最受关注，多数投资具有很强的针对性和合理性。

表3.5 1908年以前大生纱厂与新设公司的产业关联

公司名称	行业性质	主要功能	与大生关系
大达内河小轮公司、上海大达轮步公司、天生港大达轮步公司、大达外江轮船公司、泽生水利公司与船闸公司、大中公行和船闸公司	交通运输业与港航基础设施	运输大生纱厂的产品、原料	直接关系

(续表)

公司名称	行业性质	主要功能	与大生关系
广生榨油厂	加工	棉籽榨油	直接关系
大隆皂厂	加工	废物利用	间接关系
资生铁厂、资生冶厂	机械修理制造、金属冶炼	维修大生纱厂的机械	密切关系
通海垦牧公司	加工	供应原棉	直接关系
颐生酿造公司	加工	加工垦牧公司的高粱、大麦	间接关系
同仁泰盐业公司	加工	出自垦牧公司	间接关系
大昌造纸厂	加工	车间飞花再利用	供应账簿
懋生房地产公司	服务业	服务大生纱厂职工、商旅	为大生等厂之附属
阜生蚕桑染织公司	加工	无	垫付资本
大兴机器磨面厂	加工	淀粉浆纱、运用大生剩余动力	1904年后别无关系

资料来源：《张謇全集》（第三卷），第782~784页。

从1917年开始，多样化扩张进入第二阶段，张謇先后创办通明电灯公司、南通大储栈、海门大达趸步、上海大储栈、大同钱庄、中比航业公司、通燧火柴厂、大聪电话公司、左海实业公司、南通绣品公司、淮海实业银行、闸北房地产公司、南通房地产公司、大达公油米厂、新通贸易公司、南通交易所和中国海外航业公司17家公司。第二阶段与第一阶段的多样化扩张相比在投资方向有很大的不同：投资方向越发多元，不再全部围绕棉纺主业，而是转向电气和航运、外贸、房地产、金融等服务行业。

大生公司的多样化战略由于扩张过快、涉及行业太多而多数归于失败。但大生公司多样化投资都具有开拓意义,而且从与大生公司的产业关联看,也是非常必要的。大生公司这种"孤掌难鸣"的状态真实地反映了当时通海地区的社会风气未开,私人和政府投资太少,集群效应缺乏,也无法提供良好的融资、交通、教育等外部环境。

三、南通近代工业投资的模式与反思

(一)南通近代工业发展的特点

南通的近代工业始自1895年创办、1899年开工的大生纱厂,而且其他行业的工业投资也大都是由张謇围绕大生纱厂的生产环节进行的产业链扩张。从对南通近代工业企业的统计表中,我们可以清楚地看到这一特点。这种局面与大生对棉纺织业投资的垄断有关。近代的南通虽然与上海、镇江等外界保持密切的经济联系,但主要局限于融通资金、引进技术。大生企业集团依靠早期的专利制度和后期的原料控制、分厂布局,基本上控制了通海地区的棉纺织业投资。另外,这种情况也与当时南通经济社会的发展相对落后、资本匮乏有关。

表3.6 近代南通机制工业的投资概况

年份	创办人	厂名	行业	投资概况
1899	张謇等	大生纱厂	棉纺	实有资本43.5万两,后增资扩锭,增购织布机,1916年有资本300万两,纱锭7.518万枚,织布机800台
1901	张謇	通海垦牧公司	农业	投资22万两,后来增加到40万两
1902	张謇	大兴机器磨面厂	食品	投资2万两
1902	沙元炳、张氏兄弟	广生榨油厂	食品	初集股银50万两,后又招股20万两
1902		大隆皂厂	化工	投资2万元

（续表）

年份	创办人	厂名	行业	投资概况
1902	张謇	大中通运公行	运输	投资2万两
1903	张謇	翰墨林印书馆	印刷	投资1.4万两
1903	张謇	同仁泰盐业公司	盐业	投资14万两
1903	张謇	大达内河小轮公司	交通	投资5万两
1904	张謇兄弟	阜生蚕丝染织厂	缫丝	资本6万元，流动资金8万元，为合股公司
1904	张謇	大达轮步公司	交通	资本18.6万两
1905	张有琳	因利染织厂	染织	投资5万两，在如皋
1905	张謇	泽生水利公司	交通	投资2.5万两
1905	张謇	资生铁厂 资生冶厂	机械	现银30万两，实为大生维修厂，后为机器厂
1905	张謇	颐生酿造公司	食品	投资7万两
1906	张謇	达通航业转运公司	运输	投资1.35万元
1907	张謇	颐生罐洁公司	食品	投资2万元
1907	朱祖荣	广源制靛厂	染料	在如皋投资10万两
1907	张謇	大成盐栈	盐业	投资121.1万元
1907	徐某	通州造纸厂	造纸	投资2万两
1907	张謇	大生二厂	棉纺	在崇明（今启东久隆镇）投资121.1万两
1907	张容	吕盛布厂	棉织	投资0.6万两
1909	张謇兄弟	复兴面粉公司	食品	集股银14万元，后增至30万元，由大兴改组而来
1909		南通电灯厂	电气	中国独一无二的大电厂，资本200万元，计划为通、如、崇、海等县之总电厂，但是没有成功

(续表)

年份	创办人	厂名	行业	投资概况
1913	张謇	惠通仓库公司	仓储	投资12万两
1915	杨德清、张謇	通燧火柴公司	化工	遭遇挫折后,到日本考察火柴业。张謇投资2万元。1920年自造火柴成功,资本30万元
1915	张謇	大生织物公司	染织业	创办时有银800元,1917年增至2000元,1919年资本2.2万元
1916	张謇	大达电机碾米公司		1916年,资本6万银洋
1917	张謇兄弟	通明电灯公司	电气	资本6万两
1918	张謇	大同钱庄	金融	资本8.4万元
1919	张孝若	淮海实业银行	金融	资本500万元
1920		南通绣品公司	刺绣	资本由大生垫付
1920		开源纱厂	纺织	石港市,后资本4万元招足
1921	张謇	大储仓库公司	仓储	投资20万两
1921	张謇	新通贸易公司		投资200万元
1921	张謇	大生三厂	棉纺织	资本300万两,海门长乐镇,纱锭3.79万枚,线锭4000枚,织布机594台
1922	张謇	大生八厂	棉纺织	资本145万元,纱锭19508枚,织布机340台
1922—1926		皂烛厂2家,油厂1家,电厂1家		
1927—1931		药水棉织厂1家,布厂1家,翻砂厂1家		
1932		布厂2家,染织厂1家,油厂1家,绸布厂1家		

资料来源：《大生系统企业史》,第62~99,182~203页。《十年来之南通》,南通县自治会1930年,第2~51页。《中国实业志·江苏省》,第44~49页。

从上表中工业投资的分布时间看，1909年之前，工业投资涉及很多方面，几乎每年一家，持续不断。1913年之后，工业投资又一次进入增长周期，直到1922年。1922年之后，染织业（包括布厂）、榨油业的投资开始增多，非大生资本。1922年之后，大生公司开始遭遇巨亏和债务危机，投资活动基本终止。上海银行团接收后，经过资方委派的李升伯全面整理改造，大生公司逐渐走出困境，免于破产，但已无法与鼎盛期相比。由此可见，南通的工业发展水平在大生主导的时代就已经奠定，其他资本投资的工业项目很少，相对于大生的巨额投资而言无足轻重。因此，南通的近代工业投资基本上就是大生资本集团的投资。

（二）南通近代工业的发展水平

《中国工业调查报告》中《地方工业概况统计表》曾对全面抗战前夕的南通工业做过统计，从中可以看出南通工业的发展水平。从表3.6可见，棉纺织业、土布业、榨油业、面粉业是南通的主要产业。南通工业总产值达到4700多万元，不愧为江苏省的第三大工业区。南通的织布工具有了很大的改进，已经从手摇机过渡到半机械化的铁轮机，但生产组织主要以家庭为主。南通的机器织布业有了一定的规模，大生的一厂、八厂的产量已经达到27.3万匹。从棉纺织业、染织业看，南通的工业化水平有了较大的提高，但是民间织布环节由于以家庭为主，相对于无锡、常州而言，较为落后。

1922年，大生公司遭遇债务危机，负债累累，1925年被上海银行团接管，经过内部整理后，虽不如以前，但仍得以正常运转。截至1948年，张謇创立的大生纱厂、电厂等十多个骨干企业和博物苑、图书馆、学校等大量的文化设施都得以保存下来，成为后来南通城市和通海地区经济社会发展的基础。

另外，因为海门、启东的工业投资也是大生主导的，因此在此一并说明。启东的近代工业投资项目就是1904年筹建、1907年开工的大生副厂或者称二厂。从1934年前后的工业统计看，启东只有1家现代企业。海门的近代工业投资项目就是1914年筹建，直到1921年才开工的大生三厂。虽然海门、启东的近代工业投资项目很少，但是棉纺织行业的投资额度很大，产值也非常高。

南通近代的棉纺织业主要分为机器织布和手工织布两种。前者是指在1907年、1920年、1924年，张謇大生纱厂三次购进机器织布机而创办的织布部门。南通机织布的产量不过20多万匹，但是土布有600万匹。因此通海地区的土布生产的转型是棉织部门现代化最重要的标志。

通海两地虽以土布闻名，但是生产方式和生产工具非常落后。首先，生产者散居乡间，植棉、轧花、纺纱、织布皆为副业，基本处在全家参与的家庭作坊阶段。其次，商业资本只知零星收购，整理成件，贩运图利，也没有技术加工流程。传统时代的生产者和营销者都无意于改进生产工具和改良生产方式。故自清初到光绪前后的250年间未闻织布机有所改进，集中生产之工厂组织也未产生。在1884年使用机纱后，南通的土布质量得到改善，产量大增，但织机和生产方式并没有变化。[1]

据行业人员的调查，手拉机最早在1914年引入南通。南通人王二洪曾在1914年前往江阴学习织布，返回后在家乡使用手拉机织布。手拉机引入南通，初期在南门郊区的狼山路及任港、姚港一带为盛，逐步扩展到四乡。1915年前后，农民渐渐改用手拉机，用手拉机织造中机布。另外，江阴的织布技术也因此传入南通。据织户介绍，有了手拉机后，织布效率和质量都有了很大提升。南通近港一带生产的改良布，为绸布店所收买，充作江南厂货，可获厚利。在试用期间，织布行业出现合伙机户，也有地主、富农独资改装多台机器，雇佣技术较好的织工为工人兼指导的经营方式。南通人不关注织户作坊名称，也不辨别其性质。个人或者小集体合伙生产者皆称为机户。所有近城的四乡产品仍是农家副业。手工织造的改良布除订制外，多数还是卖给土布店或绸布店。从1914年到1929年，南通土布的织造工具基本上使用手拉机。

1914年，手拉机由江阴传入不久，铁木机也由上海传入，但并未普

---

[1] 林举百：《近代南通土布史》，《南京大学学报》编辑部，1984年，第233页。

及。1930年之后,南通的手工织户才逐渐改用更加先进的铁木机,而且已经有近万台,生产大机布。关于铁木机的传入还有别的说法。据何文涛所述,最早始是1930年通华布厂引进的20台铁木机。织工见机式更新,拟购买者较多。至通华倒闭,乡区的铁木机已经近万台,其铁件大都是王三翻砂厂的产品。自从本城有了铁木机出售后,通华织工学会自办新式织机,生产大机布出售,质量不高,但是形式相同,价格较低,颇为绸布店、土布店所欢迎。

1930年冬天,市面上有代客砑布的业务。1931年春,大生二厂的附近有花布车线作坊,代人并线,冬天又有三叠滚筒机,专代砑布。此后,南通的砑布坊发展到四五家,成为新兴行业。至全面抗战前,近城四乡几乎全部使用铁木机,改织大机布。在改用铁木机之后,南通手工副业的生产技术大为改观。另外,县、京、杭、徽各庄对中机布、大小土布和蓝货仍有相当需求,多收购于东乡镇场、金沙、观音山及川港、姜灶港各区,因此织造上述品种的老式织布机仍然大量存在。到1936年末,南通的农村地区尚有小布机与其他手拉机约10万台。大机布类似厂布,花色齐全,销路大增,其中以雪耻布最为流行,南洋及两广各处畅销不衰。此外,西北陕甘市场渐渐拓展,因此县、京、杭、徽诸商户都趋向大机布。

表3.7 通海地区土布改良的布厂概况

年份	厂名	厂址	概 况
1909	南通纺织专门学校	唐闸	张謇在1909年开始筹办,1914年建成于大生一厂之侧,开办经费20余万,经常费用来自大生各厂。有纺纱部、铁机织部、木织机部、漂染部、电动部。至1924年,有180多人服务于沪、汉、津、锡及通海地区各纱厂,在校生还有130余人
清末	吕盛布厂	吕四	通海地区第一个手工织布工场,股本1万元,实收0.5万元,月息八厘。1913年,有织布机26台,女工80人

（续表）

年份	厂名	厂址	概况
1914	集成布厂	南通	1914年，大生二厂的文牍绍兴人屠毓侨集资万元在北公园东侧创立，其子健白与马息深次子振藩辅助。振藩肄业于纺织学校，通染织，采办江阴式手拉机40台，技工也多请自江阴，重点织造灰平布，又称爱国布，畅销本城
1915	大生织物公司	唐闸	虞卜盘、许电斋注册，创办资本800元，有提花线毯机5台，仅销本地。1916年，增资至2000元。1919年，扩充至2.2万元，共有提花机60台，打花板机2台，皆为上海中华织物制造厂出产，年产毛毯、台毯8万余条，销路广至浙、皖、沪、汉
1915	达华布厂	南通	1915年，王作宾集资2万元，设厂于惠民坊东巷顾宅。手拉机50台，每日产灰平布40匹，流动资金最高时5万元，后亏损，1923年歇业
1917	民生布厂	南通	1917年，陕西人雷震东集资万余元，设立于北濠育婴堂，有手拉机40台
1918	达成布厂	南通	1918年，胡氏兄弟合办于铁星桥，有手拉机10余台，设备简陋，业务不顺，最后只剩6台机器
1921	阜生织绸厂	唐闸	原来设在唐闸南街，从事织绸，附有染坊。失败后，于1921年前后改织布，不久停歇，代客染布
1929	宝兴织布厂	海门	1929年，顾祝三创办，置手拉机40台，自设染间。色泽方面稍有进步，资金有限，无力推销，不甚发达。1932年停业，后由账房姚某续办，维持到1936年
1930	通华布厂	南通	林举百、林左波先后参观南通城北染织坊的手拉机织造厂，又到海门参观宝兴布厂，后到江阴参观华澄布厂铁木机，发现所产布匹与机制布相同。遂集资1万元，在上海订购铁木机30台、人字经车1台、花线车1台等设备。后又添设20台铁木机及各式配件，扩大规模。1931年春，林左波在上海投入德孚洋行学染阴丹士林20余日，共学习105种染色，制有样本，并将器材、染料带回南通，扩展染色间，开织春夏应销彩色条格，力求与华澄产品相当。但是因为东北局势动荡，关庄布业急剧衰落，通华布厂后路不济，勉强维持到1932年夏天后歇业，全部机器盘给大生一厂，迁往唐闸

（续表）

年份	厂名	厂址	概况
1932	国华布厂	南通	通华布厂停业后，杭庄盛销大机布，而市上所收集的布规格不一。鼎新福拿出1000元开设国华布厂于东门，借用铁木机、手拉机共约30台，专门织造改良布，产品整齐划一，与土布同销杭庄，价格高于后者。厂方开支较大，不敷成本，未及一年倒闭
1932	利生布厂	海门	张祖根兄弟三人合办，全部用铁木机，效法南通织造改良布，就近销售，后因为抗战停业
1932	第十八军军工厂	南通	为安置历年伤兵而设立的生产训练机关，开办费超过10万元。通华倒闭后就招收其熟练工人扩充织布间，后添置龙头机，并改用马达织造，得到相当发展
1932	大生传习所	南通	大生的失业工人轮流学习织布，以织造大机布为主体，传习织造技术和染色方法，在唐闸一带发挥了相当的作用，办理近两年，1934年停业
1932	民众教育馆土布传习所	南通	民众教育馆的生计部组织土布改良传习所，设法借来铁木机10台、小木机20台，招集农民学习织造大机布，不到一年因为经费不足而停止
1932	县农会机织传习所	南通	设于东门外游民习艺所内，由各区选送学员，学习漂白、染色、经梳、穿棕、插筘等，并上机织布
1935	海门土布改进所	海门	为大生三厂所办理，在1935年前后设立，共有织布机80台，铁木机为多，有少数手拉机。解放初期尚在生产

资料来源：林举百：《近代南通土布史》，《南京大学学报》编辑部，1984年版。

通海地区的布业生产企业概况表也基本上反映出通海地区土布生产工具和组织方式的转变过程。1914年，开始出现使用手拉机的织布厂，手拉机很快扩散到民间；1930年，出现使用铁木机的织布厂，并很快向民间扩散，但是生产组织仍然以家庭手工作坊为主，仍然以副业的形式存在。由此可见，南通的棉纺部门已经完全转型到大公司的机器生产方式，棉织部分虽然用了手拉机、铁木机，但是生产组织仍然落后，转型并不完整。织布厂的工人在织布厂里学习使用机器和织造方法后，很快购买机器在家庭内部从事织布活动。在手工作坊，土布的成本低于厂布，因此严重阻碍了织布厂业态的发展。这种状态造成近代南通棉纺织行业的转型不彻底。

（三）南通近代工业发展模式的反思

1.大生公司"企业办社会"模式

学界一般把公司成长的主要原因概括为追求规模经济、实现交易内部化、保持和扩大技术与竞争优势等几个方面。其实，公司管理者的成就感和使命感也是重要的影响因素。在落后的国家和地区推行现代化战略中，公司管理者的决策必然受到民族主义和传统文化等因素的影响。例如，除了"商战"挽回利权外，实业救国也是近代中国民族企业家奋发图强的重要原因。白吉尔曾指出20世纪的中国企业家与欧洲17世纪的企业家和新教徒完全不同。前者把成功看作拯救国家命运的希望之举。这种时代责任在实业家张謇的身上表现得尤为突出，自然也会影响大生公司的决策。

张謇把办纱厂看成"教育救国"之基础。企业是以追求利润为目标的独立核算的经济组织，而大生建厂就为了实业救国，扶助民生，不是为了利润。后来张謇致力于社会慈善、文教事业和城市基础设施建设等种种"企业办社会"的行为，皆出自上述思想。张謇在南通开风气之先，创办了社会文化和社会保障机构与设施，其中以博物苑、图书馆和近代学校最为后人称道。在这些投资中，有很多直接来源于大生的利润。具体情况如下表。

表3.8 张謇创办的社会文化事业一览表

年度	名称	经费来源	备注
1903	通州师范学校	张謇捐助2万元,张詧及其他亲友捐助,维持费用由大生垫付	国内第一家民立师范
1905	南通博物苑	为通州师范附属机构	通州师范学校公共植物园建为博物苑,隶属通州师范学校管理
1906	通州女子师范学校	张謇及夫人、张詧共同捐助	
1906	农业学校	张謇捐资50万元	最初附属师范学校,1910年独立
1909	商业学校及银行专修科		附属于师范学校,1912年独立
1912	医学专门学校	张謇兄弟私人出资	
1912	图书馆	张謇创建,工程造价13200元,后又花费26243元扩建	
1913	纺织专门学校	张謇出资20万元	1927年改称纺织大学,1928年与农大、医大合为南通大学
1913	女工传习所		先附属于女子师范学校,1916年独立
1916	盲哑学校	瞿女士捐6000元,张氏兄弟补助	国内第一所盲哑学校
1919	伶工学社		
1919	更俗剧场		
1922	工商补习学校		

资料来源:卫春回:《张謇评传》,南京大学出版社2001年版。

另外,据邱云章老人回忆,张謇在通海垦牧公司的附近建立了一些垦牧小学。每一堤建立一所学校,教育佃农子弟,称为垦牧小学。一堤西圩中圩;二堤、三堤、四堤、五堤西圩中圩;六堤;七堤都各有一所小学。除二堤的通州师范二附小以外,均只有一个教室、一个教师,学生100名,学制4年,为初级小学。学生为佃农子弟,以男生居多。垦牧小学是公司开办了10年后才开办的。垦牧小学的教师经费由公司垫付。

除了捐资筹建各类学校外,张謇还创立贫民工厂、养老院、育婴堂等慈善组织。另外,在基础设施方面,张謇兴建公路、城市公园,并在垦牧实业中投入巨资修建堤坝、道路和水利设施。

近代中国新式教育资源十分匮乏,交通通信、新式学校、基础设施等社会公共品供应短缺,企业不得不"办社会"。近代的企业负责人又多具有实业救国的情怀,投资于基础设施、教育等社会事业就变得顺理成章。但是,过多地参与上述公益的投资活动自然会影响企业的发展。

2.大生公司的大推进模式

落后地区实现跨越式发展,是发展经济学研究的重点课题。推动发展中国家或欠发达地区实现跨越式发展,往往需要在产业和基础设施两个领域实施大规模投资,即实施大推进战略,迅速打破区域经济发展初期的低水平均衡,提升经济社会的整体发展水平。但地方实施大推进战略需要雄厚的资本力量。民族实业家依靠大型企业集团自发地通过企业扩张战略,希望以大推进战略,打破区域经济发展初期的低水平均衡,迅速提升城市的工业水平。由于外部势力干扰、国家保护实业的力量薄弱,张謇和大生公司的大推进战略遭受挫折,但还是极大地促进了南通城市工业化进程和经济社会的发展,奠定了未来工业化的基础。

大生纱厂建立以后,以纺纱主业为基础迅速实施横向一体化、纵向一体化和多样化扩张,其中前两个方面比较成功,多样化投资则大多遭遇挫折。前两者的成功在于大生纱厂与地方土布生产、棉花原料产地的成功对接，在市场竞争中获得竞争优势。后者失败与大生资本违背企业扩张的经济规律、扩张速度太快有很大的关系。大生公司在产业和事业两个方面的巨额投资，颇有依靠大推进式的投资打破贫困的恶性循环之势，虽然由于资金瓶颈而遭受挫折，但还是对大生资本集团的形成和地区产业化、城镇化进程和经济格局产生了巨大的推动作用。

近代的大生公司成长为资本集团进而拉动南通和苏北沿海地区实现经济发展的案例证明，地方士绅组织民营股份制公司主导区域开发是可行的，不失为一种有效的区域发展模式。只要融资、社会秩序等外部环境具备，在产业投资与地方生产网络和地方根植性相融合的前提下，具有地区比较优势的产业和产业组织方式——产业区就会形成，从而实现规模经济和外部经济的发展，推动城市与区域经济的跨越式发展。

同时，该实证研究也展示了市场经济下，单个企业或者企业集团带动城市和区域经济发展的瓶颈和教训。发达国家资金充足，对于落后地区的开发可以采取大推进模式，在产业和基础设施两个方面齐头并进，甚至政府可以优先投资基础设施和需要长期投资的产业；私人资本的产业投资在后，以利于"搭便车"，而不用"办社会"。再加上发达国家完善的制度安排和激励措施，区域经济发展的不平衡问题便可迎刃而解。但是对于一个制度安排、资本和公共品都相对缺乏的不发达国家或区域，企业为了顺利发展往往不得不投资于基础设施或者投资多而见效慢的产业，即落于"企业办社会"的境地。长期投资这类事业会影响企业的市场竞争力。再加上后发国家的私有财产保护、融资制度安排不健全，地方不靖和资本短缺等因素，企业往往负担沉重而不能持久。

总而言之，在后发国家或区域的发展战略中，政府应该主要在私有财产保护、融资、社会基础设施建设等投资环境和社会环境方面发挥作用；私人投资者要重视地方文化根植性和生产网络，群策群力地促进地方产业的集群发展，通过"多企业办社会"以应对资金瓶颈。

四、南通城市地域分工的演化

(一)大生资本集团工商业投资的巨大影响

大生纱厂植根于棉产丰富的通海区域而获得成功，同时也成就了通海区域及其周边地区。大生纱厂以机制纱替代手纺纱，极大地提高了纺纱环节的效率，提高了通海地区土布的质量和产量，增加了在东北、长江流域等地的市场份额。另外，大生纱厂投资于垦牧公司，不仅保证了大生的原料供应，而且增加了江苏棉田的面积和棉花的产量。近代大生资本集团构建了一个贸工农一体的完整的地方棉纺织业生产系统，极大地推动了通崇海泰地区以轻工业为主的产业化进程。

1. 加快了南通及苏北的工业化城市化进程

1895年，大生纱厂选址在唐闸，此后又在此建了大兴磨面厂、大隆皂厂、广生油厂、阜生蚕桑公司、资生铁厂等公司。通扬运河的沿岸工厂林立，商业繁荣，使唐闸迅速发展成为工业区。实业投资吸引大量人口进入唐闸工业区。据《南通县图志》记载，1920年，唐闸人口近万户，已接近5万人。1900年后，天生港建起了多个运输和水利公司，形成专业化的港口运输区。张謇在老城区周边集中建立了一批文教机构或场所，如通州师范学校、公共植物园、第一高等小学、女子师范学校等。南通城市发展突破了濠河的界限，在濠南形成文教区，在濠西桃坞路形成产业金融区，在狼山形成休闲区。

另外，沿海地区的工厂、垦牧公司的驻地，多发展成为小城镇。例如，大生二厂所在的启东久隆镇、三厂所在的海门市、通海垦牧公司所在的吕四、大有晋公司所在的三余、大豫盐垦公司所在的掘港、大丰盐垦公司所在的小港、裕华盐垦公司所在的西团、正丰仓公司所在的角斜、大纲盐垦公司所在的大冈、泰和盐垦公司所在的伍佑、华成盐垦公司所在的千秋、合德垦殖公司所在的合兴、阜余垦殖公司所在的海河等都是典型的垦区集镇。

图3.5 近代唐闸工业区远眺

2.提升了南通的城市形象和地位

张謇开展实业投资之前,南通不过是个正在衰落中的小城,与运河上的苏州、扬州、杭州不可相提并论。这种局面在1895年之后发生了变化。《十年来之南通》在引言中曾评价指出,由于张謇的努力,不数年间闻而寂寞无闻之南通,一进而为实业教育发达之区,再进为南通模范县,所谓中国地上之天堂。总之,大规模的工业投资使得依靠盐棉经济的南通脱胎换骨,成为一个工业城市。

(二)南通与上海及周边城市的关系

在总结南通工业发展遭遇挫折的原因时,部分学者曾经提到大生资本集团垄断投资、限制外部竞争性投资的弊端,即缺乏市场竞争,据此认为南通是一个封闭的地域生产系统。笔者认为这种观点有失公允。

南通的工业品生产与流通离不开上海。

第一,南通大生纱厂从一开始的集资,到中间的生产环节,再到最后的棉纱流通,都不是封闭的。因为棉纱也要到上海、南京的市场上去参与竞争,外部的棉纱也会涌入南通并供应土布织造者。大生纱厂没有垄断地方的棉纱市场,而是靠低成本占领南通的市场。

第二,通海地区的土布在很大程度上要依靠上海、南京等地的中转外销,不仅不可能封闭市场,而且是一个完全开放的市场。清道光年间,通海地区的土布就已经开始供应东北的市场,后来随着洋纱的使用,中尺布、大尺布盛行。驻南通布庄约有150家,分为关庄、京庄和县庄三帮。关庄有16家,面向牛庄、大连、沈阳、哈尔滨等地;贸易手续经由上海的庄家经纪人,代为从中向东三省的客家接洽。京庄有40家,面向南京、浦口以及安徽的当涂、芜湖、采石等地,由买方托邮代办,或直接派人洽购,以现款支付。县庄有94处。凡江苏盐城、兴化、阜宁、高邮、镇江、宝应、东台、扬州等处,安徽之屯溪、绩溪、祁门、怀宁等处,浙江之金华、兰溪等处,江西之玉山、广丰等处客商,奔赴南通采办布货者,由县庄代办接洽,从中为介。故为县庄者,向来不直接向织户收购布匹,再转售客商。

关庄大布是南通土布中的主要部分,所占的比重最大,对于通海地区的百姓生计有着重要的影响,销路远达东北三省,分布地区极其广阔。1899—1926年,每年的土布产量在10万件以上,有几次突破15万件。每件土布按40匹算,合计600万匹。仅仅就机织环节而言,每人每日工作量是1匹,即需要600万个工作日。全年的流动资本不包括商业部门的收购、配置及运销上海转贩运至东北等手续费用,以每件的成本匡算约100元计,即需要1500万元。据上海南市沙布公所的码头调查记载,通海地区的土布在1922—1931年经由上海共运出大布890620件,其中运销营口759836件,占总数的85.3%,运往安东91959件,占10.3%,其余38825件都为水湿布或霉布以及不适合在东北销售的滞销货,就近推销上海青蓝帮,占4.4%。

从1926年开始,通海地区经由上海运销东北的土布总量呈下降趋势;另外,营口的市场份额也在该年度下降,安东的份额有所上升,上海青蓝帮的市场份额也有所上升。

南通构建通崇海泰盐地域的经济系统。1895—1924年，大生对近代工业、农业和社会事业等方面的巨额投资以及取得的成绩，不仅直接提高了棉纺织业的劳动生产率和棉布质量，也间接提升了通海地区土布的质量和产量，同时又极大地改变了南通及其周边地区的产业构成和经济格局。南通成为近代工商业经济发达的工业城市及江北的经济中心城市，一个辐射周边的海门、启东、如皋、东台、盐城、阜宁、泰兴、泰县的经济中心。江苏沿海地区形成了以南通为中心，包括海门、崇明（主要指崇明外沙，即今启东）、如皋、泰兴、姜堰、海安等地在内的相对独立的地域经济系统。这个经济系统的核心就是在唐闸形成的以纺纱为主导，涉及棉纺织、食品加工、交通运输、物流和房地产等多个行业的近代化的工业区。

这种以经济为纽带的地域联系在工商业的上层建筑上也得到认证。商人自主和联合意识催生了南通商会。南通商务总会成立于光绪二十八年（1902），是与上海商业会议公所同年建立的中国最早的商会之一。商会组织逐渐从花布行业发展到各行各业，影响地区也从南通拓展到海门、崇明（主要指崇明外沙，即今启东）、泰州东部的泰兴、姜堰以及今盐城市所辖的区域，当然也涵盖了如皋、海安等地，因此1913年改名为通崇海泰总商会。

南通与上海、镇江、苏州的金融资本联系密切。南通是用款码头，与上海和镇江的银钱业往来极为频繁。南通钱庄随着镇江和上海两地的行情参考供求关系，加成计算，谋取利润。在1933年废两改元前，银钱业是银、元并用的，有上海银子的九八归元、镇江银子的二七宝。大生初创时虽然在上海集资遭遇挫折，但是上海对大生的影响还是至关重要的，因此专门设立驻沪办事机构——大生沪事务所（简称"沪所"）。第一任所长林兰荪有着很深的镇江帮人脉关系。后继者是林兰荪的外甥吴寄尘，镇江丹徒人，在当大生沪事务所的副手时就"以才为沪上人士所瞩目"。1913年以前，大生沪所的业务中心在于采购物料、原棉，承办南通方面人员往来的食宿等。1913年后，大生事业日隆，连年盈余，大力扩张纺织主业以外的投资。沪所负责筹集资金。吴寄尘以与镇江帮钱业有联络交谊的同乡樊序卿为助手，积极开拓筹款渠道。当时仅上海银钱业送折请用者有105家，"入南通者至千余万金，濒海业盐垦者至数十起"[①]。1921年8月，上海银钱业联合承募中国第一次公司债券的通泰盐垦五公司（即大有晋、大豫、大赉、大丰、华成，由张謇创立于民国初年，资本总额605万元。到1921年，公司亏损严重，各公司乃商议发行公司债）发行债票，邀请中国银行副总裁张公权到各地考察。张公权回沪后即召集银钱业讨论，都以为各盐垦公司规模宏远，关系农产、纺织业甚巨，亟应扶助；且公司债制度尚无先例，尤应提倡，使金融界、实业界得以联合，遂决议组织银团，代为经募。1921年8月，通泰盐垦五公司债票银团在上海银行公会召开成立大会。到1922年6月，共募集253万元。1926年，大生被上海银行团接收改组，但大生沪所仍然存在，由此可见南通对上海金融之依赖。

因此，南通虽然形成相对独立的工业经济体系，但并不是一座孤城，也不是孤立于以上海为中心的城市体系之外的。南通是上海先进的生产方式和理念在江北扩散的中转地。近代棉纺织工业的投资最远到达如皋掘港和东台大中集。虽然大生企业系统在1922年以后遭遇挫折，向北扩散的势头被打断，但是大生直接投资和支持的沿海垦殖运动极大地推动了近代沿海地区的开发。张謇发动的垦殖公司遍布今盐城和连云港灌河以南的地区，使得长江下游的棉产区和棉产量也因此增加了一倍以上。

[①] 王钰：《张謇与吴寄尘——大生发展史上的忘年交》，载《南通工学院学报（社会科学版）》2004年第3期。

第三节 江阴、常熟、太仓等县棉纺织业的发展

1895年，清政府战败，允许民间投资设厂以后，江阴、常熟、太仓三县的士绅也纷纷在家乡投资机器棉纺织工业。上述三县的棉纺织业规模虽不及无锡、常州、南通，但与宁波、杭州、苏州等产丝城市的规模相当，值得一提。

表3.9 1911年之前江阴、常熟、太仓的近代工业投资概况

年份	创办人	厂名	行业	具体情况
1905	吴汀鹭、祝丹卿等	江阴华澄染织公司	纺织	集资0.9万元，采用28台黄哲卿式手拉梭机，后增到100台，1911年发展到三个厂
1905	朱幼鸿	常熟裕泰纱厂	棉纺	资本66.9万元，工人963人
1906	蒋汝坊	太仓济泰纱厂	棉纺	资本69.9万元，工人1700人
1906	钱以湘、吴汀鹭、严荫庭等九人	江阴利用纱厂	纺织	资本41.96万元，纱锭15040枚，商标九狮，1908年投产
1906		常熟虞兴织布公司	棉织	资本2.1万元，工人305人
1907	夏云卿	勤华布厂	棉织	资本0.5万元，工人123人
1908	季希三（无锡绸布店工人）	江阴鼎升织布厂	棉织	织布机50台，经纱车2台，有改良型脚踏手拉织布机120台。曾去杭州、昆山和嘉兴纺织厂学习，由大生技工帮助投产

(续表)

年份	创办人	厂名	行业	具体情况
1908	许兰溪	中兴布厂	棉织	资本1.4万元，工人232人
1908	王恩槐	江阴美利发布厂	棉织	工人192人
1908	顾良友	江阴华纶布厂	棉织	工人156人
1910	杨锡祉	江阴东升布厂	棉织	工人346人
1910	姜叔屏	江阴华丰布厂	棉织	工人154人
1910	周继武	江阴华美布厂	棉织	工人194人
1910	陈勤斋	常熟勤德布厂	棉织	工人252人
1910	陆云台	常熟昭勤布厂	棉织	资本0.5万元，工人220人
1910		常熟锦华恒布厂	棉织	资本0.75万元，工人130人
1910		常熟大纶布厂	棉织	资本0.75万元，工人173人
1911		常熟华昌布厂	棉织	资本2万元，工人297人
1911	高长庚	常熟华利布厂	棉织	工人128人
1911	翁寅初	常熟善昌布厂	棉织	工人223人
1911	谭芝溪	常熟维新布厂	棉织	工人127人
1911	赵赞成	江阴九成布厂	棉织	工人112人

资料来源：陈真、姚洛合编：《中国近代工业史资料》（第一辑），生活·读书·新知三联书店1957年版，第38～52页。

由上表可见，清末，江阴、常熟、太仓的棉纺织业就已经起步，皆有大规模的棉纺厂、织布厂，江阴、常熟的棉纺织业十分发达。

一、江阴近代棉纺织业的发展

江阴原为江南手工织布业最发达的地区之一。江阴"实业虽不发达,然地产棉花,纱布二业自昔已盛","棉纺、棉织二业乃应运而生。邑之民生除桑蚕外,全赖于此,是则地理与人生之相互关系,又得一良证"。①1906年,钱以湘、吴汀鹭、严荫庭等九人集资创办利用纱厂,于1908年投产,生产棉纱供给当地布厂和家庭手工土布作坊使用,江阴近代工业由此发轫。

江阴棉纺织业转型始自1900年,从宁波传入本地的手拉机开始。手拉机处在手工工具向工具机械的过渡阶段。江阴棉纺织业的组织方式的转型始自1905年吴增元创办的布厂,以后逐渐风行全县,继之而起的布厂有40多家。20世纪20年代中期以后,江阴商人采用放纱收布的方式,放色纱、经轴,由农民以手拉机和铁木机分散织布。

另据调查,在1918—1923年,农村的织户备有手拉机者并不多。此时的改良布限于几个布厂,产量不大。1920年前后,江阴小布、大布产销旺盛,连同布厂所产的机制布在内,全县每天消耗棉纱最高达到400件之多。江阴的土布在此期间的最高产量,折合土小布1200万至1300万匹。1924年,手拉机在城乡普及,改良土布盛行,土小布、大布开始衰退,小布衰退最快。全面抗战前夕,江阴改良土布风行一时,年产达到350万匹。1921年,江阴棉纺织业虽然开始使用铁木机,但因缺乏动力源仍处在半手工状态,人力推动的脚踏铁轮机已经超越手工工具成为真正的工具机器。此后各地农户的男劳动力使用铁木机者渐多。

另外,除民间分散的织户外,截至1935年,江阴有规模较大的布厂13家,资本21.55万元,工人2634名,织布机总数1367台,棉纱、棉线

---

① 《方志月刊》(第8卷),1935年4月1日,第56~57页。

主要从本地棉纺厂进货,也从上海进纱。土布年产量达29.05万匹,价值249.5万元。

二、常熟近代棉纺织业的发展

常熟是沿江著名的产棉区,棉花种植促进了当地棉纺织业的发展。东乡的梅李镇是常熟东部的商业中心,出产棉花、大米。早期的常熟土布全部为土经土纬的狭幅土布。据清代道光年间郑光祖的《一斑录》所载,"常昭两邑岁产布匹计值五百万贯",土布产量当在1500万匹。到清末,机制纱充斥于市,才改用洋纱为经,土纱为纬。这种布匹称为熟布,又叫小布,但是此时的小布、大布皆用投梭机,始终是一家一户的分散生产状态。与此同时,常熟工厂制的棉纺织业开始出现。

1905年,朱幼鸿在支塘镇创办常熟裕泰纱厂,有纱锭10192枚。此为常熟棉纺织业转型之始。此后棉纺织业也出现新变化。1908年,常熟出现第一家织布工厂——虞兴布厂,有资本3000元,自江阴买来80台手拉机,并且从江阴请来会使用织布机的老师傅和染缸部门的工人。1910年,常熟梅李镇开设勤德布厂,开始有手拉机36台,年底增加到120台。1910年,常熟大东门外九里的中兴布厂开设。1911年,振兴布厂创建。振兴创办之后,勤德即分设二厂。以上为常熟最早开设的五家织布工厂。

据相关的调查资料记载,常熟改良土布的发展大体经历以下几个发展阶段。自1908年常熟虞兴布厂出现起,至1920年止,是常熟织布工厂手工业发生、发展的第一阶段。适逢第一次世界大战,我国民族工业大发展,常熟的手工棉纺织业也乘隙而起。估计第一次世界大战前只有十几家工厂,除勤德厂初具规模外,其他多系中小型工厂。到1918年,除中途关闭者外,已扩大到30家。1919年前后,常熟布厂有31家,大布厂有布机200多台,少的也有80到90台,共有铁机、提花机、平布机等共约3000台,工人4800人,年产布匹约40万匹,价值180万元。

1920年增至40家左右，织布机二三千台，年产量估计三四十万匹。其中除极少数提花龙头机能织造中低档线呢外，其他均为手拉机，主要生产条格布，就是改良土布。1921—1930年，为快速发展时期。全行业的户数增为七八十家，织布机扩充到五六千台，年产量为六七十万匹。其中除少数中低档线呢布属于仿机制布外，其余为条格布。其中勤德布厂在1920—1924年的旺销时期，年销售额达到60万两，折合布10余万匹。

在中小型布厂发展的同时，从1920年起出现由上海等地买进的天津式或者日本式的脚踏铁木机。1925年，又有少数厂把脚踏机改进为电力机。脚踏机生产的布质量较手拉机要好，但是机身要大后者五六倍，成本较高，技术管理要求也高，小型布厂无力添置，所以到1930年时，全县的脚踏机总共四五百台。这些使用脚踏机的工厂已接近机器织布。当时业内大多数织布机仍然为手拉机，手工工厂生产仍然占优势。在1920年，勤德布厂从上海买来21台丰田式全铁机，并投入生产，两三年之后失败，又将这些全铁机卖给上海的布厂。

1931—1937年，是常熟织布业的调整期。在个体生产的手工纺织业不断衰退的情况下，常熟织布工厂仍有所发展。1925年，勤德布厂破产之后，到抗战前又有业勤、永华、永新、华丰、元通等厂因投机失败而破产，但是整个行业仍有新的进展。原来以手拉机生产为主的工厂，纷纷增添脚踏铁木机，尤其是1931年当地的电气厂扩建后，有实力的布厂均将脚踏铁木机改装为电力机。1934年，上海德盛祥绸布庄来常熟开设大德布厂，有60台丰田式电力机。据估计，至1945年，常熟有织布机七八千台，其中电力机84台，电力铁轮机300余台，脚踏铁木机2000台左右，手拉机还有四五千台。大小工厂约100家，其中规模较大的有三四十家，其他为中小型工厂。一般厂家有织布机近百台，多的有两三百台。中小型布厂中，中户有40—70台，小户有10—30台，更小的只有三五台。此时全年产布有八九十万匹。虽然商品布的绝对数增加不多，但当时产品约有半数是铁木机织造的仿机制布，属于机器织布业的范畴。另外，约半数为手工生产的条格布。

全面抗战时期，常熟织布业步入衰退期。常熟在日军的占领下，织布业损失惨重，产量急剧下降。战时的第一年极为混乱，城内外的布厂全部停工。第二、三年开工率约为战前的四成。1940年，日军清乡，大部分工厂停工。此后棉纱原料被严格控制，全县每月分配量为250件，以每件纱织布60匹计算，只够生产1.5万匹，此后减少到150件，生产已经极度萎缩。1943年，敌伪统制棉纱办法中，规定八百至两千锭棉纺工业为家庭手工业，可以在棉区自由采购原棉。因此有些资本家设法投产。开始只有大丰，仅有256枚纱锭，获利较多，引起无锡庆丰纱厂的注意，后者拆迁部分机器来常熟，以家庭工业社的名义就地产销。以后又有无锡、上海、苏州等几家大中型纱厂仿效，发展到10余家。常熟小布厂陆续恢复，大的不过100台机器，一般几十台，最小的只有一二台，总共1000台左右。当时常熟的发电设备已经被日军劫走，电力机不能使用，只能用脚踏机和手拉机生产。

全面抗战胜利后，外地的需求量增加，常熟的布厂在上海的销路再度扩大。同时，常熟的发电设备恢复，动力织布机重新运转，且略有增加，脚踏机也恢复很快，手拉机的生产继续发展。1947年，政府实行配给制度，棉纱原料受到限制。当时登记可以配纱的最多有170多家，有100余家开工不足，产量在50万匹左右。以此推测，全面抗战胜利后的常熟织布业产量不及战前。截至1948年，常熟有动力织布机500台左右，其中电力全铁机约占三成，电力铁木机占七成。脚踏铁木机有一千几百台，多集中于城内。手拉机减少到不足2000台，多系中小厂家，仍分散在农村。

由表3.10可见，除了棉纺织业，常熟的碾米业也比较发达，但是总体规模不如棉纺织业。

表3.10 全面抗战前夕常熟的工业概况

行业	资本（万元）	总产值（万元）	厂数
机器	0.2	1	2
棉纺	10	53.2	1
棉织	9.6	50.4	23
碾米	10.2	18.36	23
印刷	1.6	12	8
总计	31.6	134.96	57

资料来源：《中国工业调查报告》（第2编），《地方工业概况统计表》，第61~63页。

三、太仓近代棉纺织业的概况

从表中可以看出，太仓的近代工业投资项目相对较少，只有一个棉纺厂，但是棉纺厂规模初具，产值较大。济泰纱厂一厂的工业产值竟然是常熟工业产值的近3倍。

表3.11 1945年前太仓县的工业统计表

行业	厂数	资本（万元）	产值（万元）
棉纺	1	90	380.55
印刷	1	5	1
总计	2	95	381.55

资料来源：《中国工业调查报告》（第2编），《地方工业概况统计表》，第80~91页。

第四节　常州近代工业的发展与地域分工的演化

关于近代常州城市经济的研究成果较多，从时间上看主要集中于改革开放以后。首先是20世纪80年代的文史工笔者，他们从自己的亲身经历出发，对所从事的行业或者所经营的企业做了一些回忆性的记载。时人的回忆性记载对后来者而言，是非常难得的研究材料。尤其是他们在一个相当长的时期内记载的工业投资和行业形成的机制与影响因素等，对于当代研究者摒弃以政治事件划定发展阶段的方法具有重要意义。其次，有些行业管理部门也参与文史资料的编辑工作，总结行业整体的发展进程，也积累了较为系统的资料和数据。最后，近年来长江流域和长三角的城市史研究著作和论文逐渐增多，涉及常州，但关注度不够，因此笔者也不做过多涉及。

关于近代常州城市工业和现代化研究的著作主要分为两类：一类，直接以常州的城市现代化为研究对象。茅家琦、万灵关于常州近代化道路的研究最为典型，最具水准，不仅研究工业近代化，也研究城市的地域分工。另一类是常州与无锡、南通、芜湖等其他城市的比较研究，主要从地理环境、企业家精神、工业化道路等方面对比研究城市的现代化，总结不同的模式。前人的研究成果主要在工业化、近代化等理论框架下探讨近代常州的经济、文化、政治等方面的演化，然后便冠以某种模式来说明该城市的发展道路。这样的研究一般是概念先行，虽然涉及面较广，但是往往研究不够深入，没有解决城市工业投资与经济增长机制、区域分工与合作等根本问题。

常州近代的工业投资和经济发展偶尔受到制度因素、政治事件和自然灾害的影响而出现波折，但经济发展有其自身的规律，像1894年前限制工业投资这样的刚性约束再也没有出现过。因此研究城市经济应该主要考虑市场因素，而不能以政治事件划分经济发展阶段。另外，近代常州工业后发优势明显，发展道路独具特色，但学术界对无锡、南通等近代工业城市的研究成果远远超过常州。

一、常州机制工业的发展

近代常州机制工业的发展与无锡、南通不同，起初没有地方绅士组织大规模的工业投资，主要从碾米、榨油和织布等当地已经有发展基础的行业开始的。1913年，以厚生机器厂为标志，才开始出现规模较大的工业投资。

(一) 总体趋势和发展水平

从下表可见，近代常州的机器制造、染织、面粉业等三个产业在规模、技术水平、区域贸易与分工上有突出的表现，是主导产业。从投资重点看，1920年之前，常州的工业投资主要集中于染织行业，其他机械制造及面粉工业虽不乏规模宏大的投资，但是数量不多。1920年，受染织主业的前向效应影响，常州成为"用纱码头"，因此出现三家棉纺织工厂，初期不够成功，但被染织业的明星企业改组以后，建立棉纺环节，形成纺织染印一条龙。1935年之后，常州又出现面粉业的投资热潮。

表3.12　近代常州的工业投资概况

年份	投资人	工厂	产业	资本额或机器台数
1898	孙伯英	同源吉铁器厂	机械	投资3万元
1899	吴友德	洪昌布厂	棉织	
1906	恽祖祁	大均饼油厂	食品	投资30万元

(续表)

年份	投资人	工厂	产业	资本额或机器台数
1906	吴寄儒	晋裕布厂	棉织	
1907	卢颐	虞兴织布厂	棉织	投资2.1万元
1907	赵锦清、蒋盘发、蒋鉴霖	裕纶布厂	棉织	投资1500元,初期有手拉机30台。为常州第二家纺织工厂
1911		永泰和织布厂	棉织	投资6000元
1911	朱子康	天泰布厂	棉织	
1911	孟永连	通惠布厂	棉织	
1913		厚生机器厂	机械	
1913	祝大椿等	振生电灯公司	电气	资本10万元,1914年发电,1923年增至40万元,后更名为武进电气股份有限公司
1915	赵锦清	锦纶布厂	棉织	原裕纶布厂手拉机120台,工人250余人
1916	刘国钧	广益染织厂	染织	初为广丰布厂,有手拉机80台,为广益一厂
1918	徐吟甫	恒丰染织厂	染织	有手拉机30台,后扩大动力织布机80余台,有染色设备,是常州第一家有染部的染织厂。后为恒丰盛染织厂
1919	叶时卿等	恒丰面粉厂	食品	集资20万元,1921年开工,日产9000包。常州第一家大型面粉厂,也是省内规模较大的面粉厂
1919	赵锦清	锦纶二厂	棉织	手拉机70台,1921年一厂并二厂,手拉机128台。上海锦昌公司陈清鉴改为脚踏车,1926年从该厂购筒纤车,1927年购铁制织布机22台
1920	钱以振等	常州纱厂	棉纺	1921年有4000枚纱锭。因时局不靖,市场低迷,1923年巨亏,1925年租给荣氏申新六厂

（续表）

年份	投资人	工厂	产业	资本额或机器台数
1920	蒋盘发、赵锦清、蒋鉴霖等	大纶纱厂	棉纺	集资60万元，纱锭1万枚，织布机160台，1921年出纱，因时局不靖，1924年停产。1925年，上海银行团接收改组大纶久记。1930年，转给刘国钧，改大成纱厂
1921	施肇基、西门子洋行	震华电气厂	电气	资本150万元，西门子占多数股份
1921		福大纱厂	纺织	不到两年就遇火灾夭折
1922	张云搏等	利民纱厂	纺织	规元银10万两
1922	刘国钧	广益二厂	染织	手拉机180台，浆纱机1台，为常州最大染织厂
1923	蒋锡正等	利源染织厂	染织	1925年由于资金不足改由诸永生增资负责，有织布机200台，并添置浆纱、拉绒等设备
1925	蒋盘发	协源浆纱厂	染织	织布机24台，改称协源染织厂
1930	刘国钧	大成纺织染公司	染织	50万元收购大纶久记改组而成，后广益布厂也并入大成
1935	李应懋、谢钟豪等	大星面粉厂	食品	1937年投产，有磨粉机10部，日产5000包。开工不久受全面抗战影响，损失惨重。1938年，重新招股120万元法币，成立成余面粉厂股份有限公司，规模与大星相当
1939	高永声等	鼎泰面粉厂	食品	伪储备券100万元。1941年投产，日产3000包
1942	施盘生、朱德庆等	信和面粉厂	食品	1943年开工，伪储备券5亿元，2台钢磨，日产920包。1944年，资金匮乏停产，1945年转让
1945	刘云涛、李粹等	永成面粉厂	食品	法币8万元购信和，改名永成

资料来源：李琴生：《常州纺织工业早期的三家工厂——裕纶、锦纶和大纶》，《常州地方史料选编》（第8辑），第110~115页。张月生：《常州面粉工业述略》，《常州文史资料》（第10辑），第180~187页。

从投资的数据看,20世纪20年代全县的工商资本171.7万元,其中纱厂、染织厂资本仅34万元,加上色白布业的资本12万元,占资本总额的27%。1932年,常州棉纺、棉织、面粉、碾米、榨油、冶坊等8个主要工业部门的资本总额5184400元又23万两。①

表3.13 全面抗战前武进的工业发展概况

行业	厂数	资本(万元)	产值(万元)
机器	18	9.08	37
制皂	2	1	6.912
棉纺	3	203	707.4546
棉织	22	44.6	570.4178
织袜	14	2.78	3.057
毛巾	6	1	6.5
碾米	5	5.7	13.848
榨油	18	23.36	748.0785
面粉	1	20	148.9704
印刷	9	3.08	8
共计	98	313.6	2250.2383

资料来源:《中国工业调查报告》(第2编),《地方工业概况统计表》1937年,第43~45页。

全面抗战前,常州武进县的工业投资资本比1932年减少近200万元。笔者认为可能是统计不全或者口径不一致导致的。从各行业的产值看,榨油业、棉纺织业和机电业是近代常州的主要产业,具体的发展情形如下。

---

① 据《中国实业志·江苏省》(第8编)《工业》所列各表计算。

（二）粮油加工业的发展：粮食集散、加工行业的机械化

豆、木、钱、典是清代常州的四大商业。常州的机器榨油业源于传统豆业和土油坊，更与常州的豆市发达分不开。常州部分地区的旱地多种植大豆，另外，运河纵贯，苏北三泰和苏南丹阳等10县的大豆大量进入常州。因此，鸦片战争前此地已经形成黄豆的集散中心。近代以来，受油坊增多的刺激，豆市继续发展，专业性的豆行从两行中分离出来，豆杂粮也随之发展。集中于史墅、前乔等镇的30家油饼加工场坊，开始向市区移动。光绪二十七年（1901）通江三河开浚，更加便利了外地黄豆由西向东流入常州。西市河因豆船集中，而被称为豆市河。常州豆市有明盘交易的传统，连无锡豆杂粮价格也必待常州开盘后才能成交。1919年，榨油工业开始使用机械，常州大豆加工业年耗用大豆100万石，市场流动量达600万石。但是，由于航道窄小淤浅，舟船争道，航泊两难，商旅遂视常州为畏途。火车通车后，各地大豆通过铁路运输，渐分集于上海、无锡两地。常州堆栈少，对行商不便。当征收厘金时，长江运来黄豆，常州近于无锡，货运到常州，既可省百里运费，又少纳一道厘捐，所以商贩荟萃成市。民国以后改办货物税，江北的黄豆运往无锡和常州同样要完税，而无锡的商埠较大，行商资本雄厚，以致豆货大部分被无锡吸走，常州豆市一落千丈。1927年，商会会员分业统计，四大商业之一的豆业已降格为二等。豆业衰落，影响到外地客商来采购地方产品的积极性。①

除榨油业外，机械碾米业、面粉业亦源于依靠畜力和石磨的传统磨坊业。1911年，徐永昌米号的资方徐顺昌和吴葵秋、奚九如合作，开办机械碾米厂，用柴油引擎碾米。1913年，裕源油坊首先采用柴油机引擎为动力榨油。1914年大赉粉厂成立。常州由此开始了近代工业的投资。以1911年机械碾米厂为嚆矢，民国初年一些堆栈先后把附设的一些臼坊

---

① 茅家琦、万灵、周忍伟等著：《横看成岭侧成峰：长江下游城市近代化的轨迹》，江苏人民出版社1993年版，第186～192页。

改造成机械碾米厂。这是常州碾米业的初期形态。1913年，厚生机器厂开办，对于常州碾米、榨油两个行业的机械化促进更大。1916年，一些大油坊和堆栈已经引进动力机械，改称油厂。原来兴旺一时的土油坊逐渐被淘汰。①

在1910年以前，常州城市居民所需的面粉，全赖城市周围的农村自产自销并贩运入城销售，供应市场和居民食用。城内的土制面粉行业是在1910年才出现的，在城南花椒园一带有四五家筛粉坊，每年磨制土粉三四百斤，大部分供应市场制作糕点，少量供应居民。1914年，常州卸任知县陈福海和街董蔡庆林以及康记钱庄孟荣生合伙投资1500银圆，开设元丰粮行，内设磨坊，兼营碾米、磨面。此时，小规模的土制面粉生产仍继续存在。20世纪20年代，机制面粉业发展起来后，土制面粉生产工艺逐渐被淘汰。1919年，叶时卿等人筹集银圆20万元，筹建恒丰面粉厂，钢磨10部，动力为柴油机引擎，1921年建成出粉。恒丰面粉厂工人200人，日产面粉9000包，是常州第一家近代面粉厂，也是当时江苏省内规模较大的面粉厂之一。恒丰投产后内销外营效果极佳，出货供不应求。1935年至1945年常州先后出现大星（成余）、鼎泰、信和（永成）、大中、福成5家面粉厂，日生产能力大约在1.2万包。②

（三）源于土布业和染坊的近代机器染织业

常州基本不产棉花，但是土布早有生产。早期经营土布的商业资本每当棉花上市，就从毗邻的江阴、常熟以及南通购进棉花，出售给农民，同时收回土布。常州成为土布的集散中心之一，营销范围超出所属八县。常州的土布商业使缺乏棉花资源的常州成为土布集散中心，对土布生产、地方生计以至近代纺织工业资本的产生都起了很大的作用。以后逐渐在常州各项工业中占主要地位的纺织工业，正是在农村土布业的基础上成长起来。

---

① 常州市粮食局编志办：《常州市粮食大事记》，《常州地方史料选编》（第5辑），1982年。
② 张月生：《常州面粉工业述略》，《常州文史资料》（第10辑），第180~185页。

第三章 棉产区城市工业的发展与地域分工的演化

常州的织布业形态也逐渐从以花兑布向纺纱兑布阶段发展。织户从纱号领取机纱，织造土布，领取工资。机纱提高了纺纱环节的劳动生产率，条干均匀，也提高了土布质量。洋纱的使用带来土布生产的繁荣。直到20世纪初，除了踹染业外，该地区没有出现过任何独立的棉纺织小作坊或者手工工场。由于洋布输入，价格便宜，布幅长且阔适宜裁剪，土布渐感压力。在挣扎和竞争的过程中，常州改用来自江阴的改良织布机——手拉机，减轻劳动强度，提高劳动生产率，从而提高了市场竞争力。清末民初之际，常州土布业方兴未艾，当时投梭织布机仅在南门就有2.5万台。1912年前后，常州农村的织布业已经全部改用洋纱，在洋布和国内机制布的挤压下，从清末起由投梭机生产的狭幅土布逐渐向手拉机生产的改良土布转变。1917年前后，开始使用脚踏机，及至抗战前夕，农村中有1万台脚踏机，产品也由改良土布转变为机制布或仿机制布，原有的狭幅土布基本被淘汰。但是在农村，手拉机、脚踏机仍然散置于农民家中。①

常州城内织布业的发展始自1906年出现的第一个雇工生产的晋裕布厂，创办人吴有儒，资本5000元。最初有手拉机百余台，产品为长16.7米、阔1米多的条布。因为织布机仿造于宁波，故也称宁条布，在北方称为爱国布。土布以白色纱织成布后再行染色；条布则先染纱，成色后再织布。两者长阔不同。由此土布生产在工具和产品规格上都有了改进。1916年前后，布厂有晋裕、集成、永余、大纶、天泰合资、恒升、天孙、通惠、利华、裕兴、经纶、恒丰、惠纶等十四五家之多，投资额在七八万元，有木机950台，铁机100台，日产布500匹。②此后，陆续开设的布厂有四五十家之多，生产设备也从初期的手拉机发展到脚踏铁

---

① 根据前江阴向仁记布庄经理谢伯藩于1963年7月提供的资料整理而成，《江南土布史》（下编），第544页。
② 常平：《民国初年本邑布厂概况》，《常州文史资料》（第3辑），第41～43页。该文献是根据1916年九、十月间的《武进报》刊载的《本邑布厂调查记》《本邑布厂之详确调查》和本邑商品陈列所赵永怀的调查资料辑录而成。

木机。由于常州戚墅堰电厂电力充足，到1923年前后又改装电力全铁机。至1937年全面抗战前夕，常州城中的织布厂已经全部改装动力全铁机，向着近代化工厂转化。①

（四）常州机电行业的发展

常州电厂始于1913年的振生电灯公司，由无锡人祝大椿、常州人张赞墀等人发起筹建。1914年5月发电，原来只供照明，后来生产性的用电需求日增。振生电灯公司资本初创时10万元，1923年增加到40万元，更名为武进电气股份有限公司，筹建新厂房，添置设备，自此有较多的电能供应城郊工厂。②常州第二家电厂是震华电气厂，于1921年立项注册，规定资本250万元，实收150万元，德商西门子占有多数股份，华股56万元，厂址在戚墅堰。该电厂于1923年开始发电，电力可兼及武进、无锡、江阴等地。1926年，由西门子经营，但无起色。1928年，无锡耀明公司与西门子公司及震华部分股东企图组织新公司接收震华，但遭到多数股东反对，以致发生停电风潮。同年10月，更名戚墅堰电厂。③

1913年，常州第一家制造机器的工厂——厚生机器厂出现。厚生机器厂制造的动力机械成为常州的机械化和动力化的重要保障。常州机器制造工业早于近代纺织工业。1912年，奚九如开办米厂，用上海产的引擎，因为到上海修理机器不便，于是从上海请来技工，开始制造火油引擎。厚生生产的第一台8匹马力的火油引擎售给了许恒丰油坊；1914年，试制农田戽水机成功，最先的两台产品租给江阴贤庄、武进史墅，供农田灌溉；1915年制成5匹马力火油引擎。此外，厚生先后制造过脚踏风扇、织袜造针机、挖泥船、10匹马力的火油引擎、铁木织布机。1924年以后，增设电气工厂，制造12千瓦的直流发电机、50千伏的变压器和

---

①根据前江阴向仁记布庄经理谢伯藩于1963年7月提供资料的整理而成，《江南土布史》（下编），第544页。
②常州供电局编志办：《振生电灯公司始末》，《常州地方史料选编》（第8辑），1983年。
③《戚墅堰电厂之沿革》，《电声》（戚墅堰电厂厂刊第3期）。

电熨斗，改造成功二冲程大头车即第一台柴油机。此时厚生厂制造的内燃机已具有一定规模。①从1919—1928年，常州还陆续开设了几家机器厂，如常州机器厂（后盘出，改称万盛铁工厂）、万成机器厂、中华机器厂、求精机器厂等。除上述棉纺、电力、机械三个部分外，这期间，毛巾厂、袜厂、肥皂厂、纽扣厂等日用品工厂，也先后在常州出现，这些厂规模虽然不大，但都是常州向轻工业城市发展的前奏。

1895年之后，民族资本掀起设厂浪潮，机械工业随之扩充内地市场，在帝国主义的业务压力较轻的环节上，获得初步成长。常州厚生机器厂就是在这样的社会条件中孕育的。值得一提的是，于1902年创设的上海求新轮船厂曾对厚生厂起过"催化剂"的作用。自民国后，机器需求日增，国内设立的机器厂如雨后春笋般出现。

1912年，常州设立军政分府，奚九如被聘为顾问，并领受军政分府设厂制造戽水机的指示，筹建常州第一家机器厂。奚九如集合赵颂平、潘鹤鸣、吴励吾、徐习五、朱维竹等人的资本，又借助上海求新厂的著名领班及蔡世绅、杜桂生等人的技术力量，于1912年开设溥利米厂，引擎和碾米机全是从上海求新厂购得，后因引擎故障去沪修理不便，遂与求新厂商议，得到资本家朱志尧的支持，于1913年9月创设厚生机器厂，厂名源于辛亥革命口号"通商惠工，厚生利用，国基永奠"。建厂资本1.5万元，设备仅为一台3匹马力的火油引擎，从求新厂购来。1920年，为制造12匹马力的火油引擎，奚九如扩大资本，增强产销能力，不得不借助他人资本，将企业改组为厚生利记机器厂，并一度转产制造织布机。后奚九如财力扩充，为了扩展自身权益，撇开潘鹤鸣，再度改组，其子奚祝升任经理兼厂长，看准时代的进步动向，增设电气工场，制造变压器和发电机等。1926年，仿制英商安利洋行的卧式四冲程12匹马力的路司登柴油机，相继造出12匹、27匹、40匹马力的柴油机。

---

① 《常州柴油机厂厂史》第一章及《奚九如行略》。

1930—1937年的这一时期，是厚生厂的鼎盛时期，也是奚九如事业的巅峰期，有设备60台，翻砂工厂2个，营业额每月15万元。全面抗战爆发前夕，常州有染织厂40余家，织布机6300余台，属于厚生厂制造的机器占一半左右。1937年，常州沦陷，厚生厂损失惨重，后拆卸部分设备到上海设立永生铁厂。此时的奚九如奔波沪常，无法兼顾，营业逐渐萧条，后日寇控制的"铁统会"收购金属，使得工厂断绝了原料，厚生从此走向下坡路。①

二、常州近代机制工业繁荣的原因分析

（一）以钱业为主导的金融业提供了融通资金的便利

钱庄、银行在常州创造了金融业与产业资本紧密结合的新形式。钱庄老板入股，有的钱庄老板入行经营纺织业。金融业所采用的不动产长期抵押、信用透支、外运押汇等各种中长期以及低利率优惠等业务，促进了常州纺织业的发展。

晚清的常州钱业已居钱、典、豆、木四大商业之首。光绪十四年（1888），常州的大生、宝康、泰生等12家钱庄设立钱业公所。这是突破地域观念，按行业组织起来的同业组织。常州钱庄分为两个层次：一是不放信用贷款的钱土店，范围小，备有制钱数十千文，或至一二百千文，专供居民以银圆兑换制钱。另外也承担检验银圆真伪的业务，还出售印度大土，故称钱土店。二是钱庄店，其股东多系做官发财回来的富绅或者巨贾。一般集股九千两（因为俗说九是进门，故集股至九数为止），并须附带收附存补水纹银九千两，即入股一两附存一两。钱庄设有外账、内账、信贷等。外账专司每天之收付，设在大厅。内账专司各项账目之过账、结算存欠工作，设在内室。信贷专司逐日与苏州钱庄店之进出和汇划、收解等业务。常州的钱庄资金都不雄厚，一般放款总额

---

① 徐恺卿：《奚九如与厚生制造机器厂》，《常州文史资料》（第10辑），第125~133页。

都在20万两左右，超过本身资金和存款之和，不足之数，全赖从苏州钱庄贷入，称之为"苏款"。与苏州钱庄店的交往，首先要有素被苏州钱庄业信任之经理人。每逢阴历新年，常州各钱庄的经理人皆须带现洋数千元，亲往苏州，向各钱庄的拜年，即以现洋付给苏州各钱庄，作为开户。经过这样的手续，以后就可以通信往来，办理收解汇款。新开之钱庄的经理与苏州不熟悉者需要找同业经理人带其往苏州拜年开户，各钱庄才接受为同业。

常州的钱庄业放账之来源，依赖苏州钱庄之信贷。苏州是以补水纹银为计算单位的，每天苏州电报传递苏州钱庄同业议定的利率，名为"分厘"。常州每日要由钱业公所根据上海、苏州两地的行情商定常州银圆和银两的比价，即所谓的"洋厘"。晚清和民国时期，常州钱庄放款的主要对象是木行、粮行和豆行。1902年，在疏浚运河时，木业商户捐巨资，官府因而解除了在西运河停泊木排的禁令，常州木业进入鼎盛时期。常州的木业兴旺，首先因为运河常州段的水源来自长江，木材浸泡在江水中，能保持皮色鲜亮。苏锡两地为太湖清水，木材浸泡其中，皮色黯黑，日久且生青苔。这是木客舍苏州而集中于常州的主要原因。其次，木材贩运利润优厚，引起金融业的兴趣。金融业不仅给予信贷，且热衷于木行。木业商人与金融界通过婚姻、拜盟、学徒等关系，彼此之间结成复杂的关系网络，以达互利。之后木业受损，冲击钱业，常州金融业才倾向正在发展的纺织工业。

1908年之后，常州的钱业出现新的变化。1908年，常州钱业巨子卢锦堂和恽次远共同创设和慎银公司，一般称之为和慎银行。该银行资本雄厚，曾经发行过钱票和纸币，是常州的钱庄业之首，但仍然需要依赖苏州钱庄业的信贷周转。1927年以来，常州由于受反日救国和提倡国货的影响，一般经营日货的布商都放弃本业，改办纱厂、布厂。此时，常州每年的银钱进出较大，以补水纹银为记账单位颇为不便，至1933年财政部废两改元后，以元为记账单位，废除苏州钱庄业的分厘，放弃补水纹银名目。

典当业与近代工业的直接关系不大，在此不做探讨。

银行和保险业的发展也发挥了重要作用。常州工厂增多，引起外埠银行的重视。1915年，上海商业储蓄银行在常州设立代理处，1920年升格为银行。1917年，本地士绅钱以振、江上达等人开办常州商业银行，1920年又创办常州富华储蓄银行，举办有奖储蓄，借吸收存款来维持1919年创设的常州纱厂。1923年2月，常州纱厂因亏损停产，待收回款项22万元，累及和该厂有联系的常州商业银行、富华银行破产。最后，钱以振在常州的私人住宅也被债权人查封。20世纪20年代，常州工业的初步发展，带动中国、交通、江苏、国华、信孚等银行在常州设立分行、支行或者办事处。工商业的发展又使大量保险公司也涌入常州。常州每新建纺织厂，必保火险。

（二）近代交通运输业的发展为货物运输提供了保障

常州的城乡交通中水运占一半以上，木帆船是水上运输的重要工具。民国以后，航船中一部分被行客包用，一部分开了定点码头，定航线，定开航时间，逐渐发展成客货并载的航班船。1896年，轮船招商局经营上海—镇江内河航运，继有日商戴生昌、英商公茂轮船在该线竞争。至此，常州虽有班轮停靠，但尚无正式的轮船公司。1903年，轮船招商局设常州分局于西门，并设支局于荫沙口。这是常州近代第一家交通运输企业，首开常州—溧阳线，以后逐渐增开航线。1905年，开无锡特班小轮。轮船招商局获得厚利，引起常州士绅和工商人士的投资兴趣。1912年，当地士绅吴康首先创立新商内河股份有限公司，开辟常州到溧阳、张渚、扬中、金坛、无锡、镇江的航线。

1908年，沪宁铁路全线通车后，在武进、奔牛、戚墅堰、横林都设有车站，因此铁路运输进一步改善了常州的交通情况，但也改变了物流方向。原来苏南之宜兴、溧阳、江阴、丹阳等常州传统的势力范围，由孟河经常州进口江北客货，铁路通车后，这些地方的旅客、货物由无锡中转的越来越多。太湖航线的开通，使无锡的腹地更加广阔，常州渐失传统优势。

（三）机器厂为纺织业由手工劳动进入机器生产准备了条件

以老资格的锦纶布厂为例，1923年将手拉机改成脚踏机，织布女工改为男工，1926年向上海购置筒子车，用电力拖动。1927年购铁木混合织布机15台，均用电力推动。1933年，购置铁木机148台。设备的改进使得劳动效率成倍提高。从总趋势上看，1928年以后，常州纺织业逐步改用本地生产的纺织机械。到1937年，常州的纺织企业已经有半数采用常州厚生厂的丰田式新织布机。

（四）国内市场条件改善

对常州的棉纺织业来说，当地的劳动力市场得天独厚。武进的女工成本远低于无锡、上海。历次爱国运动增强了常州纺织品的市场推销力度，尤其是反日救国、提倡国货运动后，各地响应。

（五）地区合作保证了常州染织的原料供应

常州向来织大于纺，是一个用纱码头。染织业的永纱大多仰给外地，其中无锡申新三厂的"好做纱"最多。1933年，申新又拿出申新一、二、五、八四个厂的大量筒子纱供给常州。申新与常州染织厂的感情日深。苏州的苏纶纱厂的棉纱也运到常州，运输由纱厂负责，纱价与无锡相同，纱款可以延迟五六天结账。优惠条件使得常州染织业与苏州联系加强。1936年，荣德生在无锡创办了一个规模很大的铁工厂，专门制造改良的丰田式织布机，质量精良，远胜日货。常州的民丰、正丰两厂一次就订购500台。

三、常州城市地域分工的变化

常州是交通枢纽。由此，常州成为江南地区仅次于苏州的土布、粮食、木材集散中心。从行政建制看，常州为历代州郡治所，领县多少不一。清代常州府辖武进、阳湖、无锡、金匮、荆溪、宜兴、江阴、靖江八县，号称"八邑名都"，也就是说历史时期的常州是东自常熟、西至丹阳、南到长兴、北抵泰兴区域的政治文化中心。近代以来，随着属县无锡的崛起，常州在原常州府辖区的经济中心地位受到挑战。常州把南通看成学习的对象，把无锡看成竞争对手。常州人在总结竞争的结果时，承认近代工业不如无锡，而商业则互有长短。

常州的近代纱厂、布厂、面粉厂都创办于第一次世界大战开始之后，错过了清末的发展时机。这与常州的传统文化有关系。清末富有阶层多是像恽祖祁、钱以振、于定一一样退职回乡的官吏，由官而商的人并不多，多数人安于现状，出于传统的投资心理，"视工业为新实业大实业，自己无此经验、无此胆量、无此能力。若托付他人，又恐大好金钱一去不返"，因此"往往以其资本从事于钱庄典当等"。①民国创立后，染织业投资加速，后发优势越发明显。在棉纺织产业，由于明星企业家锐意进取，逐渐超越无锡。近代常州工业发展的成就总体上不如无锡，但是染织、机器制造和面粉行业的明星企业的市场竞争力和产能都不亚于南通、无锡，而且与无锡相毗邻，是苏南棉纺织工业带的重要组成部分。

第五节 浙江慈溪、平湖、硖石棉纺织业的发展

浙江杭州湾两岸的江滩、海滩沙地面积广大，土质适宜种植棉花，是长江下游地区仅次于江苏的重要产棉区。据陈梅龙研究，浙江棉花种植始于宋末，元明以降，棉花生产继续发展。宁波开埠前，棉花已是出口大宗。该产棉区的传统手工棉纺织业也有一定的发展水平，但从规模看要落后于江苏同类型产业。另外，关于浙江棉纺织业的发展，在杭州、宁波、萧山等地的研究中已经涉及，在此不再赘述，只考察传统棉纺织行业的转型概况。

---

① 我一：《现在可提倡之工厂》，《武进月报》（第3卷第4号），1920年。

开埠以后，棉花成为浙江仅次于丝茶的大宗出口商品。除宁波、杭州、萧山棉纺厂每年用棉近14万担外，尚有20万担可供市场。宁波、杭州皆为棉花出口港，正常年份出口的棉花皆在10万担上下。受出口贸易和宁波、萧山、杭州近代棉纺织业的刺激，浙江的棉田面积进一步增加。1920年，浙江的棉田面积为117.05万亩，1924年达到172.08万亩，1933年达到190余万亩，产皮棉四五十万担。慈溪、萧山、绍兴、鄞县四县的棉田面积都超过10万亩，余姚更是达到40万亩。开埠以后，浙江产棉区的手工棉纺织业继续发展，出现了慈溪、平湖、硖石三个土布生产中心。以下为上述三个土布生产中心的转型概况。

一、慈溪土布业的发展

慈溪出产的土布粗厚耐用，除销售浙江本地及东部沿海的舟山、岱山、象山等地山民、渔民外，还销往福建、江西、安徽等省。洋布进入之初，土布亦进行抵抗，1923年前后年销量还有七八十万匹。慈溪手工纺织业对洋纱、洋布的抵抗特别顽强。这不仅仅是因为当地棉花很多，更是因为当地的商品土布主要销往山区，山民乐用结实耐穿的土布。加之当地农民缺少其他副业，一直到20世纪20年代初期，洋纱、洋布还很难打入慈溪。这与江南其他地区有所不同。大致在1920年以后，土布遭受洋布和国内机制布的进一步排斥，该地手工纺织业渐渐不支，有些农民转向编制草帽等副业。到1934年前后，手工纺织业日渐衰落，只是由于厚实耐用，还保持一定的市场。慈溪的家庭手工纺织业用的是土经土纬，使用洋纱很晚，所占比重也极小，这是因为当地棉花纤维短，只能纺10支左右的粗纱，而当地土布一向用此织布。慈溪靠近宁波，手织工具鲜有改革，直到全面抗战以后，少量的手拉机和铁木机才出现。这是一个典型的保守落后地区。

余姚、慈溪两县生产的土布始终使用当地棉花，自纺自织的狭幅土布至新中国成立前基本上保持着土经土纬的特点，其纱相当于10支至

14支的机制纱。浒布是浒山镇周围所产之布,丈亭布也是以产地为名,后以逍林为最多。徽庄布以销往徽州而得名。早期的土布、杜布都是以土纱织造而成,其中以浒布产量最高,至全面抗战前夕,在土布总量已经萎缩的背景下,丈亭布占多数,浒布产量极少。当地农民用洋纱织布较晚,在1924年以后才出现,是布庄放16支洋纱给农民加工代织的放机布。

二、平湖土布业的发展

平湖的土布久负盛名。清末民初,洋纱进入平湖,黄姑、乍浦等地的农民,迟迟不肯放弃土纱生产,逐渐被洋纱所织的土布所替代,转以出售棉花为主,织布仅仅自用。1907—1911年,日本纱和申新纱运入平湖。原来买棉纺织用以自给的水稻区农民反而购洋纱织布,进而扩大了生产。当时土布的商品性生产一度发展很快,最高年产量是160万—200万匹。1927年,洋布倾销,洋纱土布也衰落下去。这一地区与慈溪类似,农家的生产始终使用古老的投梭织机,没有改进。1930年,受机制布的影响,土布更加衰落。农村妇女转入商人资本控制下的摇袜业。抗战时期,土布产销受阻,遂绝迹于市场。

三、硖石土布业的发展

硖石镇原属于浙江省海宁县(治所盐官镇)管辖,新中国成立后改为海宁县的治所,镇的附近基本不植棉,仅西乡、东乡有棉田,但是手工纺织业有相当长的历史,所产土布又都在硖石集散。清代后期,镇上有许多土纱庄从海宁东乡十八镇及嘉善的魏塘、上海的大场与嘉定等地贩运土纱供应织户,所以土纱、土布贸易发达。1900年左右,开设于硖石镇的土纱庄有20多家。这一地区在洋纱进入之前,纺与织已经分离。大约在1901年前后,洋纱便由上海运至硖石,土布原料开始发生变化。

自清末民初洋纱上市，土布原料开始舍土纱而用洋纱，土纱商业首遭淘汰。土布商也由单纯的收购土布转为放纱收布的包买主形式。在第一次世界大战期间，由于洋布输入锐减，土布需求剧增，布业兴旺，土布庄增至20多家，土布年产量达到260万匹左右。20世纪20年代，洋布卷土重来，在洋布的倾轧下，土布生产日趋下降，布庄多改行。20世纪20年代末，土布产量虽不过100万匹，但其中阔幅的大布占70%，大布1匹可折合小布3匹，以此推算，硖石土布年产量仍然在250万匹左右。全面抗战时期，花纱统制，放账难收，布庄纷纷歇业，土布业已接近全面没落。

总之，浙江产棉区的棉纺织业转型发轫于19世纪末，基本上与上海及江苏的城市同步进行。继上海之后，杭州、萧山、宁波也出现规模较大的棉纺厂，但是发展后劲普遍不足，行业规模基本上没有太大的变化，基本上维持在两三万枚纱锭的水平。从上述浙江三个土布业生产中心的转型概况看，棉纺织行业的发展也同样远远落后于江苏及上海等地的发展水平。

四、小结

从浙江慈溪、平湖、硖石三个土布生产中心的情况看，浙江棉纺织业的转型过程极为缓慢，在洋纱取代土纱后的很长一段时间内没有太大的进展，生产规模也相对有限。这主要源于市场需求。狭幅土布主要供应劳动强度较大的渔民和山民，消费者主要看重土布的坚实耐穿，不讲究美观，土布生产者自然对引进手拉机、铁木机等先进生产工具缺乏热情。因此，该区域的土布生产在生产工艺上没有太大的进展。总之，从棉纺织业的整体发展水平看，浙江产棉区要落后于江苏产棉区。上述三个土布生产中心所在的城市在棉纺织业领域的影响力较为有限，主要以供应地方市场的特殊群体为主。

第四章

丝产区城市工业的发展与地域分工的演化

第一节 苏州近代工业投资与城市地域功能的演化

苏州的近代工业化始于1895年。中日甲午战争后，依据《马关条约》，苏州被辟为通商口岸，外商可于当地设厂。为挽回利权，清政府放松对民间投资的限制。1895年筹办的苏经丝厂和苏纶纱厂先后于1896年和1897年开工生产。苏经丝厂是江苏省内第一家使用动力机械的缫丝工厂，苏纶纱厂是仅次于无锡业勤纱厂的机器工厂，两者投资近55万两白银。苏经丝厂、苏纶纱厂的创办，标志着苏州近代工业的开始。1897年，盘门外出现日本租界和公共租界，外商纷纷在苏州投资开办工厂。自此之后，苏州近代工业开始陆续出现，但是近代苏州的工业投资由于种种原因发展缓慢。

学术界对近代苏州的研究主要集中在三个方面：第一个方面，通过考察苏州传统手工业、机器工业、企业个案的发展，研究其手工业转型和工业化进程。第二个方面，有学者在现代化的理论框架下，全方位研究苏州城市近现代化进程，不仅涉及经济，而且涉及社会组织、城市文化、城市建设等各个方面的嬗变。在第二个方面的研究中，往往会涉及对苏州钱庄业、典当业等传统商业的转型研究，从中分析苏州衰落的原因。第三个方面，部分学者研究城市建设和苏州城市空间的演化过程。

这是大多数学者的研究思路。应该说上述研究无论是宏观城市现代化研究，还是微观的企业和商会研究，都依靠扎实的史料，向我们展示了近代苏州经济社会发展的方方面面，但是由于现代化理论的影响，将近代产业与传统产业截然分开，多偏爱近代工商业的研究。另外，上述研究缺乏空间视角，忽视苏州与上海、无锡等周边城市的经济联系，关于苏州处在衰落之中的判断也值得商榷。总之，在以后的研究中，我们需要从空间视角研究近代苏州城市地域分工的变化，客观评判苏州在区域发展中的作用，还要深化对苏州近代工业投资与传统产业转型的动力方面的研究。

一、苏州近代工业投资的开始

1895年，《马关条约》签订后，苏州被迫对外开放，通往口岸的内河也被迫开放，外国人不仅在苏州建立租界，还可以在通商口岸设立工厂。1895年9月，署南洋大臣张之洞正式派在籍官员南通张謇、苏州陆润庠、镇江丁立瀛，分别在南通、苏州和镇江设立工厂，制造土货。在张之洞的支持下，江苏藩司出面向苏松地方绅商"息借"商款54.8万两作为开办实业之资本，并动用地方积谷款、水利备荒款项等23.5万两作为流动资本，委派国子监祭酒陆润庠作为苏州商务局总理，于1895年开始在盘门青阳地租地建厂。1896年，苏经丝厂建成。1897年，苏纶纱厂建成，苏纶纱厂有纱锭1.8万枚，雇佣工人2000人。除苏州商务局控制的两家近代工厂外，1900年开办的延昌永丝厂由外商经营，1897年开办的吴兴缫丝厂由中国人管理。三家缫丝厂总计有700个丝盆，雇佣工人2000人。但是，纱厂和缫丝厂都不景气。如果苏纶纱厂在财务上能与苏经丝厂分开，可能有成功的机会。苏纶、苏经开工不久，陆润庠就入京，总理乏人的局面开始困扰两厂。后来祝承桂承办，在其经营的五年中，起初获利，不久便连年亏本。各股东只关心自己每年所得之利息，对于厂务不闻不问。苏纶最后几乎被德商瑞记吞并，后经股东和商务局阻止，收回租给商人费承荫。费氏租厂期间降低成本，使得企业有所好转，盈余增多。1905年增加资本5.7万两用以购置新设备，扩大生产。招商承租一直是苏纶、苏经两厂的主要经营方式。

起步阶段，苏州工业投资的资本召集还是比较顺利的，在官方的大力支持下，很快便有54.8万两的资金到位，而且还有流动资金23.5万两。苏纶一两年便建成投产。相对于无锡、南通而言，苏州招股十分顺利。但是在企业运营阶段，苏纶、苏经因缺乏有名望又懂管理的企业家而费尽周折，不得不以招商承租为经营方式。

二、苏州近代工业投资的高潮

笔者在对19世纪末20世纪初江南内地各城市的厂家统计中，发现初期的工业投资极为有限。新式企业具有轰动效应，因此当时各种文献记载比较多，厂家名称与数量也较为准确。这种情况在苏州也不例外。从表4.1中我们可以看出，1906年是苏州工业投资的分水岭。1906年之前，属于工业投资的起步阶段。初期投资多有官方和外资背景，真正的民营企业基本没有出现。投资者的观望态度与清末改革的反复有关，也与新式工业投资的风险有关。苏纶纱厂和苏经丝厂经营不顺，影响了其他投资者的热情。该阶段共有7家企业，其中缫丝业就有5家。这种投资格局是当时生丝贸易盛行的体现。1906年之后，体制方面的障碍被彻底破除，虽然工业投资间或被战争、经济危机、灾害等突发事件打断，但是新式企业如雨后春笋般不断涌现。民国建元后倡导实业，民营工业投资更是如火如荼，但是企业倒闭与新开也如走马灯一般。因此，此后的新式企业统计就有所出入。如在创办人、资本数、厂名等方面就会出现差错。但是通过仔细统计，表4.1中基本包括了1912年之后主要的新式工业投资。苏州织布、染织行业不成熟，多为小厂，统计难度加大，有所出入，好在这方面的差错还可以通过《中国实业志·江苏省》中有关吴县织布、染织和针织业方面的论述加以弥补。表4.1中，碾米业的投资基本没有涉及,但并不代表苏州没有碾米业。20世纪30年代,苏州共有14家碾米厂,资本5.7350万元,年产量15.16万石,基本为苏州自产自销。相对于无锡80万至100万石的年产量,苏州碾米业的规模和产量小得可怜。

表4.1 苏州近代的工业投资概况

年份	创办人	企业	行业	概况
1896	陆润庠	苏经丝厂	缫丝棉纺	投资54.8万两,由同一个董事局管理,实际为一个公司
1897	陆润庠	苏纶纱厂		
1897	汪存志、黄宗宪等	吴兴丝厂	缫丝	曾用恒利、中兴、寿泰厂名,资金5.9万两,意式缫丝车104台。汪氏经营丝业达34年,是苏州颇有声望的企业家
1897		中欧缫丝公司	缫丝	合资企业。外商在苏直接投资设厂的开端
1898	马伯亥	苏州德律风公司	交通	为中国第一家电话公司
1899		麦兹逊茧灶公司	缫丝	英国资本
1900	外商	延昌永丝厂	缫丝	投资10万两,华商用意商名,缫丝车200台
1906	吴次伯	瑞记布厂	棉织	
1906	吴曾适	瑞记汽水厂	食品	1.3万元,年产值1万余元
1906	黄美颐	生生电灯公司	电气	投资10万元,1909年改为振兴电灯公司,1911年发电
1906	欧阳元瑞	瑞丰轮船公司	运输	资本0.8万元
1906	张惟一	农肥有限公司	化工	资本1万元
1907	董楷生	颐和罐食公司	食品	资本1万元
1907		瑞兴胰皂公司	化工	

（续表）

年份	创办人	企业	行业	概况
1907	罗焕章	东村机器织布厂	棉织	
1908	吴才俊	慎昌布厂	棉织	
1909	刘善浤	苏州电话总局	通信	
1912	盛振林	江苏省立第二工场	棉织	资本5万元
1912	官办	丰备贫民习艺所	棉织	
1912		延昌恒丝厂	缫丝	资本6万元
1912		程裕源丝织厂	丝织	独资2万元
1913	官办	公民劝业厂	棉织	资本1万元
1913		震丰布厂	棉织	资本1万元
1913		益亚布厂	棉织	资本0.6万元
1913		兴业布厂	棉织	资本2万元，产值10余万元
1914	谢守祥	苏经纺织厂	丝织	资本4万元，有提花手拉铁木机100台。由放料雇织纱缎庄变为集中生产之工厂，由手工木机改为手拉铁木机，后改为电力织绸机
1917	娄凤韶、陆季皋等	振亚织物公司	丝织	集资4万银圆，股东主要为1906年华纶福绸缎庄成员。振亚是近代苏州丝织业最悠久、规模最大的企业
1917	蔡际云等5人	华盛造纸厂	造纸	集资金30万银圆。1919年投产，为国内最早的17家机器造纸企业之一，是苏州最早的造纸厂
1918		大陆丝织厂	丝织	资本1万元
1919		苏州电气厂	电气	资本240万元，全年大约发电350万度
1919	陶耕荪、管受之	东吴绸厂	丝织	由上久坎和大成恒两家纱缎庄投资

（续表）

年份	创办人	企业	行业	概况
1920	刘鸿生	鸿生火柴无限公司	化工	集资12万银圆，苏州机器制造安全火柴之始
1920	祝兰芳、杨竹廷	华章造纸厂	造纸	法币40万元，后产权变更，改名华章和记纸厂、敬业公司、大华纸厂。抗战期间一度停产，1946年复产
1920		三吴丝织厂	丝织	资本1万元，产值3万元
1922		东吴铁机厂	机械	资本0.5万元，产值5万元
1923		武林铁工分厂	机械	资本0.5万元，修理制造织物的机械
1924		美纶织物厂	丝织	资本0.6万元
1924		天成丝织厂	丝织	资本0.3万元
1925		天孙丝织厂	丝织	资本1万元
1925	冈野一希	瑞丰丝厂	缫丝	日资，资本30万两，缫丝机240台。1938年归日伪华中蚕丝株式会社，后由政府接收
1926		慈幼院	棉织	募捐资本1.05万元
1926		义成铁机厂	机械	资本2500元
1926		开源电机织绸厂	丝织	资本2万元，年产值二三十万元
1927		民生火柴厂	化工	资本2万元
1927		华成织物公司	丝织	资本0.5万元
1927		皆大丝织厂	丝织	资本1万元
1928		光华布厂	棉织	资本0.3万元
1929		勤大染织厂	染织	资本0.5万元
1929		勤益经纬厂	棉纺	资本1万元
1929		省立农具制造所	机械	资本15万元，制造引擎、抽水机和各种农具

（续表）

年份	创办人	企业	行业	概况
1930		华盛造纸厂	造纸	资本5万元
1930	省立女子蚕桑学校	省立女子蚕桑学校实验代缫丝厂	缫丝	后吴申伯捐资建立车间，安装32台仿日式立缫车
1931		三元丝厂	缫丝	缫丝车80台，1947年增至192台，改为江南丝厂
1931	陈祖燮	苏州精炼绸厂	炼染	由上海染坊工人集资创办，为江苏近代丝绸炼染工业之始，省内首先采用皂碱助剂法炼绸的厂家
1934	蔡淑岑、陶居武	太和面粉股份有限公司	食品	集资36万元，1936年投产，沦陷后被破坏殆尽。全面抗战胜利后经交涉恢复生产，为苏州机器面粉加工业之始
1935		永明纱厂	棉纺	创办时有纱锭2300枚，1948年有纱锭3200枚，1949年8月，因经营困难歇业，设备卖至安徽
1938		苏州电气公司	电气	资本法币240万元，装机容量1.18万千瓦，城乡供电线路4000余公里，为全省最大的民营发电厂
1942		泰纶丝厂	缫丝	1947年改称新华丝厂，有坐缫车40台，立缫车48台
1943	徐继根	苏州时和肥皂厂	化工	为苏州工厂烧碱之始，后改名大新制碱厂
1945		大业纱厂	棉纺	纱锭1152枚。1946年工厂易主，改名勤业纱厂
1945	王洲荪、程宪章	华联染料化工厂	化工	有3吨锅炉1台、水解反应釜2只、硫化反应釜2只，开创苏州合成染料工业历史之始
1945		源康纱厂	棉纺	纱锭7424枚，系1945年之无锡源康纱厂分厂
1946		大同仁记造纸厂	造纸	1949年改组为大同兴造纸厂

续表

年份	创办人	企业	行业	概况
1947		苏纶纺织染厂	染织	纱锭2.56万枚，线锭3600枚，织布机720台
1947		苏州纱厂	棉纺	纱锭2000枚，无锡利达纱厂迁来，1947年，迁苏经丝厂旧址扩建，苏纶严庆祺投资占50%，有纱锭7276枚

资料来源：章开沅：《苏州商会档案丛编》（第一辑），《兴办实业》。徐新吾：《中国近代缫丝工业史》（第三章）。苏州市对外经济贸易委员会编：《苏州对外经济志（1896年—1990年）》，南京大学出版社1991年版。

从表中我们可以看出，从厂家数量、资本额看，丝织业、造纸业、火柴业、棉纺织业为苏州新式工业的主要产业，也是机器生产普及比较高的行业。上述行业能够代表近代苏州工业的发展水平。

三、苏州丝织工业的发展

据海关档案记载，太平天国运动兴起以前，苏州有丝织机1.2万台，但丝织业在战争中受到较大损失。战后苏州官营织造局很快得以重建，民间丝织手工业也在恢复之中。1878年，苏州有丝织机1816台，全年产量65376匹；1879年，增加到2127台，产量为76572匹；1880年已经恢复至5500台，但是其中许多不是全年开机的。丝织业的生产和产量极不稳定，到19世纪80年代没有恢复到过去的水平。1880年，江苏全省织绸缎的织机总数在1万台以上，各种丝绸产量约35万匹，总产值在1000万海关两。其中苏州有6000台丝织机，丝绸年产量在86940匹。另据调查，清同治和光绪年间，苏州纱缎业销售600余万元，其销路远至俄国、缅甸、印度等处，营业最盛时，共有木织机9000余台之多，织工3万人，连同其他从业者当在10余万人。机房以顺泰、福泰、恰裕为大。1900年，织机数量更在11000台以上，其所关联的职工实不下十万余人。1899年，苏州有资本十万元以上的大账房一百余户，资本一万元以上的中等账房五百余户，资本两三千元的小账房六百余户。1900年以后，大账房锐减为十余户，中等账房降为小账房，小账房更下降为现卖户。1901年，苏州的织机数已从前一年的11000台降到7500台，1911年再下降到7000台，1912年下降至4000台。

丝织业衰落的原因有两个：一是苏州的丝绸多为个体织户生产，生产工艺和品种有限，不能与外货竞争，丧失部分国内市场；二是俄国、日本及其控制的朝鲜先后提高关税壁垒。

近代以来，无论是当时的苏州人还是后来者，都慨叹苏州现代化的不成功，并且给出了许多原因。的确，苏州在棉纺织业、面粉业等行业领域缺乏具有区域影响的大型企业，落后于无锡、南通、常州，但是苏州丝织业和钱庄业对于区域工业化的贡献是显著的。第一次世界大战以后，在一批懂技术的绸缎庄商人成为丝织企业管理者后，苏州的丝织业开始转型升级，在生产组织、生产机械化、产品创新、机械仿造方面都取得进展，成为把地方比较优势转化为经济优势的重要行业。

四、苏州钱业的发展

苏州是江苏巡抚、苏州知府所在地，又是江南工商业中心，号称"天下四聚"之一。每年官府的钱粮收解和南北货物流都需要巨量货币流通。苏州从事汇兑业务的金融组织首先是山西票号，其中平遥12家，太谷和祁县各3家。票号主营汇兑，业务单一，逐渐被主营苏州、上海业务的本地钱庄所压制。

苏州钱庄最早称为钱店或者钱铺，主要经营兑换银两与制钱，后来扩展到存贷款、办理汇划等信贷业务。早期在苏州经营钱庄业务的主要是晋商，后来苏州本地商人和徽商加入并后来居上。太平天国运动之前，苏州钱业成立同业公会组织经始堂，设有公估局。太平天国运动后，经始堂被钱业公会取代。上海开埠后，苏沪之间商业往来频繁，苏州钱庄开始在上海开设分庄。苏州钱庄业发展很快，而且影响逐渐扩大。苏州原来的政治地位高于周边城市，又具有浓厚的传统文化气息，是官员和城居地主的首选居住地。官宦和地主为钱庄提供了大量的存款，因此苏州号称"存款码头"。1902年，苏州有大钱庄25家，1908年在苏州总商会立案为会员的钱庄有24家，苏州钱庄吸收的存款总量在19世纪末20世纪初期一般在1000万两左右。以1908年为例，苏州钱庄中存款最多的是49万两，最低为35万两，20家钱庄合计吸收存款总额1100万两左右。

以往学者在探讨苏州近代工业发展滞后的原因时，时常认为苏州商人偏爱投资钱业、典当、地产等行业而不愿投资近代工业。其实不然，据清末做过钱庄业务的老金融工笔者回忆，苏州钱庄放款的范围除苏州外，远及沪宁、沪杭、津浦线南段与苏北各地，对苏州本地和江浙两省的工商业的发展都助益匪浅。诸如上海、无锡、常州、常熟、太仓、江阴、丹阳、宜兴、溧阳、南京、扬州、泰州及浙江省之湖州、南浔、硖石、双林等地钱庄，均得苏州之贷放而发展业务。清末，苏州各钱庄的总放款数约在1200万两，外埠贷放占到40%。苏州因此有"放款码头"之称。苏州钱庄对近代工厂的扶持作用也是非常明显的。苏州最大最早的近代企业苏纶纱厂、苏经丝厂的原始股东中，钱庄业主占了绝大多数。苏州钱庄业巨头王立鳌还担任过两厂的总经理和总协理，他多次在两厂为难之际将钱庄资金贷放两厂。沪宁线上的无锡、常州等地的近代工商企业常向苏州的钱庄贷款，因此，苏州钱庄业对无锡、常州的若干工商企业的动向也特别敏感。无锡、常州两地的大企业如有亏倒，首当其冲的是苏州的钱庄，故苏州钱业有"无常一倒，性命难保"的谚语。

由此可见，近代的苏州是一个重要的地方金融中心，是输血上海、无锡、苏州、镇江的放款码头。苏州有产者短于投资管理近代工业，但是长于钱业、典当业，扬长避短方能立足。工业投资的目的在于获利，如果不能获利，在激烈的市场竞争中也不能立足。因此，我们不能求全责备于早期的苏州有产者和投资者。相反，正是因为他们投资钱业、典当业,才造就了一个放款周边城市的金融中心,间接地支持了近代工业的发展。

五、苏州土布加工业的衰落

在太平天国运动以前,苏州的商业还比较繁盛,之后苏州的集散功能开始向上海转移。以土布业为例,这时广帮已经在上海采办,浙江、安徽等商贩也转向上海。1900年左右,洋布和国产机制布已经在苏州分销,但是当时只有少数人购买,农民仍习惯穿土布,故城内经营洋布店的仅仅有恒裕、瑞丰、乾生3家,洋布销路不广。到1911年,苏北各地还有商贩来苏进货,土布销路犹未见逊色。这一时期,苏州共有大小土布号二三十家,全年最高营业额三百万两,合计土布500万至700万匹,批发与零售各占一半。

嗣后由于洋布倾销,土布业务每况愈下。作为青蓝布加工整染的集聚点,随着土布商业的没落,加以现代染织业的兴起,苏州布号和踹染业逐渐被淘汰。

清末以来,苏州土布庄贩卖的土布来自常熟、江阴、南翔、娄塘、松江、真如以及浙江的硖石等地,以常熟为大宗,约占进货总额的80%,江阴次之,南翔再次之。来自硖石的是一些质地较差的布,数量有限。

辛亥革命后,洋货匹头倾销见多,苏州土布的销售市场进一步发生变化,原来销往苏北的光布,渐被洋货中的竹布所替代。苏州本地人购买洋布者渐增,到第一次世界大战前夕,又有几家洋布店出现,但总共不满10家,故影响不大。第一次世界大战爆发后,土布业一度好转,但产销不及1900年前后的水平。第一次世界大战期间,洋布商有所发展,有些土布店兼营的洋布业务也在扩大。第一次世界大战结束以后,日本布进口日盛,洋布店扩展到20家,土布商业稳定一时的局面又被冲破,继续走下坡路。1924年以后,苏州土布业急转直下,日本的布大量低价倾销，洋布店增至数十家，穿着洋布的人越来越多。此时苏州地区办喜事一向乐用的枣红果绿土布也被洋布取代，土布市场日趋缩小。1924年，江浙军阀混战，接着苏州土布最大的市场遭遇水旱灾荒，农民购买力大幅度下降。当地贩运土布者无力偿还苏州土布庄赊欠给他们的货款，在一片倒账声中，不少土布庄宣告歇业。

苏州土布的货源来自常熟、江阴等地，在苏州经过加染和踏光等整理后再行出售，进货、加工、运输，因之成本较大。常州、常熟等地所产土布可以就地加工，而后运往苏北各地销售，布庄所需成本较低，售价也低，部分客帮的生意被上述地区所夺。又如早期苏州以"苏印"著称，常州的部分印花土布，必须运到苏州加工，1920年之后，常州染坊招聘苏州熟练工人，渐渐地，该项业务也让与常州。苏州土布业衰落以后，土布商号有的歇业，有的改卖洋布。至全面抗战前夕土布只剩下乾昌、协昌、信昌盛、恒大昌、久大等数家，已经接近完败。

苏州并非土布产地，商业资本收集四方之布，除部分仍以白土布出售外，大部分发往苏州当地染坊、踹坊，染色印花和踏平整理后，再由土布庄贴上牌名出售。苏州土布庄担负运销业务，染坊、踹坊担负加工业务，相互依存。苏州为土布染踹加工业的集中地由来已久，在清初，苏州阊门外有踹坊450余处。19世纪末，近代纺织工业兴起，土布生产锐减，影响到土布加工业。自1901年至民初，苏州仅存大小染坊20余家，分成青蓝坊、洋色坊、元色坊、漂坊、印花坊等，但以青蓝坊为主。踹坊包括踏坊和平坊，总共有十五六家。染踹行业与早期相比已经大大衰落。以后情况更加不妙，1924年齐卢混战后，随着洋布扩大倾销，土布商业急剧衰落，踹染行业亦步亦趋，染坊减至10多家，踏坊、平坊不满10家。直到全面抗战前夕，染坊业从户数看仍然是10多家，踏坊、平坊只有寥寥数家，工人寥寥无几，至此苏州染坊、踹坊业已濒于淘汰边缘。

苏州染坊、踹坊、平坊除了加工土布外，亦加工丝绸。因此土布、丝绸的加工业是苏州在传统时期区域分工与合作中的最重要职能。苏州不产土布，该行业衰落后，也必然导致苏州城市经济的衰落。这是近代苏州城市对区域影响弱化的最重要原因。

六、苏州城市地域分工的变化

江苏巡抚和苏州知府所在地的苏州城，是太湖流域商品交换的集散枢纽。沪松棉布也以苏州为发卖中心。同时，苏州亦为手工丝织业、棉纺织业及其加工整理之中心。乾隆年间，苏州丝织从业者当在10万人左右。随着棉布贸易中心从松江迁移到苏州，苏州土布整理之踹染业更加兴旺。康熙年间苏州内外踹匠不下万余，包头有300余户。雍正年间，苏州阊门外一带充包头者共有340余人，设立踹坊450余处，每坊容匠数十人不等，查其踹石已有1.9万余块。双林镇的特产包头绢运至苏州加工，然后得"善价出售"。总之，在近代以前苏州城是江南地区的经济、文化、政治中心。

鸦片战争之后的很长一段时期，苏州仍为江苏巡抚、苏州知府所在地，也是内地生丝及加工贸易、土布及其加工的集散地，仍然是江南繁华地区的政治、经济和文化中心。太平天国运动期间，苏州沦为战场，传统丝织业和棉纺织业受到打击，但是战后仍为区域政治、文化中心，经济也在恢复之中。苏州海关税务司曾经在十年报告中对于苏州与上海的地位变化以及原因做出中肯的评价，认为19世纪90年代的苏州商业区比十年前更为活跃与繁忙，但是这仅仅属于大城市的自然发展而已。税务司认为太平天国运动的确对苏州危害深重，但不是苏州衰落的根本原因。他们认为此时苏州经济贸易的恢复需要四十年。因为上海作为一个商业中心正在兴起，阻止苏州恢复到以前的地位。他们还说如果苏州开放较早，那么众多的缫丝厂有可能会放弃上海而选择苏州，苏州可能获益。不过现实是商人们绝不会放弃依附于此时的最大市场上海。可见，大约在19世纪90年代，上海作为区域的经济、贸易中心开始取苏州而代之。

在此必须澄清一点，近代以来决定一个城市地域分工的地位的绝对不只是新式工业、国内外贸易的发达程度，作为近代金融业重要组成部分的钱业也是影响城市地位的重要因素。同时，政治地位和文化地位会影响一个城市的地位和发展道路。民国之后，江苏巡抚、苏州知府不复存在，苏州的政治地位下降。在失去政治光环后，苏州的政治意义和封闭意识逐渐弱化，商业色彩和开放程度则日益增强。

总之，关于苏州近代化滞后的提法，只能限定在民国前的一段时期，而且主要是在新式工业投资领域。民国之后特别是第一次世界大战后，苏州丝织业开始转型升级，现代化的企业开始崭露头角。在市场竞争的压力下，丝织行业机械化和电气化进程加快，丝织新产品的设计与研发也有了进展，而且在丝织机械的仿制方面也取得进展。显然，苏州在丝织业方面并不落后。另外，苏州钱庄存款来源众多，资本雄厚，是苏州本地及其周边上海、无锡、常州、镇江等地企业运营资金的重要来源。因此，苏州是一个在地域分工合作中承担重要职能的、丝织业、金融业发达的工商业城市。同时它的历史文化底蕴深厚，在近代就已经成为上海等周边城市旅游的重要目的地。因此，近代的苏州在江南地域分工与合作中发挥了重要的作用。苏州与扬州不同，它仍然在积极参与区域分工与合作，且具有一定产业优势，仍然在与时俱进。

第二节 杭州近代工业投资与城市地域分工演化研究

明清时期，杭州为浙江之省会，是江南地区与苏州并列的中心城市，与丝茶有关的工商业极为发达。后受太平天国运动影响，城市经济受到打击。但杭州为近代茶叶、丝和丝绸的重要集散地，又为浙江省会，工商业经济恢复较快。1895年，《马关条约》签订，次年杭州正式对外开埠通商，日本人迫不及待地在拱宸桥一带租地设立租界。《马关条约》规定,外国人可以在商埠投资工商业。这就打破了清政府对工业投资的限制和垄断,政府遂也允许地方人士投资于西式工业,以抵制外国投资。开埠通商仅仅是杭州作为一个传统城市走向近代化的开端。1897年建成投产的通益公纱厂是杭州机器工业投资的开始。自此以后,西式工业投资如火如荼,传统手工业也开始由手工生产向机器生产转变。

关于近代杭州城市经济的研究成果多以探讨资本主义发展和城市现代化为题展开。首先,在浙江文史资料中有大量关于近代杭州工商业的资料,有些是当事人的亲身经历或者回忆,真实反映了当时的城市发展概况。其次,浙江资本主义发展方面的研究。最后,现代化或者近代化研究的研究视野涉及杭州经济、政治、社会、文化等多个领域。另外,杭州是缫丝与丝绸生产、贸易的重镇,因此一些缫丝与丝绸史研究也涉及杭州。上述研究成果基本上理清了杭州近代化的概况,但是也有缺憾:相关研究在杭州工业投资机制、工业发展水平和发展阶段方面未做出评价,对于城市地域分工的研究也不够充实。

一、杭州近代工业投资的起步

杭州近代工业的起步可以追溯到1889年。该年,吴兴南浔丝商庞元济和杭州富商丁丙、王震元计划集资办纱厂。但是当时的社会风气普遍认为办厂不如经商,故集资不畅,乃以"官为商倡",通过李鸿章陆续借国库银40.1万两,又向民间集商股8.3万两。由于筹资过程太长,向国外订购机器多次受阻,直到1896年才动工建厂,1897年竣工投产,从英国购进15040枚纱锭,定名通益公纱厂。1898—1901年,通益公纱厂每年棉纱产量在5000件左右,大约200万磅,但是由于初创期间的股本不足,资金周转不灵,加上经营管理无方,销路不畅,以致亏欠官银,债台高筑。1902年停办之时,已经资不抵债。后由上海源丰润钱庄王赓诗接办,更名通益公纱厂新公司。新公司经营近十年,生产较有起色,除缴官银13万两外,新老股东股份也开始付息。辛亥革命后,公司停办两年。总体而言，1909年之前通益公纱厂的发展跌宕起伏，开办五年后才走上正轨。

除投资棉纺织业外，还有投资开设的丝织、丝绸、炼染三家工厂，其中一家为怡和洋行于1897年开设的杭州缫丝厂，但是次年即倒闭。庆成丝织厂发展相对顺利，每年产值30万银圆。另一家为丝绸炼染厂，资本不大。此外，杭州还有三家碾米厂，两家制皂厂，规模虽然不大，产值也无从得知，但一直存续到20世纪30年代，企业运营应该不错。

二、杭州近代工业投资的高潮

杭州的机器工业投资在经过早期的观望期后，在1909年之后逐渐迎来高潮期。具体情况如下表所示。表中数据信息来自《调查统计》中的《杭州市工业统计》，共有33个行业的投资数据，数据时间为1930年之前。笔者也参考过《中国实业志·浙江省》第七编中的工业数据，1930—1932年的工业投资基本没有。综合以上资料情况，只能列出1930年之前的工业投资表。至于以后的发展情况，只能在工业发展水平部分，根据文史资料中总结性的语言进行概括性描述。1928年之后，经济危机到来，国际市场的需求大减。浙江的主导产业丝织业严重依赖国际市场，因此受到沉重打击，同时波及铁工厂业、梭子业等行业。全面抗战时期，工业发展也受到很大影响。因此1930年的投资情况基本上可以代表浙江工业的最高水平。

表4.2 20世纪30年代之前杭州的工业投资概况

年份	创办者	厂名	行业	概况
1896	怡和洋行	杭州缫丝厂	缫丝	1897年建成，1898年春停业
1896		通益公纱厂	棉纺	资本48.4万两，1896年建厂，1897年投产，有纱锭15040枚

（续表）

年份	创办者	厂名	行业	概况
光绪年间	徐礼耕	庆成丝织厂	丝织	资本5万元，产值规元银30余万两
光绪年间	王炳谦	九和染炼厂	染炼	资本0.3万元
光绪年间	唐雍甫	正大碾米厂	食品	资本0.8万元
光绪年间	倪鑫泉	宏源碾米厂	食品	资本0.3万元
1904	童玉斋	丰和皂厂	化工	资本0.64万元，产值2万元
1906	杨赓堂	万源碾米厂	食品	资本0.3万元
1909	郑焕如	郑德裕碾米厂	食品	资本0.3万元
1909	夏尧章	萃隆袜厂	棉织	资本1万元，产值5万元
1909	洪遇亭	同裕碾米厂	食品	资本0.5万元
1910	赵镇齐	元润碾米厂	食品	资本0.3万元
1911	赵选青	光华火柴厂	化工	资本50万元，产值80万元
1912	吴根福	振兴袜厂	棉织	资本0.3万元，产值2.4万元
1912	朱光焘	纬成股份有限公司	丝织	全公司资本300万元，产值规元77万两
1912	张寿珊	振华布厂	棉织	资本0.3万元，产值4万元
1912	顾延安	同孚碾米厂	食品	资本0.5万元
1912	沈祖恩	诚济碾米厂	食品	资本0.3万元
1912	董殿浩	董厚裕碾米厂	食品	资本0.3万元
1913	陈望子	永利公碾米厂	食品	资本0.3万元
1914	蔡谅友	虎林丝织公司	丝织	资本40万元，产值72万元
1914	余廉笙	天章丝织厂	丝织	资本12万元，年产丝织品1.5万匹，丝200担

(续表)

年份	创办者	厂名	行业	概况
1914	应芝庭	应振昌铁厂	机械	资本0.3万元，年产值4万元
1914	来秋成	武林铁工厂	机械	资本10万元，年产值12万元
1915	赵君艾	大冶铁工厂	机械	资本3万元，年产值4万元
1915	郑世赓	胜月洋烛厂	化工	资本0.4万元，产值1.2万元
1916	吴春绿	立新机器厂	机械	资本0.3万元，年产值0.6万元
1917	王思恭	悦昌文记绸厂	丝织	资本3万元，年产值18万元
1918	曹味衡	文新恒绸厂	丝织	资本0.6万元，产值3万多元
1918	叶汝鉴	大利皂厂	化工	资本0.5万元，产值4万元
1919	胡慎康	天丰绸厂	丝织	资本0.5万元，产值10.5万元
1920	陈耀庆	永安绸厂	丝织	资本0.2万元
1920	杨思林	鼎泰碾米厂	食品	资本0.5万元
1921	郑宜亭	钱江公司船厂	造船	资本1万元，产值2万元
1922	姚鸿轩	怡章鸿绸厂	丝织	资本0.5万元，产值规元4.8050万两
1922	都锦生	都锦生丝织厂	丝织	资本1万元，产值3.8万元
1923	谢炜三	广生棉织厂	棉织	资本1万元，产值9万元
1923	张耀庭	公大染炼厂	染炼	资本1万元
1923	王达记	悦昌隆绸厂	丝织	资本1万元，产值6万元
1923	王梓域	东亚皂厂	化工	资本0.9万元，产值3万元
1924	汤拥伯	杭州皮革公司	皮革	资本1万元，产值3万元
1924	戴鸿声	经成绸厂	丝织	资本1万元，产值5.5万元
1924	金溶德	裕成绸厂	丝织	资本0.2万元，产值4万元
1924	何成荣	永兴翻砂厂	冶炼	资本0.5万元，年产值0.8万元
1924	骆耀甫	鸿章绸厂	丝织	资本0.4万元，产值4.5万元

（续表）

年份	创办者	厂名	行业	概况
1924	来裕标	萃亨碾米厂	食品	资本0.6万元
1925	江培坤	烈丰绸厂	丝织	资本0.5万元，产值规元3万两
1925	沈楚珩	同源碾米厂	食品	资本0.3万元
1925	钟左孙	锦亚绸厂	丝织	资本0.5万元，产值2.1万元
1925	李念慈	正和碾米厂	食品	资本0.3万元
1925	李汤思	公济碾米厂	食品	资本0.3万元
1926	陆建章	泰章绸厂	丝织	资本0.5万元，产值3.5万元
1926	何春坤	杭州经纬捻丝厂	缫丝	资本0.45万元，产值3万元
1926	赵永发	协昌机器厂	机械	资本0.5万元，年产值2.2万元
1926	丁德培	浙江五金钢箴制造厂	机械	资本0.751万元，年产值2万元
1926	朱焕章	惠民布厂	棉织	资本0.6万元，年产值9.5万元
1926	张竹铭	华盛绸厂	丝织	资本0.6万元，年产值10余万元
1927	韩雨文	恒大碾米厂	食品	资本0.8万元
1927	葛安甫	聚丰年碾米厂	食品	资本0.3万元
1927	陈浩	六一织造厂	丝织	资本2万元，产值15万元
1927	王荫轩	万泰碾米厂	食品	资本0.5万元
1927	韩培贞	隆泰碾米厂	食品	资本0.3万元
1928	沈佐臣	永昌碾米厂	食品	资本0.3万元
1928	孙浩霖	大华染炼厂	染炼	资本0.5万元
1928	倪汉儒	慎泰碾米厂	食品	资本0.3万元
1928	谢福山	裕泰碾米厂	食品	资本0.5万元
1928	沈蓝齐	鸣丰公洋烛厂	化工	资本0.3万元，产值1.3万元
1928	施春山	震旦丝织股份有限公司	丝织	资本8万元，年产值规元银16万两

（续表）

年份	创办者	厂名	行业	概况
1928	李华甫	新丰绸厂	丝织	资本1.4万元，产值规元银3.3万两
1928	马禹门	九华布厂	棉织	资本1.1万元，产值12万元
1928	何庆祥	大丰盛记染织厂	染织	资本2万元，产值12万元
1928	韩馥生	正丰染织厂	染织	资本0.4万元，产值2.6万元
1928	朱静之	棉织示范工厂	棉织	资本4万元，产值9万元
1928	冯延甫	大章元染炼厂	染炼	资本0.3万元
1928	孙锦安	义大染炼厂	染炼	资本0.3万元
1928	余亚青	永新织布厂	棉织	资本0.6万元，年产值10万元
1928	王少仙	五丰布厂	棉织	资本0.6万元，产值9万元
1928	黄勋	大成碾米厂	食品	资本0.3万元
1929	丁伯勤	华丰纱布厂	棉织	资本0.5万元，产值1.6万元
1929	忻季稜	大成铁工厂	机械	资本1万元，年产值1.5万元
1929	李锦棠	大兴皂厂	化工	资本0.5万元，产值2.4万元
1929	沈九成	三友实业社杭厂	纺织	资本120万元，产值324万元，形成纺织、印染、整理一条龙生产链
1929	王松年	仁和玻璃厂	玻璃	资本0.4万元，产值5万元
1929	韩佐庭	久泰碾米厂	食品	资本0.3万元
1930	楼浩堂	穗济碾米厂	食品	资本0.8万元

资料来源：《杭州市工业统计》：《调查统计》，第2~24页。说明：低于0.3万元的工业投资项目，由于资本较小，产值也较小，没有列入。29家机器与翻砂工厂中有21家未列入。4家造船业厂家中有3家未列入。12家棉纺织工厂中只有1家未列入。27家缫丝与丝织工厂中有8家未列入。17家针织业工厂中13家未列入。化学工业中，火柴、玻璃、皂烛三个行业的9家工厂都列入在内。6家皮革工厂有5家未列入。12家染炼厂中7家未列入。45家碾米厂中有19家未列入。15家机面业厂家都没有列入。制药（熬胶）、电镀、油漆、制冰、牛乳、豆汁、制伞、制帽、印刷行业厂家都为传统行业，故没有统计入表。

从上表可得出以下结论:从发展阶段看,1909年之前工业投资处在起步阶段。1909年之后特别是1912年民国建立后,杭州的工业投资就进入高潮期,基本上年年有工业项目。从投资厂数、资本与产值看,杭州的缫丝与丝织工业、棉纺织工业、碾米业、化学工业、机器与翻砂业排名比较靠前,其中丝织业、棉纺织业、碾米业为三大主导产业,但是最有地方特色和区域影响的产业当属丝织业。

三、杭州近代工业的发展水平

(一)杭州机制工业投资的规模已经压倒手工业,占有绝对优势

从现有资料看,对杭州工业化进程做出的评价首先出现在海关报告中。这十年中,杭州在一些行业实现了进口替代,一些手工生产行业实现了向机器生产的过渡。1933年出版的《中国实业志·浙江省》也曾对工业投资做过一些调查。

20世纪30年代,杭州虽有机制工厂226家,投资额9723810元,职工数10814人,但是真正称得上机制工业且具有区域影响的也只有缫丝业和丝织业而已。从投资总额上看,杭州仅次于上海、无锡、南通,但高于常州、苏州、宁波,工业发展的综合实力处在中间水准。

20世纪30年代,杭州的工业投资中手工业也占有一定的比重,但是机制工业已经占有绝对统治地位。据统计,此时杭州共有针织业、毛巾业、丝线业、鞋带业等35种手工业,总计1623家,总资本823766元,职工总数40646人。此外尚有营造业1323家,资本799230元,工人13500人。[①]从机制工业和手工业的投资额以及机械在各行业的普及看,20世纪30年代的杭州工业转型取得较大的成果。

据1927—1936年的十年经济调查报告,1927年,杭州的人口38万,到1936年达到60万之多,几乎增加了一倍。交通建设、财政收入也都

---

① 《中国实业志·浙江省》(第3编),第25~27页。

有了很大的增加。但此时杭州的建设效法欧洲瑞士，偏重景区整顿，吸引游客以繁荣市面。报告在谈到杭州的未来城市发展思路时，认为既要重视城市景区环境整理，走风景旅游城市之路，又要扶助工商业发展，走生产都市建设之路。这也侧面反映了杭州城市工业的发展水平。

（二）重点行业的发展

1. 机器缫丝业与丝织业

杭州丝织业历史悠久，据经济调查资料显示，杭州机户，昔以万计，19世纪七八十年代，杭州城内的机户聚居于下城一带，从事丝绸织造者有6万人之多。丝织业是杭州最重要的制造业。在1911年之前，外国进口缎子已经开始大量进入国内市场。外国货更富光彩而深受中国妇女的喜爱，但是对杭罗、杭纺的需求量仍很大。丝织业为5万人提供了就业机会。

机器缫丝未传入之前，杭州织绸用丝主要靠周边的手工缫丝，多为肥丝。机器缫丝在19世纪末就进入了上海、无锡、苏州，但机器缫丝业立足杭州一直拖到民国元年。当时庆成、纬成、虎林及天章等厂相继成立，均系绸厂兼营缫丝。1929年，又有杭州缫丝厂成立，专营缫丝。但是1929年虎林因营业不振倒闭，1931年纬成停业，1932年天章停业，此时杭州只剩下庆成与杭州缫丝厂两家，资本26.766万元。土丝在杭州的产量很小，厂丝每年产量约800担，销于欧美五六百担，本省消耗约100担，其余均在上海销售。

丝织业由手工向机器转型也始自民国建元。民国初年，工业投资渐盛，纬成、庆成厂相继设立，从日本大量进口便宜又实用的丝织机器。1914年以后，又有虎林、天章、华竞、文新恒等厂继起。杭州丝织业开始由手工业步入机械工业，但是此时家庭手工业形式仍然占有统治地位。杭州当地有800台木织机和4000台铁织机。1920年，丝织工业从业者有2万多人。杭州机器丝织业发展缓慢，海关报告认为是由于受到上海丝织业的竞争压力。因为沪杭甬铁路开通，交通便捷，上海靠近市场，捐税也少，开厂条件比杭州更为有利。但主要原因在于该行业的保守性使得从业者不愿意放弃传统式的生产方式。①此后丝绸厂纷纷开设,营业旺盛。当时杭州市有丝绸厂百余家之多,可谓黄金时代。这种势头一直到1926年。1927年之后,时局不稳及袍褂服饰变革,外加1929年经济危机,使得丝绸厂营业开始出现惨淡。小资本的厂商大多倒闭,大资本的厂商也遭受打击。杭州规模较大、产品优良的虎林、纬成、天章等绸厂先后倒闭。1933年,杭州丝绸厂只剩40余家,全年营业额350万元,较前些年减退不少。受丝织业不振影响,失去生计者万余人。1934年有所恢复。1935年,丝绸厂增加到51家,营业额410.5万元。全面抗战前夕,杭州丝绸厂有140多家,机坊4000多户,共有电力织绸机约8500台,手拉织绸机约5000台,月产绸缎约6.2万匹。全面抗战胜利后,全市电力织绸机仅剩下4000多台。新中国成立前,杭州丝织业有绸厂101家,有织机1800台;机坊1330家,有织机3399台。当时由于战争影响,开工的织机只有30%多一点。

另外,丝织业在原料加工环节还衍生出一个新的行业工厂——经纬厂。经纬厂替代料房而发展成为丝绸厂的准备部。经纬厂与料房不同,前者用厂丝,后者用土丝。1914年,纬成公司首创准备部,嗣后各大丝绸厂也相继附设。1928—1929年,丝绸厂改用电机,盛行壁绸等货。料房无法供应所需要的经纬丝,经纬厂应运而生,初有五六家。1929年后,大的丝绸厂纷纷倒闭,小丝绸厂和织户却多起来。市场对经纬丝的需求增多,经纬厂也自然增多。1935年杭州有29家经纬厂,资本总计8.84万元,锭子2.8024万枚。

2.棉纺织业

通益公纱厂是杭州第一家棉纺厂,开办后长期租厂经营,在1914年改组为鼎新纺织股份有限公司。开办初期,正值第一次世界大战期间,外国输入棉纱、棉布锐减,使得国内纺织厂获得发展的黄金时期。至

---

① 陈梅龙、景消波译编:《海关十年报告》,《近代浙江对外贸易及社会变迁——宁波、温州、杭州海关贸易报告译编》,宁波出版社2003年版,第259、278页。

1917年，增加织机110台，1920年又扩大到320台。纱锭最多时20360枚，年产棉纱1.2万件。第一次世界大战后，日资在中国大量倾销棉制品，民族资本受到沉重打击，鼎新纱厂逐渐走下坡路，出现亏损。1927年，织布机仅开125台。外加北伐战争影响，高懿丞害怕革命形势的发展于己不利，把企业还给通益公纱厂新公司。1929年，上海三友实业社和通益公纱厂签订合同，支付规银26万两，接盘时有纱锭20360枚，织机225台。三友总经理沈九成亲自负责，一方面更新设备，扩大纺锭，增加575台织机，还开设漂白染整生产线，建成纺织、印染、漂整一条龙的联合工厂。新厂职工增加到2000余人，总计动力1120千瓦，日产毛巾3000打，被单700条，棉布1.83万米，单班日产值1万余元。初期，因为生产范围扩大，管理尚未跟上，产品质量不高，销售受到影响，库存积压，周转不灵，沈九成急招经理陈万运和工程师商议改进计划。受到"九一八"事变影响，计划未及时实施。"一·二八"事变后，上海总厂被焚毁，陈万运因战争损失巨大，只得宣告停厂。在上海郊外嘉定八个工场和川沙九个工场，均先后关闭歇业，从此三友实业社只剩半壁江山。总厂停办后，杭州厂大力整顿，经过几年努力，转亏为盈。1936年，三友实业社的杭州厂盈余额达到24.5万元。全面抗战开始后，被日本强行军管。

机器棉纺织业仅次于丝织业，始自民国初年，至1933年计有九华、惠民、大同昌等十余家，其中以三友实业社的杭州厂最大。除三友和大丰盛染织厂用蒸汽和柴油动力，其他多用电力马达。

四、绍兴近代机制工业的发展

从经济区域看，绍兴为杭州辐射之城市，故在此论述。绍兴在杭甬中间地带，人烟稠密，商业繁盛，出货物以酒为大宗，运销南北各埠，而以往北平为最多，全年产额近千万元。其次为锡箔，销路很广。此外，还出产纺绸，销往上海、汉口、广州各埠，官纱销往天津等地。春季的蚕茧茶叶，秋季的棉花也有相当的出口额，大都运至上海。故其汇兑交易以上海为最多，其次为杭州、宁波。

绍兴手工业占绝对优势，机制工业只有面粉、碾米、电灯、袜业四种，共计12家，总投资489400元，职工663人，四业之中电灯厂占主要地位。机制工业的数量与手工业之比是100:566，资本为100:190。杭州、宁波、永嘉三处，机制工业的资本大于手工业的资本，厂家数少，但是绍兴的机制工业数量、资本数都少于手工业。具体如下表。

表4.3　20世纪30年代绍兴的机制工业概况

行业	厂数	资本（元）	行业	厂数	资本（元）
面粉业	1	5000	袜业	7	28500
碾米业	3	6400	总计	12	489400
电灯业	1	449500			

资料来源：《中国实业志·浙江省》（第3编），第64~65页。

总之，绍兴的新式工业极为弱小，传统手工业占有统治地位。机器工业生产主要以满足本地需求为主，没有具有区域影响力的大工厂和产业。

绍兴手工业中除酿酒外，丝织业也比较发达。近代，丝绸为重要贸易产品，故在此也考察绍兴丝织业的转型。在清末，绍兴约有机户400余户，年产绸缎4万匹，生产地区主要集中于华舍、下方桥等地。华舍以生产纺绸、横直罗、大绸等生货为主；缎类等熟货主要在下方桥一带生产。到1920年，华舍一带有机户2800余户，木机3000台左右，年产绸约25万匹。1931年的"九一八"事变后，北方绸缎滞销，机户相继歇业。到1935年，仅存1200户左右，年产绸缎6万余匹。由此可见，绍兴的丝织业年产量虽然很大，但是生产工具到1937年前夕仍然为木机，没有使用手拉机和电机。

五、杭州城市地域分工的演化

(一)交通枢纽

杭州为浙江省会,浙江第一大都市,商业繁盛冠于全省。杭州地处浙江北部,"有钱塘江轮寄泊江干,有运河小轮航行于嘉兴、吴兴及苏州上海之间,为内河航运之中心"。陆上杭州"由沪杭甬铁路、杭江铁路以及京杭、杭平、杭余、杭富、杭海等汽车路,为全省陆运之枢纽"。①

(二)杭州与上海、宁波的三角关系

1896年,杭州开埠及沪杭甬铁路贯通后,杭州在北部中心的地位进一步巩固。在杭州开埠之前,宁波是全省的外贸中心,杭州也在其辐射范围之内,宁波与杭州形成双核结构。1896年,杭州开埠后,特别是近代工业有了较大的发展后,杭州在区域中的地位有所改观。杭州成为浙江第一大都市,宁波为第二大都市。浙江的重要城市都以上海为总汇之枢纽,土产既达上海出口,外货从上海购入。因此三个城市之间形成联系密切但又相对竞争的空间关系。

(三)杭州的经济区域

《中国实业志·浙江省》按照货物进出之关系,把浙江75个县大致分为4个经济区域。杭州为第一大经济区域之中心都市。杭州的经济区域包括杭县、余杭、临安、於潜、昌化、富阳、新登、分水、桐庐、建德、淳安、遂安、萧山、诸暨、浦江、义乌、东阳、金华、武义、永康、宜平等县。另外还有兰溪、寿昌、汤溪、龙游、衢县、常山、开化、江山和绍兴、上虞、嵊县、新昌等县组成的两个附属区域。②

---

① 《中国实业志·浙江省》(第3编),第21页。
② 《中国实业志·浙江省》(第3编),第1~2页。

（四）区域金融中心

杭州是浙皖赣三省大宗土产出口及洋货入口的集散地，贸易兴盛，故银钱业亦呈繁荣之势。旧时杭州金融机关不外乎银号、钱庄。清光绪三十三年（1907），浙江兴业银行创办，是为杭州银行业鼻祖。据统计，20世纪30年代初，杭州有银行16家，各行资金合计38911006元上下。钱庄，有大同行17家，小同行23家，均入钱业公会，未入者为小钱庄，称为钱铺或兑换钱庄，有25家。合计共有钱庄65家，资金合计833700元，各庄填报之存款数为8374100元，合计为9207800元。这些钱庄的营业范围注重抵押放款，不做信用放款。浙江省内，除宁、台、温及其属县自成独立的金融系统外，其他如杭、嘉、湖、绍、金、衢等所属各县，其金融之枢纽均在杭州。且安徽徽州、江西上饶等地，也以杭州为其金融中心。故杭州之金融，实操有浙皖赣三省的商业势力。

有学者曾经把杭州列入衰落城市的行列，但从上面的工业发展和城市地位看，杭州工业化有了很大的进展，而且是浙皖赣区域的经济和金融中心。因此，与衰落的南京、扬州不同，近代的杭州是该区域仅次于上海的重要工商业城市。

第三节　湖州、嘉兴近代工业投资和城市地域分工演化

从工商业发达程度和人口方面，可以把近代浙江的都市分为三个层次。其中首位城市为杭州，第二大城市为宁波，第三层次为永嘉、嘉兴、吴兴、绍兴、兰溪。又按照货物进出之关系，可以把浙江的75个县大致分为杭州、宁波、永嘉和嘉湖四个经济区域，经济区域之中心为都市。其中，嘉湖区域的中心有两个，主要辐射区由嘉兴、嘉善、平湖、桐乡、崇德、海宁、海盐、吴兴、长兴、德清、武康、安吉、孝丰等县组成。由此可见，该区域并没有实现整合，只不过都毗邻上海，货物进

出以上海为中心，故放在一起而已。

目前，学术界对于湖州、嘉兴的近代工业和城镇发展的研究主要包括丝业的发展，市镇经济和嘉兴、湖州的现代化三个方面。首先，嘉湖区域的主导产业缫丝业和丝织业的研究成果不多，主要出现在区域经济史和丝绸史的著作中。研究江浙丝业转型问题时也涉及湖丝和湖绉。其次是嘉湖区域专业市镇的研究。相关学者以南浔为个案探讨市镇经济社会的演变，还有学者探讨浔商团体的形成及其对城市和区域发展的影响。最后是关于湖州和嘉兴城市近现代化的研究，涉及经济、政治、社会等方面。上述研究成果基本上廓清了近代以来嘉湖地区的经济社会的发展过程，但是也有缺憾：目前研究成果多囿于地方，没有从空间上关注嘉湖区域的市镇及产业发展与周边城市的关系，对于城镇经济发展的内在机制也没有梳理。

一、湖州近代工业的发展

湖州的各种工业中，以丝与绸为最盛，丝织业的厂数占第一位。吴兴丝绸业的发展自太平天国运动以来至20世纪30年代几经盛衰，大约可以分为四个时期：太平天国运动至光绪初期为丝盛时期，光绪甲申年（1884）至宣统末年为丝衰绸盛时期，1912年至1926年为绸业革新时期，1927年至20世纪30年代为丝绸衰落时期。

据湖州丝织公会会长李恢伯遗稿记述，太平天国运动以前，织绸之家称为织户，设庄收买绸匹者皆在城西北隅。战乱平息以后，人民渐次归故里，重整农桑，但是绸的生产还是中断了数年之久。湖州、菱湖、南浔诸镇以丝业起家者不计其数，年产丝约3万包。当时多数的丝在南浔集中加工，外运广东出口，丝业贸易盛极一时。

明清时期，南浔为湖丝特别是辑里丝的集散中心。五口通商后，湖丝经由上海洋行出口，南浔因此风气日开，贸易量巨大，号称"一日贸易数万金"。乌青镇各乡所产的细丝以前由震泽、盛泽、双林等镇里的机户零买经纬自织,清末均由震泽向本地丝行购买,发给车户,以辑里丝转售上海的洋行。民国初年编写的《双林镇志》在商业卷中记载,道咸年间,双林镇的丝商运丝前往香港销售,蔡兴源、陈义昌积资百万。五口通商后,姚天顺、俞源元、施福隆、丁震源、陈三益、凌成记等相继而起,选头号、二号白丝运到上海直接售予洋行,常年出口三千余担。其后南浔、震泽经丝行销售的辑里丝逐渐减少,镇上各丝行均依赖南浔、震泽的客商。

自1884年以后,外商在沪设立机器缫丝厂。与厂丝相比,土丝条纹不均,断头太多。厂丝兴盛以前,本地之丝专供出口,机户所需原料取自皖苏等地。后来土丝的销售渐趋衰落,湖绉可就地取材,质量日渐提高,制衣者皆喜欢用湖绉,湖绉销路日广。此为丝织业全盛时期。据1880年海关对湖州官方及丝织业人士的调查统计来看,湖州当时有4000台丝织机,全年工作的2040台,每年耗丝258570公斤,按照每匹绸1.69公斤计算,湖州丝绸的产量当在15.3万匹。民国初期,湖州每年产绸20余万匹,货物值300万元左右。但丝的外销不到2万包,故自甲申至宣统末年,可称为绸盛丝衰时期。

辛亥革命前,湖州丝织业主要分布在乡间散户。农户在闲时以手梭木机作为工具织造湖绉,产品多由绸庄包收包销。辛亥革命后,盛传改装易服,丝织业出现莫大恐慌,庄号倒闭不计其数。后来,浙江省政府锐意提倡实业,乃专设机织传习科,招收杭、嘉、湖、绍等丝织业发达地区的工人入所学习。不过数年,城乡机架几乎普及龙头提花。例如,1914年工业学堂的湖州学生进入湖州集成公司,向日本订购手拉提花机,开始织造花色绸缎,但由于经营不善,运营三年后倒闭,全部设备归并于杭州虎林公司。1916年前后,日本商人在湖州倾销日产的绸缎野鸡葛,侵占湖绉市场。成章永绸庄购买手拉机2台,仿织日绸,生产华丝葛,颇受市场欢迎,获利丰厚。此后成章扩大生产规模,成立丽生绸厂,一时南浔富商、绸庄、丝行也相继办厂,有些机坊也合并组成绸厂,陆续开设的有瑞华、中华、达昌、明和、义成、勤业、益康、增华、大来、锦成、乾和等十余家。到1926年，湖州的丝织业已经有大小绸厂60多家，有手拉机2000余台、电力机200余台，散落在四乡的还有木机4000台左右。华丝葛、纱罗等改良绸的产量增长缓慢。故自1912年到1926年的十余年间，吴兴产绸量最多时达60万匹，且门面加阔，匹头加长，分量加重，价值2000万元，此为丝织业的革新时期，也是丝织业的全盛时期。

此时沪上织绸厂纷纷设立，沪产沪销，且无捐税，产品与湖绸相同。湖州丝织业遂大受影响。1927年后工潮迭起，再加上人造丝织品充斥市场，以天然丝为原料的湖绸质量上乘但光泽逊之，不能迎合社会需求，销路大受打击。丝厂方面也因为丝价低落，出口锐减，纷纷停产。此为丝绸衰落时期。1937年，全面抗战开始，丽和等厂被日机炸毁，沦陷后各厂又遭受浩劫，除达昌等个别厂家继续维持生产外，其余均告歇业。

湖州是近代生丝出口的重要来源地，其中以南浔及其周围市镇所产的辑里丝最为畅销。从19世纪80年代开始，机器缫丝厂、茧行开始兴起，出现用蒸汽和机器为动力缫制的白厂丝。由于厂丝无论在价格还是在质量上都超过农家手工缫制的土丝（包括辑里丝、干经等在内），随着厂丝的增长，土丝出口开始下降。据海关统计，从1895年到1910年的15年间，厂丝出口增长1.36倍，土丝（包括干经在内）已经减少30%左右，特别是白土丝减少74%，只剩下四分之一的外销额。

浙江机器缫丝工业的发展大都在1895年之后。例如曹娥的开永源，杭州世经、大纶，萧山合义和，湖州公益都是在1895年后创办的，所用机器设备是意大利式直缫车。到1915年，杭州纬成制丝部成立，采用日式立缫车，并配备锅炉、蒸汽煮茧机、复摇车等设备，采用日本新的缫丝技术。继纬成之后创办缫丝部的有天章、虎林、庆成和萧山庆云（合义和）等丝厂。到1929年，德清、嘉兴、海宁、海盐、吴兴等县先后创办15家缫丝厂。1929年，浙江省政府建设厅在海宁的长安镇创办长安丝厂，在杭州创办杭州缫丝厂；1930年，在杭州增设惠纶、开源丝厂，在萧山成立坎山东乡蚕丝合作社，都采用立缫车，生产高匀度生丝，使得浙江的缫丝工业技术又向前推进一步。到1937年全面抗战前夕，全省已经有机器缫丝厂32家，实际开工29家，缫丝设备7844台。由此可见，杭州是缫丝技术改良的中心，是浙江丝织业最发达的城市。湖州、嘉兴等周边城市只是跟风而已。

湖州还有机器、碾米和电气等工业，多与丝业有关联。机械工业主要有为绸厂供应机件的钢扣厂和铁工厂。吴兴铁工厂始自1922年，但是使用马达的铁工厂只有1家。20世纪30年代，吴兴铁工厂增至5家，但规模均不甚大，大都设有车床、钳床两部分。五家工厂所有车床共13台，修理机件为其主要业务。修理机件以县内的绸厂机件为最多，碾米厂次之，轮船最少，因为轮船大件的修理皆求之于上海工厂。原料以生铁和熟铁为主，均购自上海。铁工厂的全年营业总额不过五六万元，1932年因丝织业发展缓慢，故营业惨淡，营业额不及三四万元。钢扣厂也依附于丝织业。钢扣是绸厂机器的机件。吴兴有中华（1927）、明扬（1932）2家钢扣厂，每年出钢扣4000支，每支平均7元，总值2.8万元。因为丝织业惨淡，钢扣业营业不振。吴兴电气公司设立于吴兴城内，是股份有限公司，成立于1914年，有资本60万元，有蒸汽引擎三部马力900匹，柴油引擎马力1600匹，发电机6部，发电185.2万度。电厂与工业关系密切，除供应县城的照明用电外，每年供给各工厂的电共计81万度，占全年供电量的43.73%。与丝织业无关的工业为碾米厂。吴兴碾米厂多在1927—1928年开办，但直到1929年以后才发展起来，初有16家，后倒闭3家，尚存13家。其中使用马达者仅4家，使用引擎者9家，每年碾米一百三四十万石，熟米80万石，糯米20万石，籼米15万石，价值千万元以上，但多是代客碾米，赚取工资，每石费用0.18—0.20元不等，按此估算年产值大约27万元。

吴兴的商业素以丝绸为大宗，输出品以丝为大宗，绸次之，毛竹又次之。丝分粗细两种，细丝由各丝行向乡民买进后，转售于南浔、震障两处，再由经号分配发于车户复摇，即成辑里丝干经、大经两种，转售于上海洋商。细丝以辑里丝最为著名。城镇设立行场，对客买落，复加拣选，运到南浔，缫成经丝后由上海卖给洋行，极盛时期全县每年销售数量达3万包。自清末以来，上海的丝厂兴起，吴兴辑里丝的销售渐减；南浔辑里丝因条分不及厂丝均细，不适合国外市场，受到抑制。城中每年售出不过2000包，南浔5000包，菱湖3000包，双林3000包，其他各处约1000包，全县统计每年售出1.4万包左右。肥丝产自菱湖及德清、新市、塘栖等处，销往江浙等地，作为织绸原料，每年销售0.7万包以上。粗丝则用来纺织湖绉及华丝葛，十分之六运到上海，由上海批发到平津及大连、烟台及长江各埠，一部分销往苏州、常州，再一小部分销到杭州。商业以城区为中心，南浔次之，菱湖、双林等市镇亦甚发达，全县共有较大之市镇26处，商店6655家，全年总营业额达到一千万元以上。

二、嘉兴近代工业的发展

嘉兴是浙江的产丝重镇，清代有丝织手工业。据海关调查报告记载，太平天国运动期间嘉兴城损失严重，1880年时大部分还是废墟。战后还有丝织机2000台，但是每月要缴税1元，织户纷纷前往盛泽，城内不满6台，均织造里子绸。嘉兴的传统丝织业以濮院、王江泾两地为中心。濮院地处嘉兴、桐乡的交界处，王江泾毗邻吴江、震泽，所产绸多由震泽转销各地，但是在太平天国运动期间，两地都受到严重破坏。嘉兴工业之发达莫如丝厂。1922年，杭州纬成公司以嘉兴产茧丰富，遂设立裕嘉分厂，有丝车百台，织机百台，引擎马力200匹，年产丝200担，纺丝400担，织绸2000余匹，运至上海销售。1926年又有厚生、秀纶两个丝厂设立。厚生资本10万元，职员36人，丝车100台，蒸汽引擎马力20匹，年产丝400担，运销欧美；秀纶资本4万元，职员21人，缫丝车132台，6匹马力的引擎，年产丝180担，行销美法等国。后有福兴丝厂（禾兴）开设，但在1931年因丝价跌落，各厂均停业。

嘉兴丝织业以1912—1928年最兴盛，有"机杼千户，日出万绸"之称。濮院镇有绸庄40余家，放料收绸并转销各地。1924年后，由于军阀混战，丝绸滞销，濮院生产日趋没落，到1937年全面抗战前夕，留存机器不过200台左右，年产绸不过3万匹，所产丝绸主要以绉类、素纺、大绸为主。1924年，杭州纬成公司在嘉兴筹设裕嘉分厂，从瑞士引进提花铁机80余台，1928年濮院绸庄随着纬成公司的停业而歇业。

除丝织业外，嘉兴染织业、机器造纸业、电气业也值得一提。染织厂仅嘉禾厂，创设于1912年，最初有手织木机40台，至1917年逐渐扩充至200余台。谦益布厂也于此时设立，有手织机200余台，脚踏铁机100台左右。恰逢第一次世界大战时期，日货尚未充塞市场，嘉兴布厂最为发达。1924年，江浙战争爆发，谦益布厂停办。嘉禾布厂则于此时增加股本，增设电力丝织机部，至1928年资本增至10万元，出品有格漂布、条格绒布、各种线呢哔叽、各种中山装呢及毯布平布等，行销江浙两省的县镇及邻省大埠，尤以上海、常州两地为多。全年产值30万元以上。

嘉兴造纸业以民丰为主，原名禾丰，创设于1924年，因受到同业倾轧，资本周转不灵，于1925年宣告停业，1929年冬售予民丰。该厂有资本50万元，职工429人。嘉兴电灯厂共有6家，以县城之永明电灯公司为最大，次为新塍镇的振新电气公司，再次为王店的耀明、新篁的星明、王江泾镇的泾明。① 嘉兴碾米厂共有8家，资本7200元。最早为南成碾米厂，成立于1925年。八家工厂唯广丰厂有2台碾米机，其他厂只有1台。嘉兴是产米之区，碾米厂适应当地的需要，故营业状况较好。

总而言之，嘉兴主要以丝织业为主，其他工业要么以服务丝业为己任，要么为满足当地需要而设立，除丝织业外鲜有能产生区域影响的行业和大企业。

嘉兴地处沪杭路线之中，输出品以茧为大宗。茧市每年销售200

---

① 《中国实业志·浙江省》（第3编），第84~94页。

余万元,其中百分之二十的茧由当地织绸厂收买自用,其余都是茧商收买后运销沪上。嘉兴为产米之区,每年大量出口米,多销售于浙东一带。至于进口货,则以洋布卷烟、南北货及盐腌为大宗,全年合计约1200万元。

三、湖州、嘉兴的城市地域分工

(一)湖州、嘉兴是重要的丝织工业城市,专业性较为明显

通过考察湖州、嘉兴近代工业的发展情形,笔者认为这两个城市及其所属的市镇主要以丝织业为主,是专业性很强的城镇。其他近代工业要么为丝织业的辅助产业,要么为地方消费所需要。嘉兴、湖州的丝织业转型还没有完成,还处在一种混合状态。新式的丝织工厂主要在城市里,旧式的木机在乡间仍然存在,而且还不在少数。浙江省改良丝业的政策为丝业改良提供了技术和丝织技工,但是丝业改良也受市场起伏和国内政治环境的重大影响。

(二)嘉湖区域县城以下的乡镇经济发展突出,离心倾向明显

近代,嘉湖区域是生丝贸易的重要源地。嘉湖区域所属的丝业乡镇与上海、苏州、杭州等大城市比邻,且有水道相连,商业联系极为便捷,发达程度直逼县城。例如丝业鼎盛时期的南浔,其繁荣程度远在县城之上。由此可见,县城若非有较大规模的新式机器工业投资,则不能凌驾于所属市镇之上。嘉兴、湖州地区处在上海、杭州、苏州组成的城市三角形的中间地带,虽然可以左右逢源,但是在周边大城市的吸纳作用下,县城所在的核心城市的集聚力受到抑制。与丝业贸易有关的专业市镇由于比邻加工贸易中心上海,不需要经过县城,就可以通过便利的水路运输进入比县城更大的终点市场上海。在这种情形下,专业乡镇自然获得较快的发展。总之,嘉兴、湖州区域完全可以看成上海的直接辐射区。

第五章

丝、棉产业区的形成过程

从产棉区、产丝区的城镇近代工业发展的过程及其地域分工看，上海与各类型区的城镇已经融合在一起，成为新产业、新产品、技术与制度创新的源泉，不仅引导着周边城镇近代工业的发展，而且通过高端的金融机构、现货期货交易所等掌握要素和商品定价权，影响着周边城镇的发展。另外，近代的上海虽有造船业、机器制造、化工等重工业，但是具有地区比较优势的主导产业仍然是缫丝、丝织业和棉纺织业。这两个行业的发展直接催生了周边城镇相关产业由手工副业向工厂大机器生产转型，也就是说上海周边的机器缫丝与丝织业专业化区域和机器棉纺织专业化区域实际上是上海技术扩散的结果。新的经济空间主要是由产丝区和产棉区两部分组成的。当然，上海主导的新经济空间不是一下子形成的，而是经历了几个阶段，大致过程如下。

第一节 丝织业产业区的形成

明清时期的杭州、嘉兴、湖州三府为我国生丝和绸缎的传统产区，丝产最丰，质量最好。三府中又以湖州产量最多，湖州府南浔镇、菱湖镇、双林镇是三个最大的生丝集市。三镇的生丝可经由内河进入上海，运输极为方便。质量上乘、价格最高的辑里丝就是指南浔及其周围乡镇出产的白丝。此外，嘉兴和同治之后的无锡也是产丝重地，与上海联系密切。

上述上海周边地区的生丝在当地缫制后，运到上海出口。上海出口的生丝基本上是手缫的白土丝。直到1880年，白土丝的出口仍占生丝出口总值的90%。上海出口的生丝到达英国、法国、美国后，需要再缫一次，然后才能使用。但美国人工昂贵，对美国进口商而言，在生丝离开上海之前，就地再缫一次更为合算，即所谓的再缫丝。

1878年之前，上海曾有几家缫丝厂出现，但是由于此时手缫丝和再缫丝仍然可以大量出口，这几家厂最后都倒闭了。1875年，徐寿发明新型烘茧灶，能长期贮茧以待缫制。这也是上海缫丝业得以快速扩张的一个重要因素。从1878年怡和洋行开办纺丝局开始，中外商人竞相开办缫丝厂。1894年，上海有缫丝厂14家，缫丝车4000余台，两年后上海就有缫丝厂29家之多。此后进入快速发展时期，厂丝开始取代手缫丝。

其实，白土丝出口走下坡路的端倪早在1883年就已经出现。外国丝商认为中国丝不如欧美缫制的丝洁净、均匀，即使江南最高品质的辑里丝，匀度也不过五十分，远不及八十分以上的厂丝。江南白土丝在法国、意大利和日本厂丝的竞争下，价格跌落，但生产者仍漫不经心。

江南产丝区是上海丝及丝织品贸易和缫丝工业发展的重要依托地。从区域分工看，周边湖州、嘉兴、杭州、苏州、无锡等地与上海的产业分工大体经历了三个阶段：第一阶段，大体在1878年以前，此时上海只是一个生丝的出口市场而已，蚕茧原料收集和缫制生丝都在产丝区。这一时期是江南产丝区最为有利的阶段。这从南浔丝商出现"四象、八牛、七十二狗"的暴富现象可以看出。江南生丝面向国内外两个市场，供不应求。第二阶段是1878—1931年，这是一个过渡阶段。上海的西式缫丝厂已经有了长足的发展，产丝区每年供应上海大量的蚕茧原料，同时土法缫丝仍然存在，但主要是白再缫丝。该时期土法缫制的生丝已经无法与厂丝竞争。第三个阶段是1931—1936年，白再缫丝在出口中的比重也跌落下来。这意味着产丝区已经成为上海的蚕茧原料地。

周边地区的蚕茧入沪量是制约上海缫丝工业规模的重要因素。这在关于上海缫丝工业的发展部分已经提及。周边入沪的蚕茧是上海缫丝工业最重要的原料来源，每逢茧市、丝市，上海购进周边地区蚕茧的金额约2000万元，其中江苏约占六成，浙江约占四成。其中嘉兴茧市每年产值200余万元，其中20%的茧由当地织绸厂收买自用，其余都是茧商收买运销沪上。每当江浙新丝上市，上海的大缎号与小织户均赴海宁、硖石等地采办细丝，以备制经之用。

在产丝区中，上海与无锡的关系具有一定的特殊性。无锡缫丝工业的发展是上海直接扩散的结果。清朝末期，无锡的蚕桑业逐渐推广，蚕茧产量大增。无锡的缫丝工业最先由旅沪的商人周舜卿投资8万两设立裕昌缫丝厂开始，其后缫丝厂逐渐增多。1926年，薛氏永泰丝厂由上海迁往无锡，与周氏之裕昌、慎昌、鼎昌集团和乾生丝厂共同构成无锡缫丝业的三大支柱。1929年，无锡共有缫丝厂40余家，全县已知38家丝厂有丝车10478台，每年缫丝业的产值达到二三千万元。从丝车规模和产值看，缫丝工业的规模基本上与上海相当，且无锡受上海的影响极为明显。除了茧汛和收丝时期的金融支持以及无锡的成功之外，上海对产丝区还有贡献。上海机器厂为西式缫丝机器的推广发挥了重要作用。外商在上海开设西式缫丝厂后，上海民族机器厂很快仿造了以锅炉引擎、缫丝机为主的全套设备。例如，最早仿制缫丝机器的永昌机器厂，不仅供应上海纶华、瑞纶、锦华、怡和四厂的缫丝机近千台，而且供应外埠的杭州四泾丝厂、萧山义和丝厂400台，绍兴开源永丝厂100台，苏州200台，后来迁往无锡的永泰，其所用缫丝机器也是该厂的。从1895年永昌设立到1913年，上海共育有7家制造缫丝机器的机器厂。该行业在1913年前后基本上遏制了缫丝机器的进口。

另外，杭州、苏州、湖州等皆为丝织业发达城市，在1915年丝织业机器改良后，发展较快。即使如此，上海同行的影响也是不可忽视的。

例如，在上海的织绸厂纷纷设立，沪产沪销，且无捐税，产品与湖绸相同的情况下，湖州丝织业大受影响。再加上人造丝织品及交织品充斥市场，以天然丝为原料的湖绸销路大受打击，出口锐减，纷纷停产。

总之，围绕着生丝贸易、缫丝机器和蚕茧原料，上海与产丝区的城镇初步建立了区域产业的分工与合作关系。由此可见，丝是上海产业区初创时期的纽带，后来蚕茧原料、缫丝机器、技术、市场信息成为连接上海与周边城市的新纽带。此时，上海产业区的具体范围基本上包括上海和杭州、嘉兴、湖州、苏州、无锡、南浔、盛泽等产丝区城镇在内的区域。这是1895年大规模投资时代到来前夕上海产业区的范围。

第二节 棉纺织业产业区的形成

明清时期，上海所在的苏松地区和沿江地区是我国重要的棉花产区和最重要的土布产区。开埠通商以后，特别是1870年以来，该区域的土布生产受到外来机器棉纺织业的冲击，经历了一个产业转型的过程。首先是棉纺环节实现了机器生产，淘汰了手工纺纱业；接下来，棉织环节在1896年从宁波、上海等地开始经历生产工具的变革，逐渐改用手拉机和铁木机，再到后来装备动力的织布机。

西式的机器棉纺织业首先在19世纪末20世纪初的上海发轫。当时上海两家有官方背景的棉纺企业：机器织布局和机器纺纱局。尽管这两家企业的创办过程有些曲折，但开工后获利丰厚。除此之外，上海还有几家轧花厂，多为外国资本，主要从事出口棉花的生产。1895年之前，官方为了保护有官方背景的企业，一方面给予其专利权，另一方面严格控制外资进入这一领域。1895年，《马关条约》签订，外资取得在通商口岸自由投资各种工商业的权利，官方被迫允许外国人可以在通商口岸建立工厂。自此以后，上海就出现棉纺企业纷纷开张的局面，逐渐成为该区域最大的棉纺织业中心。此外，外资棉纺织企业主要集中于上海一隅，因此上海又是行业技术最先进、市场信息最灵通、拥有定价权的城市。

1895年以后，不仅上海出现棉纺织业的投资高潮，周边的无锡、苏州、南通、萧山、杭州、宁波、太仓、常熟、江阴、常州也出现了现代化的棉纺厂。在以后的发展过程中，除了萧山、杭州、宁波的棉纺企业规模较小外，其他城市的棉纺企业的发展较为迅速，尤其是上海、南通、无锡、常州等地。这主要是因为这些地方靠近棉花产地和土布产区，原料易得，又靠近销售市场。在此必须指出，这段时期的棉纺织业在规模和空间上迅速扩张，与两江总督的支持和地方士绅名流的创业精神有很大的关系。可以说这一时期棉纺织业的投资主要是由地方名流主导，因为棉纺织业的初期投资很大，动辄几十万两白银，只有官方和地方名流才能集聚如此规模的资本。1912年，民国建元以后，商人才成为棉纺织业发展的主导力量，并在第一次世界大战期间迎来棉纺织业投资的高潮。

20世纪初的十年里，棉纺织业又出现转型契机，铁木机和拥有动力装置的织布机纷纷引进，行业逐渐出现手工工场与机器织布厂两种业态。到20世纪20年代，机器织布厂已经有了一定的进展，但是手工布厂仍然存在。该区域崛起了上海、无锡、常州三个织布业中心，尤其是无锡、常州织布与染织行业的发展更为迅速。无锡丽新染织公司、常州大成纺织染股份有限公司等龙头企业的技术水平有了很大的提高，能与上海外商相竞争。但是南通棉纺织业出现发展的拐点，大生企业的管理弊病丛生，土布销售低迷，纺纱主业大受打击，一蹶不振。

上海棉纺织业的发展有低端和高端两条道路。上海、南通、无锡等大棉纺厂里设有一定数量的织布机。机器棉纺厂一直是上海织布行业的主力，上海土布商人创立的棉纺织业态不够发达。在无锡、常州则有所不同，由土布商人主导，装备手拉机、铁木机的小型织布厂在清末民初之后蓬勃发展。有些土布工厂逐渐装备新型机器，成长为现代化的棉纺厂。南通土布基本处在手工散户阶段，手工土布厂不多，织布机器虽然也有铁木机，但散户资本有限，除了大生厂设立的机器棉纺产能外，其他民间资本向现代化的机器棉纺织业转型的步伐远远落后于无锡、常州。

由上海周边城镇棉纺织业的发展轨迹看，仿佛主要是各地士绅在起作用，与上海的关系不大，其实不然。上海棉纺织业处在行业发展的高端位置，具有领先优势。从时间上看，上海棉纺织业领先周边地区近十年，甚至周边城市有些企业的创始人就在上海从事相关行业，因此至少为周边地区选择棉纺织业起了模范带头作用；从开办过程看，有许多棉纺织企业曾经在上海融资，甚至其股东就是在上海的商人，另外，上海还提供了大量的机器设备、资金、技术、市场信息等多方面的服务。从南通、无锡的棉纺织业的大发展可以看出上海的上述作用。另外，企业投资在地域上日益多元，例如南通大生初期的投资就来自上海、南通、常州等地。

纺织原料棉花的运销体系也是产业区内城市之间经济联系的重要纽带。1870年以前，上海花行就在南市形成。1875年，南市花行有十多家，其中程大隆、沈恒泰、荣广大、德泰恒四家最为著名，号称"四牌子"。19世纪末，由于交易量极大，花行从沿江码头纷纷向外马路一带的万裕码头、王家码头、赖义码头、南会馆码头、董家渡码头附近迁移。南市花行在1914—1915年步入鼎盛时期，此后北市花业兴起。

通棉是我国棉花出口贸易和江南纺织企业原料的重要来源。长江中下游地区众多的棉纺厂纷纷在南通设立收买站，收集通棉，竞争激烈。如三井在张芝山设庄收买，永安在刘桥设庄收买。其他如裕康、广勤、业勤、苏纶等，皆派人员常驻南通采办。由此可见，近代的南通是该区域最重要的棉花产地，上海是最大的棉花集散地。

上海是周边地区土布的集散、染制中心。清初，布庄销售布匹常与各地客商对口，日久形成帮别，其中专做北方生意的称北帮，又叫关庄，以销白布为主，有京、津、烟台、牛庄等帮口；专做南方和出口生意的称南帮，又称广帮，以销色布为主，有两广、闽、云、贵及南洋、吕宋等帮口。还有杭、嘉、湖、金、衢、严、徽等帮,大小帮口有数十个。20世纪30年代前后,上海规模较大的布庄仍有45家,其中以广帮最多,计有18家,次为营口帮、安东帮,再次为福建帮。江苏土布皆由上海装轮船运往东三省,再转销东北各地。1921年前后,由上海运到东北者,每年三四十万包,每包售价在30至50两,按此计算,每年运往东北的土布价值在900万至2000万两之间。上海土布商业兴起后,原在松江的染坊向上海市区转移,洋布输入后又出现机制布染坊,因此,上海染制行业也有所发展。第一次世界大战期间,上海每年销售各地土布达2300万匹,其中色布628万匹,均在当地染制。1920年,染坊达到四五十家,是为染布坊最盛之时。全面抗日战争胜利后,土布业经营的商品90%是南通、江阴、常熟等地生产的条格布、线呢之类的改良土布。

此外,上海也是洋布进口和国内机织棉布的批发销售中心。清道光二十四年洋行初设时,雇买办推销洋布。洋行亦直接拍卖,通过京广的杂货店销售,数量极微。洋布店开设后,专销洋布,年营业额三四万元。20世纪20年代,上海输入棉布的70%被各地客帮采购,20%为苏、浙、皖等地批发,本埠门市销售约占10%。1919—1926年,上海进口棉布8584.55万匹,销往外地的占88.73%,并逐渐形成帮口,除邻近的杭、嘉、湖和苏、常、锡外,有天津帮、北京帮、东北帮、汉口帮、长沙帮、四川帮、江西帮、福建帮、广东帮、宁波帮等,还有山西帮、洛阳帮、云南帮、新疆帮以及镇江帮、绍兴帮等。

从1895年开始,截至第一次世界大战前,上海的棉纺织工业投资已经从上海扩展到周边的产棉区城镇。上海周边的宁波、萧山、杭州、无锡、南通、江阴、常州、太仓、海门、崇明、常熟、货隆(启东)等城镇都出现规模较大的棉纺织企业。其中上海、无锡、南通、常州纺织工业的发展水平最高。南翼宁波、萧山、杭州虽有大型机器棉纺厂出现,但是发展规模极为有限。上海产业区在空间上已经从产丝区扩展到产棉区。在南通区域本来有北扩的可能,但是随着大生纱厂在1924年陷入困境,如皋、东台的建厂北扩计划随之搁浅。随着20世纪20年代中期该区域的产业调整期的到来，上海产业区其他方向的空间扩张也基本停止，大体范围已经基本确定。

第三节　金融是产业区形成的重要纽带

　　金融扩张与整合是区域一体化的重要保障和深层次表现。近代钱庄、外资银行、中资银行在上海的耦合，金融制度创新以及上海金融中心与周边城镇的金融对接是区域贸易和投资顺利进行的重要保障。在此主要关注区域金融中心上海与周边节点的对接。

　　近代，上海及其周边地区存在山西票号、宁绍资本、苏州资本、外资银行资本、中资银行资本几大金融资本势力。上述金融资本势力都在上海设立金融机构，为贸易和投资提供流动性。上海之所以能够成为金融中心，首先是通过贸易和投资机会把票号、宁绍资本、苏州资本吸引过来，再通过新式银行把社会闲散资金集中起来，然后统一调度。上海的调度对于区域的土洋货集散和工业投资都发挥了重要作用。例如，上海各丝茧商及茧行、花行、米行等，每逢茧市、丝市、花市等须向上海钱庄兑换巨额数量的银圆，用作收购茧、丝、棉、米等商品之用。民国初年，每年由上海流入江浙内地的茧用银圆在2000万元左右，其中以江苏为首，约占六成，浙江其次，约占四成。上海银圆的最大消费地，首先是无锡，次为杭州、苏州。再如，每当江浙新丝上市，上海织户均赴海宁、硖石等地采办细丝，以备制经之用，所需流动资金亦来自上海钱庄。

一、钱庄的金融网络

　　上海钱业系统历史悠久，规模宏大，在上海的金融格局中举足轻重。按钱庄的家族地缘关系，上海的钱庄势力可以分为绍兴帮、宁波帮、上海帮、苏州帮、镇江帮、广东帮等帮派。这些金融势力在各地有联号，联号钱庄的分布不限于上海。如镇海方家之钱庄联号遍布杭州、宁波、绍兴、汉口、南京、沙市、宜昌、湖州、镇海等地，其中仅宁波一地联号即达到13家；慈溪董家钱庄联号遍布杭州、宁波、汉口等地；洞庭山严家在苏州、常熟有联号；镇海叶家在杭州、芜湖、苏州有联号；洞庭山万家在苏州也有联号，余例不胜枚举。联号之作用在于营业上统一步调、互通有无、调剂余缺，可以扩大业务，方便汇兑，无需委托其他钱庄代办，因此上海钱庄在各地的联号基本上与银行的分行在功能上十分相似。上海钱庄与外埠钱庄间的联系，通常有两种方式：一是内地钱庄联合在上海设立"申庄"，代办存款、放款等事宜，如镇江帮之润昌栈、苏州帮之豫源庄；二是上海钱庄与内地某些钱庄建立固定的往来关系，彼此代理存放款、汇兑、贴现等业务，有如西方之联络银行。

上海是近代中国国内外贸易、工业投资最大的城市，每年土洋货集散、贸易和工商业投资都需要巨额资金。由此可见，从金融职能看，上海不仅是一个过账码头，也是一个用款码头，是一个巨大的金融中心。

（一）钱业金融中心

除上海外，周边地区还存在与其密切联系的几个重要金融中心。具体分述如下。

1. 宁波

开埠通商后，宁波与上海、苏州、杭州皆有联系，转运既灵，市易愈广，由此钱业发展较快。1864年，宁波已经有36家大钱庄。清末的宁波钱庄有六七十家。民国初期，钱庄虽然受辛亥革命影响一度衰败，但很快恢复起来。到1931年，宁波大小钱庄有160家，其中大钱庄42家，资本总额386.6万元。新中国成立前夕，不仅宁波的近代工业投资依赖于江厦钱业，而且浙江省内的杭州、温州、绍兴、金华，省外的上海、武汉、天津、营口等城市，都有宁波钱庄的放款，仅上海一地就有放款两三千万两白银。宁波钱业之雄厚，凌驾于沪汉各埠。另外，上海钱业也主要掌握在宁绍人手里，号称宁绍帮。宁波离长江主航道较远，腹地狭小，投资机会不多，因此宁波资本在本地的投资较少，以放款外地为主。由此宁波成为国内第一号的放款码头，是该区域仅次于上海的金融中心。

2. 苏州

上海开埠后，苏沪之间商业往来频繁，苏州钱庄开始在上海开设分庄。据在清末做过钱庄业务的老金融工笔者回忆，苏州钱庄放款的范围除苏州外，远及沪宁、沪杭、津浦线南段与苏北各地，诸如上海、无锡、常州、常熟、太仓、江阴、丹阳、宜兴、溧阳、南京、扬州、蚌埠、泰州及浙江省之湖州、南浔、硖石、双林等地钱庄，均得苏州贷放而发展业务。清末，苏州各钱庄的总放款数在1200万两左右，外埠放贷占40%。沪宁线上的无锡、常州等地的近代工商企业常向苏州的钱庄贷款。因此，苏州钱庄业对无锡、常州若干大工商企业的动向也特别敏感。无锡、常州两地的大型工商企业如有亏倒，首当其冲的就是苏州的钱庄。

另外，苏州资本大量进入上海使得苏州民间的闲散资金出现匮乏，以至于原本红火的苏州钱庄业出现衰败势头。近代的苏州是输血上海、无锡、常州、镇江的放款码头，是一个重要的地方金融中心。

3. 镇江

由于子口税政策，近代的镇江是上海辐射淮河流域、里下河地区的重要节点。因此，镇江钱庄业对于资金的运用采取"挹彼注兹"的投资方式，但是主要以集散土洋货的商业投资为主。这一时期镇江的放款对象除镇江、常熟外，主要放款淮河、运河流域，远及皖、鲁、豫等省，甚至远及汉口。同时，由于镇江钱庄业公约中规定"对于兑票，共负清偿义务"，镇江钱庄因此信用卓著。只要由上海润昌栈（镇江钱庄派驻上海庄客集中之所）批明"见镇江钱庄汇票"，上海各行业均可以凭此出货，甚至连外滩的银行也将其当作本埠庄票收受。初期与润昌栈往来的钱庄主要是镇江帮钱庄,其后因为润昌栈信誉日固,苏州帮与宁绍帮也先后加入。据统计,上海每年提供的放款最高达到一千四五百万两。由此可见,镇江资本主要来自上海、苏州,因此镇江是个用款和过账码头,主要辐射常熟、镇江和江北,是一个重要的地方金融中心。

4.杭州

杭州处于运河、钱塘江尾闾,与上海、宁波都有水路和铁路相通,地理区位非常优越,是上海辐射浙西、皖南、赣东等地区的重要节点。《中国实业志·浙江省》里曾有上海、宁波、杭州"三足鼎立"之称。浙江省内,除宁、台、温及其属县自成独立的金融系统外,其他如杭、嘉、湖、绍、金、衢所属各县,其金融之枢纽均在杭州。且安徽徽州、江西上饶等地,也以杭州为其金融之中心。故杭州之金融,实操纵浙、皖、赣三省商业势力。但是,杭州金融资本主要来自宁波、绍兴钱庄资本,与上海钱庄联系也较为密切。因此,杭州基本上属于用款和过账码头。

总之,近代上海及其周边地区逐渐形成了上海、宁波、苏州、镇江、杭州等金融节点,建构了一个覆盖整个区域的金融网络。该区域的钱庄通过上海钱庄与外国银行、洋行实现了中外金融网络的对接,形成周边钱庄从上海钱庄融资、上海钱庄从外国银行融资的紧密联系。上海及其周边金融网络的形成是上海产业区形成的重要基础,使得各城市之间的联系进一步加强。

(二)近代银行体系

上海及其周边地区也是中外银行资本最集中、发挥作用最强的区域。在上海银行金融格局中,首推外资银行,但是中资银行的实力也在不断地增强。据《上海金融志》[1],辛亥革命后,特别是第一次世界大战使中国民族工商业迎来投资高潮期时,新设的中资银行也如雨后春笋般地出现。战后,西方列强卷土重来,但银行仍大批设立。只是由于资力薄弱、规模较小,小型银行缺乏竞争力,陆续倒闭。1925年,反帝斗争

---

[1]《上海金融志》编纂委员会编:《上海金融志》,上海社会科学院出版社2003年版。

使得原存于外资银行所发行的钞票也被中国人拒用,存款被提取,外资银行也如中资银行出现挤兑风潮。华商银行迎来喘息机会,存款大幅度增加。据《上海金融志》的数据,信誉较好的"南三行"(上海商业储蓄银行、浙江兴业银行、浙江实业银行)和"北四行"(金城银行、盐业银行、中南银行、大陆银行)的存款总额,在1924年为1.4亿元,在1926年增加到2.4亿元,增长67%。1925年,中资银行重构上海金融格局,金融资本已经超过外资银行、钱庄。其中外商银行占36.7%,钱庄占22.5%,本国银行已占40.8%。1933年初,国民政府规定,从3月10日起,上海各行各业的交易往来,一律改用银圆计算。废两改元后,"洋厘""银拆"行市随之消失,钱庄更加式微。随着银行分支扩张到各地以及资金实力的增强,中资银行对上海城市及周边城镇工商业发展的重要性进一步增加。

据《解放前金融机构·沿革》的统计,1847年,上海第一家外资银行英商丽如银行代理处设立。从1847—1949年上海解放为止,共有英、法、德、俄、日、美、比、荷、意、挪等10个国家的62家外商银行先后在沪设立机构。1897年,上海第一家中资银行中国通商银行设立,到20世纪30年代中期,上海中资银行在上海市的分支机构已达170家,网点覆盖全市。与此同时,有28家银行在全国各地设立629个分支结构,建立数千个通汇点,不但覆盖主要城市,而且覆盖小城镇。截至1949年5月27日上海解放,在上海设立的中资银行总数为412家。

另外,中国银行、交通银行以及后来的中央银行在上海周边各城市都设有分行或者代办机构,初步形成银行网络,即在钱庄网络的基础上,又构建起一个银行为主导的金融网络。由地方传统金融网络和现代金融网络组成的区域金融系统,为近代工业从上海向周边城市扩张提供了融资保证,是区域一体化的润滑剂,也是产业区地方根植性的重要体现。

二、用款码头：上海、无锡、南通、常州

与金融中心相对应的是上海、无锡、南通、常州等工业发达城镇以及棉、茧、丝的集散城镇组成的用款码头。工业发达城市大都是原料和成品市场的集散节点，相对于小的集散镇，与金融节点的关系更能体现地方金融网络的常态。因此，笔者主要关注前者。另外，从对宁波、苏州、上海金融节点的论述中，我们已经看出上海、无锡、常州钱庄每年从上述金融节点借入大量款项贷给当地的工商企业，在此无需赘述。接下来笔者以南通为例，考察南通棉纺工业的发展、棉花种植与集散经济活动，从中探究南通与上海及周边金融城市的金融联系。

近代南通棉纺织业即大生纱厂的成就与上海及周边地区的金融支持是分不开的。大生初创时虽然在上海集资遭遇挫折，初期资金主要来自官款、南浔刘家、常州恽氏族和南通本地商人，但开工后，大生主要依靠上海融资。大生很早就专门成立驻沪办事机构大生沪事务所，承办融资、采购事宜。1913年以前，大生处在初创时期，沪所业务以采购物料、原棉，承办人员往来食宿为主。1913年后，大生大力扩张纺织主业以外的投资，沪所业务主要负责筹集资金。吴寄尘积极开拓筹款渠道，成功取得上海银钱业的支持，当时仅上海银钱业送折请用者就有105家。1921年，南通企业大有晋、大豫、大赉、大丰、华成公司等垦牧公司亏损严重，邀请中国银行副总裁张公权到垦地考察，拟发行公司债。张公权回沪后，共募集253万元。1921年，上海永丰钱庄与金城银行合组永金公司，专门放款给大生，永丰放款的数目比金城还大。李济生是永丰钱庄的经理，1921—1926年，上海永丰钱庄大约放款1000万两以上。李济生的儿子李升伯通过永金公司进入大生纱厂。1926年，大生被上海银行团接收改组后，大生沪事务所仍然存在。另外，上海钱庄、布商、沙船帮是南通土布运往东北销售网络的最重要一环，由此可见南通对上海金融的依赖。

第四节　小结

　　开放口岸上海在江南传统贸易、商业联系的基础上，附加上了现代金融、技术、贸易等新纽带，建构了新的工业空间——棉纺织业、丝织业两大产业区。棉纺织业产业区主要分布在沿江沿海地区，丝织业产业区主要分布在太湖周边地区。产业区的形成进一步拓展了传统时代江南核心区的范围，由明清时期的"七郡一州"的江南范围，进一步扩张到通海平原区域、宁绍平原区域；同时，技术经济联系进一步密切了上海和周边城市的联系，加快了地区一体化进程。从这个意义上讲，上海是产业区形成的纽带和组织者，并引领产业区向综合性的经济区过渡。

　　从该区域轻纺行业的企业之间的技术经济联系看，各城市企业之间分工协作不多，基本上是竞争、替代关系。这种竞争局面产生的原因主要有二：一方面是原有城市传统产业基础导致的，各城市企业都在引进机器和技术，推动原有手工业向机器工业转型；另一方面则与城市产业所处的发展阶段有关。到20世纪30年代，随着国内市场日益饱和以及企业规模的扩大，各城市丝、棉企业之间的竞争日趋激烈，兼并重组的企业增加，同时分工与合作也在不同城市间出现。例如，20世纪30年代，常州与无锡、苏州的纺织业已经存在明显的分工合作关系。荣德生曾经有"一个理想中的计划，要使常锡两地的工厂，在五年到十年时间内联成一家"。若无日本侵略战争影响，锡常纺织工业带的相互联合是可以预见的。

第六章

上海及其周边城市产业转型的机制与差异分析

近代,上海及其周边城镇的产业转型主要发生在棉纺织业、缫丝与丝织业、面粉业、烟草业、碾米业等产业领域。后三者采用机器生产的转型过程相对简单。由于机器生产在面粉与烟草行业具有巨大的质量与产量优势,外加非民间传统优势行业,因此面粉与烟草业转型比较迅速;碾米业的机器投资较小,机器生产的质量和产量优势也较为明显,转型亦较为普遍。另外,新式造船、机器制造、化工与制药等行业属于新式投资,基本不存在由手工生产向机器生产的转型过程。相对而言,缫丝与丝织业、棉纺织业是地区传统优势主导产业,开埠前基本处在手工作坊的生产阶段,其传统土布和土丝、丝绸是该区域最有竞争力的商品,从业人数众多,直接关系国计民生,丝、棉两行业的转型问题也最为典型。因此,在此主要考察缫丝与丝织业、棉纺织业的转型过程。

第一节 市场竞争与城市棉纺织业的转型

近代上海及其周边地区的棉纺织业存在自给自足的生产和商品性的生产两种发展类型。本书中主要考察后者由手工作坊式的生产向现代工厂的机器大生产转变的过程与机制。

一、各城市棉纺业的转型情况

棉纺织业的转型首先发生在棉纺环节。早期进口的洋纱多是细支纱,不适应江南地区织造厚实的土布。1880年前,手工纺纱大量供应上海及其周边地区的土布生产,以后印度粗纱开始进入,但数量较少。土纱、棉花的价格变化导致土纱纺织业不得不改营其他行业。据下表中关于土纱、棉花的相对价格,1875年出口土纱每市斤值0.164两,棉花每市斤值银0.094两。两者相差0.07两。每市斤的土纱价格要高出洋纱0.01—0.03两,外加因粗支洋纱条干均匀,不易断头,自然为织户乐用。虽然布号初期严禁掺入洋纱,但是由于土布价格高于质量较好的粗斜纹布许多,为降低成本,不得已听之任之。手工织布业逐渐由土经土纬改为洋经土纬,最后改为完全使用粗支的洋经洋纬。商品性的土纱利润空间受到原料上涨的压缩,手纺纱市场逐渐消失,被洋纱替代。

表6.1 历年上海出口土布与进口棉纱、本国出口棉纱的比价

(单位:上海银两)

年份	出口土布		印度棉纱		日本棉纱		本国出口棉纱		不分国别进口棉纱	
	每市斤价	%	每市斤价	%	每市斤价	%	每市斤价	%	每市斤价	%
1867	0.385	100								
1870	0.331	100							0.248	74.92
1875	0.387	100					0.164	42.38	0.320	82.69
1880	0.322	100							0.230	71.41
1885	0.368	100	0.196	55.23						
1890	0.368	100	0.157	42.66	0.156	42.39				

(续表)

年份	出口土布		印度棉纱		日本棉纱		本国出口棉纱		不分国别进口棉纱	
	每市斤价	%	每市斤价	%	每市斤价	%	每市斤价	%	每市斤价	%
1895	0.368	100	0.166	45.11	0.184	50.00				
1900	0.417	100	0.177	42.45	0.193	46.28				
1905	0.414	100	0.235	56.76	0.240	57.97	0.267	64.49		
1910	0.414	100	0.254	61.35	0.230	55.56	0.273	65.94		
1915	0.414	100	0.228	55.07	0.230	55.56				
1920	0.599	100	0.433	72.29	0.381	63.57	0.498	83.14		

资料来源：历年《海关贸易报告》（上海），转引自《江南土布史》，上海社会科学院出版社1992年版，第177页。

洋纱市场打开后，中外棉纺厂开始在上海及其周边城市蜂拥而上。至1911年，上海及周边城市已有资本雄厚、技术先进的外资纱厂8家，中资纱厂也有23家。产棉区的每一个城市几乎都有一个大型的棉纺厂。第一次世界大战期间，上海及其他产棉区的日资、中资棉纺业呈井喷之势，以致棉纱市场呈现过度发展的饱和状态。20世纪20年代中期，市场竞争越发残酷，外加时局不靖、金融紊乱，上海、南通等重要城市的大型棉纺厂开始遭遇困境甚至濒临倒闭，标志着扩张阶段结束。接下来的1922—1931年的十年时间里，棉纺行业的整体规模没有出现太大变化。从1922—1931年的十年间上海纱锭增加不过10万枚。中资纱厂的纱锭不升反而减少近20万枚，日资纱厂增加纱锭31万枚，英资纱厂减纱锭3万枚上下。在市场竞争的巨大压力下，几大中资棉纺业集团开始引进西方先进的企业管理理念，致力于提高企业内部的管理水平和生产效率。

二、各城市棉织业的转型情况

纺纱产能不足的限制解除后，棉纺织行业转型的重心逐渐转向棉织环节。棉纺织业在生产方式上分为纱厂附设、甬布工场、民间副业三种类型。首先是大型纱厂附设的织布部门。最初上海有官方背景的机器织布局和外资纱厂多附设织布机，南通大生纱厂后来也加装织布机。到1911年，上海有织布机2500多台，到1922年增加7000多台。1925年棉织业投资明显快于棉纺业，到1931年有织布机约1.8万台。另外，无锡、常州的机器织布行业也获得较快发展。前面已在相关城市的部分专门论述过，在此不再赘述。上海、南通的该类棉织业一般直接购买外国机器安装，基本没有转型过程；无锡与常州棉织业大多从使用手拉机的织布厂转型而来，经历了投梭机—手拉机—铁木机（脚踏铁轮机）—电力全铁机的转型过程。因此，棉纺环节的转型就是考察组织方式从分散到集中生产和由手工工具到机器化生产的过程。

由投梭机到手拉机是织布业手工工具向工具机器过渡的第一个阶段。手拉机最初多由集中生产的布厂引进，虽不是工具机器，但在生产组织方式上以集中代替分散已经是一个不小的进步，而且宽幅加长的改良土布在质量和产量上都有新的突破。由表6.2可见，采用手拉机的织布环节，劳动生产率比投梭机提高了一倍多。虽然手拉机较之投梭机的劳动效率高出一倍，但是推广过程不是一蹴而就的。这与土布市场的竞争和特定市场的需求息息相关。

19世纪末20世纪初，土布的主要产区大多由仿制宁波甬布的布厂引入日式的手拉机。宁波甬布又称为"宁条布"，即改良土布，产品长5丈，宽2尺2寸，比之传统土布又长又宽。在江南土布产区，城市设立的手拉机布厂较多，因此城乡普及手拉机的过程较快。通海地区的土布市场主要在东三省，土布品种以小布、大布为主，受特定市场需求的影响，直到1915年前后才引入手拉机。浙江硖石、慈溪、平湖的土布织造区也出于同样的原因，一直到1924年左右才引进手拉机。从上海及其周边地区的棉织行业的整体发展概况看，从清末到1920年前后，是手拉机的辉煌时代。

表6.2 棉纺织行业织布机的效率比较

机器	每人每日平均织布（尺）	百分数
投梭机	30	100
拉梭机	60—70	200—230
铁轮机	100—120	330—490

资料来源：湖北大学政治经济教研室编：《中国近代国民经济史讲义》，高等教育出版社1958年版，转引自《江南土布史》（下编），上海社会科学院出版社1992年版，第404页。

1905年前后，传入中国的脚踏铁轮机超越手工工具成为真正的工具机器，生产效率较之手拉机又翻一倍，但是要比手拉机大五六倍，成本较高，技术管理要求也高，小型布厂和织户无力添置。上海及其周边地区开始使用铁木机是在1912年前后，但是并没有马上普及。1920年以后，受前期改良土布较好的市场预期和机制布倾销的压力，江南土布主产区的布厂开始使用日式脚踏铁木机。行业对织布机的需求也带动了铁木机的国产化进程。例如，1922—1924年，上海年产铁木机四五千台，初期销路以上海为主，后销至周边的江阴、常州、无锡、嘉兴、杭州等地。1925年，布厂采购者更多，甚至有少数厂把脚踏机改进为电力机。外部市场环境的变化是铁木机普及的重要原因。因改良土布花样少，价格又高于机制布，1925年前后，日本机制布大规模倾销，常熟、南通等改良土布的市场受到挤压，被迫改弦更张。江南一些城市的布厂开始部分淘汰手拉机，使用铁木机，电力充足的上海、无锡、常州、常熟在此基础上，开始使用电力铁轮机，而且增加印染环节，逐渐发展成为大型的机器染织厂。农村的织户虽然也使用铁木机,但是手拉机仍处在优势地位。通海地区的城市织布厂业态不发达,主要依靠个体织户,因此乡间装备的铁木机较多,但是仍然存在大量的手拉机。

总之,该区域的棉纺织业转型不仅在棉纺、棉织环节存在差异,而且不同城市间也有差异。该区域棉纺环节的转型比较彻底,商品性的土纱生产基本被大规模的机器生产所取代。由于市场需求不足,宁波、绍兴、萧山、杭州等南部城市棉纺织业的生产规模与初期相比没有太大的进展,相反,上海、无锡、南通、常州等北部城市在棉纺织业转型上获得较大的成功。棉织环节的转型出现两极分化态势,但大规模机器生产已经取得优势。江南的城市布厂发展较快,城市里的手拉机布厂逐渐过渡到机器染织厂,与此同时,农村仍然存在大量使用手拉机和铁木机的农户,江北的南通仍然处在分散的手工生产阶段,杭州湾的慈溪、平湖、硖石等土布产地也基本处在分散的手工生产阶段。

第二节 市场竞争与缫丝及丝织业转型

近代,上海周边产丝区的生丝和丝织品市场比较特殊。机器缫丝与丝织业有国内外两个市场,传统土法缫丝与手工丝织业也有国内、国外两个市场。因此,最初该行业转型以缫丝业为主。随着国外丝织品和人造丝进口的扩大以及朝鲜、俄罗斯等传统国外市场的消失,传统丝织业的国内市场和国际市场逐渐消失,丝织环节的转型才逐渐展开。

一、各城市缫丝业的转型情况

(一)上海

江浙的生丝贸易主要经由上海。起初,上海出口的产品基本上是手缫的白土丝。1880年，白土丝的出口占生丝出口总值的90%，到1894年还占到六成以上。外国丝商认为中国丝不如欧美的机缫丝洁净、均匀，江南最高品质的辑里丝，匀度不过五十分，远不及八十分以上的厂丝。江南白土丝在法国、意大利和日本厂丝的竞争下，价格跌落，但生产者仍漫不经心。上海洞悉其中奥秘，自然最早出现西式机器缫丝企业。1861年，怡和纺丝局设立，引进100台意式丝车，但由于原料茧供应问题，不能正常生产，于1870年宣告失败。此时，上海缫丝业所需的蚕茧从周边运入，但鲜茧从收获到成蛾仅有两周时间，上市后无法长期保存。1875年，徐寿发明新型烘茧灶，突破长期贮茧瓶颈后，上海的丝业转型正式拉开序幕。

从1878年旗昌洋行开办旗昌丝厂开始，装备西式机器的缫丝厂数量不断增加，机器也在不断增加。到1894年，上海有14家机器缫丝厂，有丝车4376台；1901年，已有28家缫丝厂，有缫丝车7800多台；1911年，上海有中资缫丝厂40—50家，拥有12500台缫丝车；1921年，上海有78家缫丝厂。全面抗战前夕，上海开工的缫丝厂计有44家，战后幸存8家。孤岛时期又有新设立的缫丝厂，至1939年，有10台缫丝车以上的缫丝厂有36家，共有缫丝车6293台，较之战前已经惨淡不少。

但是规模的扩张并不意味着该行业转型的成功。由于原料茧和技术工艺无法与日本生丝相比，截至1931年，上海缫丝行业仍然没有摆脱时断时续的态势。因缫丝业不能持续盈利，丝厂多资本不足，无力装备新式设备，有的缫丝厂仍在使用三十多年前所置的机器。行业盛行租厂经营，无心改良设备，只图眼前利益。许多缫丝厂的资金不足，难以控制并维持产品的标准，结果是质量日趋低劣。蚕茧原料成本昂贵，丝价起伏不定，一直困扰着缫丝业的转型。

周边地区的蚕茧入沪量是制约上海缫丝工业规模的重要因素。蚕茧质量直接影响缫丝的质量，上海缫丝业转型不成功的一个重要原因就在于茧源数量和质量不尽如人意，从而导致在国际市场缺乏竞争力。

（二）无锡

无锡的缫丝业转型始自旅沪商人周舜卿设立的裕昌缫丝厂，其后缫丝厂逐渐增多。1926年，薛氏永泰缫丝厂由上海迁往无锡，与周氏之裕昌、慎昌、鼎昌集团和乾生缫丝厂共同构成无锡缫丝业之三大支柱。1929年，无锡共有缫丝厂四十余家。全县38家缫丝厂有丝车10478台，每年缫丝业产值达到二三千万元。无锡没有丝织业，商品性的土法缫丝基本没有。

（三）苏州

苏州缫丝业的改良始自1895年的苏纶丝厂。另外，除苏州商务局控制的两家近代工厂外，1900年，三家机器缫丝厂总计有700个丝盆，雇佣工人2000人。苏州缫丝业的改良从1912年开始加速发展，出现6家机器缫丝厂，资本有几十万两。此后，1925年出现1家日资企业，1931年后又有3家缫丝厂出现。另外，1933年，苏州在缫丝技术上实现突破，借鉴日本技术，与无锡合众和上海寰球两家铁工厂设计制成两台"女蚕式"立缫车，在国内第一次制成多条色小箴缫丝车。因效益显著，无锡瑞纶缫丝厂吴申伯捐资建造立缫车间，设立、投产缫丝车32台，成为苏州最早的新型立缫车间。

（四）浙江

浙江机器缫丝工业的发轫在1895年。杭州的世经与大纶、萧山的合义和、湖州的公益都是在1895年后创办的。上述各厂所用机器设备是意大利式直缫车。到1915年，杭州纬成制丝部成立，采用日本式立缫车，并配备锅炉、蒸汽煮茧机、复摇车等设备，采用日本新法缫丝技术。继纬成之后创办缫丝部的厂，有天章、虎林、庆成和萧山庆云（合义和）等缫丝厂。到1929年，德清、嘉兴、海宁、海盐、吴兴等县先后创办15家缫丝厂。其中嘉兴有厚生、禾兴、秀纶，海宁有天成，吴兴有南浔、梅恒裕、久纶、竞新等丝厂，设备有意大利式旧机，也有日本新式机器。1929年，浙江省政府建设厅在海宁长安镇创办长安丝厂，在杭州创办杭州缫丝厂。1930年，在杭州增设惠纶、开源丝厂，萧山成立坎山东乡蚕丝合作社，都采用20绪多条立缫车生产高匀度生丝，使得浙江缫丝工业的技术又向前推进一步。到1937年全面抗战前夕，全省已经有机器缫丝厂32家，实际开工29家，缫丝设备7844台。由此可见，杭州是缫丝技术改良的中心，是浙江丝织业最发达的城市。湖州、嘉兴等周边城市只是跟风而已。

另外，上海机器厂为西式缫丝机器的推广也发挥了重要作用。外商在上海开设西式缫丝厂后，上海民族机器厂很快就仿造出以锅炉引擎、缫丝机为主的全套设备。例如最早仿制缫丝机器的永昌机器厂，不仅供应上海纶华、瑞纶、锦华、怡和四厂缫丝机近千台，而且供应外埠杭州四泾厂、萧山义和厂400台，绍兴开源永丝厂100台，苏州200台。该行业在1913年前后基本上遏制住了缫丝机器的进口。

二、各城市丝织业的转型情况

据王翔对江浙丝织业转型的研究，开埠通商以后，由于东西方丝织业的劳动生产率差距不大，江浙丝织业并没有立刻受到冲击，反而向海外出口大量丝织品。但到19世纪末20世纪初，情况发生变化：洋绸进口骤增严重影响了江南传统丝织业的国内市场。19世纪末20世纪初，受进口的洋缎影响，杭州所产绸缎销量减少，织绸为生的工匠也由5万人减为2万人。镇江素以色艳质坚著称的江绸销路不畅，苏州手工纱缎受花样翻新的洋绸影响也滞销严重。在国内手工绸缎市场受到国外用机器生产的洋绸挤压之时，又恰逢民国初年的"剪辫易服"潮流，使得传统丝织业面临巨大危机。后经江浙人士组成的中华国货维持会力争，取得"服用国货"的胜利，为丝织业的生存发展争取了喘息机会。因此，1912年是一个重要的拐点，江南丝织业的转型也基本上是从1912年开始。丝织业建立机器丝织厂始自杭州。1912年，杭州丝织业会馆拨款1.5万元，委托浙江中等工业学堂主办"机织传习所"，培训使用日式提花丝织机的技工。依靠这些技工，工业学堂染织部主任朱光焘集资2万元，购置日本提花机12台，设立纬成丝织厂，开启了江南手拉机的新时代。

鉴于杭州纬成公司引进手拉机，上海丝织业商人亦投资丝织工厂。至第一次世界大战期间，上海丝织厂又引进电力丝织机，手拉机逐渐向电力丝织机过渡。1915—1922年，上海12家电力丝织厂共有电力丝织机333台；1927年，上海22家电力丝织工厂共有电力丝织机1632台、旧式木机80台。全面抗战前夕，上海有大小丝织厂480家，电力丝织机7200台。由于电力充足，原料运输方便，又无苛捐杂税，上海在第一次世界大战期间就已超越周边城市而取得丝织业领导者地位，在工厂里，电力丝织机基本上替代了手拉机。

除机器改良外，生产组织方式的变革也是丝织业转型的重要内容。在苏州、上海的丝织业转型过程中，由纱缎庄发展而来的丝织企业发挥了关键作用。例如，苏经厂是苏州第一家由手工木机改成手拉铁木机的企业，也是第一家由放料雇织的纱缎庄改为集中生产的近代丝织厂。

第七章
结　论

一、市场竞争引起城市近代工业的经济增长

近代长江三角洲区域城市工业经济增长的实质是：在地方性网络与全球性网络对接后，国际市场上廉价、标准化的工业制成品对手工业制成品形成了巨大的竞争优势，迫使传统缫丝与丝织业、棉纺织业等主导产业加快转型，摒弃落后的生产工具、生产工艺，转向机器大工业，采用新原料、新的生产工具和生产工艺，实现劳动生产率的提高，从而使区域工业产值和经济总量发生几何级数的增长。城市工业的经济增长是在各具比较优势的商埠区与产棉区、产丝区联动的机制下实现的。三个区域各具地区比较优势：商埠区拥有港口，区位比较优势明显，是贸易、金融、市场信息、新技术等要素的集聚地，也是了解引进西方先进生产方式和制度的窗口；产棉区拥有大面积的棉田和发达的手工棉纺织业，供给城市以原棉，供给市场以土布；产丝区拥有大面积的桑田和发达的手工丝织业，供给城市以蚕茧和丝，每年也有大量的丝和绸缎出口海外。经由商埠区引进的技术、制度、资本在各城市的工业发展中发挥了重要作用。另外，技术适应市场需求才能得以推广，这一点在以国内市场为主、传统手工业又较为发达的织布行业，表现得格外突出。

从空间看，在近代长江三角洲城市工业的发展历程中，作为增长极的上海，对周边城市的集聚效应并不明显，扩散效应却极为显著。近代

上海并没有从周边地区吸附太多的资源，反而向周边输出技术、资本和先进的企业管理思想。这与周边城市的士绅阶层、工商业者多从上海回乡开厂创业的经济现象有很大关系。

上海的近代工业化基本上是从无到有的新工业投资，而周边城市本来就有发达的丝、棉手工业，除了新的工业投资外，还有传统手工业的转型问题。这种现象与增长极理论所描述的发展初期以集聚效应为主的现象显著不同。机器工业首先在商埠区港口城市引进、发展起来。上海是外国资本、民营资本和官方资本集聚的中心，也是其向周边产棉区、产丝区城市扩散的源地。

上海周边城市的地方士绅、买办等阶层受工业厚利和实业救国思想引导，积极在家乡集股投资新兴工业，使得短时间内机制工业在周边地区的城市如雨后春笋般蔓延开来。周边城市的机制工业的发展是上海扩散的结果，但是这种扩散是早熟的，而且更是一种信息、技术的扩散。中心与外围同步发展的原因在于周边城市传统的丝、棉手工业发达，且靠近原料产地，只需引进机器转型升级即可。原有的技术基础和原料优势有效地避免了增长极上海的黑洞效应，从而避免了两极分化。

二、长江三角洲的核心区超越传统江南的范围

城市工业的发展改变了区域经济的空间格局。商埠区、产棉区、产丝区城市在地方生产网络与全球网络、地方根植性与非地方根植性、大宗生产与柔性生产方式的交织下，已经形成新的具有生产专业化性质的工业空间——产业区。丝织业产业区出现在1895年之前，以蚕茧集散、缫丝与丝织业生产与运销专业化为主要特征，具体范围大体包括上海、杭州、嘉兴、湖州、苏州、无锡、南浔、盛泽等产丝区和丝织业发达的城镇。在近代的百年中，丝织业产业区的空间变化不大。

棉纺织业产业区主要分布在沿江沿海及杭州湾地区，由上海逐渐蔓延到周边的宁波、萧山、杭州、无锡、南通、江阴、常州、太仓、海

门、崇明、常熟、货隆（启东）等城镇。随着20世纪20年代中期该区域棉纺织业调整期的到来，产业空间扩张基本停止，但是各城市之间的资本流动、技术经济联系进一步增强。由此，长江三角洲的核心区由明清时期"七郡一州"的江南，进一步外延到通海平原、宁绍平原，逐渐由"江湖时代"进入更加宏大的"江海时代"。当然，上海作为工业、贸易、金融中心，其外溢效应不仅仅局限于产业区内部，其辐射空间远大于专业化工业空间。上海对外辐射经由几个节点城市实现：经由杭州辐射浙南、浙赣铁路沿线和皖南地区，经由镇江辐射运河沿岸和苏北地区，经由南通辐射苏北的沿海地区，经由黄浦江、长江、京杭大运河等内河水系与沿江港口、沿海港口、沿运河港口城市保持密切的贸易联系。

国际大都市上海代替苏州、杭州成为长江三角洲的经济中心，改变了苏杭分立的城市格局，逐渐出现以上海为中心、周边城市为外围的核心—边缘的圈层结构。以国际大都市上海为中心，周边的工业城市为上过渡区，其他工业落后的城市为下过渡区；下过渡区的城市尽管与核心区城市存在密切的商业联系，但机制工业的发展较为落后，多是满足地方需求的小企业。

三、聚合型的城市空间取代中控型的城市空间

从产业区内的城市功能看，上海为该区域最大的综合性工商业中心、金融中心，宁波、苏州、镇江、杭州为次金融中心和次贸易中心，上海、无锡、常州、南通为重要的棉纺织工业城市，上海、杭州、苏州、湖州、无锡为重要的缫丝与丝织工业城市。此外，都市工业主要在县城以上的城市集聚，从而弱化了传统时期的丝、棉、粮商业集散中心与手工业中心市镇在区域经济中的作用，也改变了原有的市镇发展格局。工业集聚引发了要素向县城以上的城市集聚。

城市的工业经济实力及城市间的产业分工与合作关系对传统城镇的

格局产生颠覆性影响。传统时代,该区域基本在苏州、杭州两个省会城市的行政控制之下,即存在苏州、杭州两个中控型城市体系,政治中心城市借助于行政和意识形态的控制力量造成人口在特定地区的集中。之后,城市之间的联系纽带即商业和产业分工建立的经济联系进一步强化,从而形成新型的聚合型城市空间。所谓聚合是指由于经济活动和人口移动而形成的人口在某一特定地区的集中,从而产生社会分化、行业分工和集团组合与互动的过程。原来基于行政体系而形成的苏州、杭州两个中控型城市体系,转变为以上海为中心的聚合型城镇体系。近代长江三角洲都市连绵区规模初具,横轴为上海—苏州—无锡—常州—镇江,南翼三角为上海—杭州—宁波,北翼三角为上海—镇江—南通。

参考文献

一、史料

(一)民国及以前的文集、著作、调查、地方志

〔清〕钱泳:《履园丛话》,中华书局1979年版。

〔清〕尹会一:《尹少宰奏议》,中华书局1985年版。

中国科学院历史研究所编著:《刘坤一遗集》,中华书局1959年版。

杨立强等编:《张謇存稿》,上海人民出版社1987年版。

张謇:《张謇全集》(第三卷),江苏古籍出版社1994年版。

张孝若编:《张季子九录》,台湾文海出版社1965年版。

世界书局编:《全国商埠考察记》,世界书局1926年版。

徐寄庼:《最近上海金融史》,上海书店1992年版。

杨荫溥:《杨著中国金融论》,黎明书局1931年版。

刘大钧:《上海工业化研究》,商务印书馆1940年版。

荣德生:《荣德生文集》,上海古籍出版社2002年版。

〔清〕朱寿朋编:《光绪朝东华录》,中华书局1958年版。

余绍宋等纂:《重修浙江通志稿》,杭州古旧书店重印1984年版。

李恩绶:《丹徒县志摭余》,1918年。

吴馨修,姚文枏纂:《上海县续志》,民国七年(1918)刻本。

张允高等修：《宝山县续志》（附再续志新志备稿），成文出版社1975年版。

实业部国际贸易局编：《中国实业志·江苏省》，实业部国际贸易局1933年版。

实业部国际贸易局编：《中国实业志·浙江省》，实业部国际贸易局1933年版。

贾子彝编：《江苏省会辑要》，江南印书馆1936年版。

（二）民国及以前的报刊

《银行周报》第3卷，号43，1919年11月18日。

《银行周报》第6卷，号31，1922年8月15日；号34，1922年9月5日。

《银行周报》第14卷，号15，1930年4月22日。

《银行周报》第12卷，号11，1928年3月27日。

《申报》1886年10月24日。

《申报》1921年02月13日。

《申报》1921年07月28日。

《申报》1922年02月23日。

《申报》1923年01月01日。

《东方杂志》第33卷第7、17期，1936年。

《社会月刊》第1卷第5、10号，1929年。

《自修》第44、45、46、47、48、49、50、51、52、53期，1939年。

《中国工业月刊》第1卷第1期，1943年。

《中行月刊》第7卷2、3期，1933年。

《工商半月刊》第3卷第20期、第4卷23期、第7卷第12期。

《国际贸易导报》第4卷4号，1932年。

《北华捷报》1875年4月24日。

《宁波旅沪同乡会月刊》第73期，1929年8月。

《商务官报》1906年第12期、1908年第4期。

《中外经济周刊》1921年91期。

《统计月报》第2卷第8期、第7期，1930年。

《实业统计特刊》1933年12月。

《实业统计》第2卷第2期。

《中国经济周报》第185期。

《钱业月报》1933年第1期。

《武进月报》第2卷第9号，1919年9月；第3卷第4号，1920年。

《东西商报》商67，1900年。

《市政评论》第5卷第7期。

《浙江工商》第1卷第1期。

《上海法学院商专月刊》第1卷第4期，1937年。

《方志月刊》第8卷，第4、5合期，1935年4月1日。

《纺织周刊》第5卷第1期，1935年1月1日。

《电声》（戚墅堰电厂厂刊）第3期。

《棉业月刊》第1卷第2期，1937年2月。

《地理杂志》第4卷第4期。

（三）文史资料

《宁波文史资料》第1、2、4、5、6辑。

《浙江文史资料》第24辑。

《杭州文史资料》第9辑（杭州工商史料选）、14辑（杭州老字号）、24辑。

《常州纺织史料》第1辑。

《常州文史资料》第3、10辑。

《镇江文史资料》第4、6、15辑。

《苏州文史资料》第1、2、3、4、5、9、17辑。

《无锡文史资料》第8、10、12辑。

《南通文史资料选辑》第2、11辑。

《苏州经济史料》第1辑。

（四）资料汇编

王铁崖编：《中外旧约章汇编》第1册，生活·读书·新知三联书店1957年版。

章有义编：《中国近代农业史资料》，生活·读书·新知三联书店1957年版。

孙毓棠编：《中国近代工业史资料》，科学出版社1957年版。

中国人民银行上海市分行编：《上海钱庄史料》，上海人民出版社1960年版。

姚贤镐编：《中国近代对外贸易史资料》，中华书局1962年版。

上海市工商行政管理局、上海市第一机电工业局机器工业史料组编：《上海民族机器工业》，中华书局1979年版。

中国人民银行上海分行金融研究室编：《中国第一家银行》，中国社会科学出版社1982年版。

聂宝璋编：《中国近代航运史资料》，上海人民出版社1983年版。

彭泽益主编：《中国近代手工业史资料》第二卷，中华书局1984年版。

无锡地方志编纂委员会办公室、无锡县志编纂委员会办公室编：《无锡地方资料汇编（1—8）》，1985年。

中国第一历史档案馆编：《鸦片战争档案史料》第四册，上海人民出版社1987年版。

上海社会科学院经济研究所、上海市国际贸易学会学术委员会编：《上海对外贸易（1840—1949）》，上海社会科学院出版社1989年版。

《大生系统企业史》编写组：《大生系统企业史》，江苏古籍出版社1990年版。

江苏省金融志编辑室编：《江苏私营银钱业》，南京大学出版社1993年版。

苏州市档案馆编：《苏州丝绸档案汇编》，江苏古籍出版社1995年版。

《上海租界志》编纂委员会编:《上海租界志》,上海社会科学院出版社2001年版。

(五)海关档案及出版物

徐雪筠等译编,张仲礼校订:《上海近代社会经济发展概况(1882~1931)——〈海关十年报告〉译编》,上海社会科学院出版社1998年版。

陈梅龙、景消波译编:《近代浙江对外贸易及社会变迁——宁波、温州、杭州海关贸易报告译编》,宁波出版社2003年版。

陆允昌编:《苏州洋关史料》,南京大学出版社1991年版。

中国海关总署办公厅、中国第二历史档案馆:《中国旧海关史料》,京华出版社2001年版。

《苏州海关志》编纂委员会编:《苏州海关志》,苏州大学出版社2009年版。

中华人民共和国苏州海关编,陆允昌编注:《近代苏州通商口岸史料集成》,文汇出版社2010年版。

二、研究成果

(一)著作

孙毓棠:《中日甲午战争前外国资本在中国经营的近代工业》,上海人民出版社1955年版。

严中平:《中国棉纺织史稿》,科学出版社1955年版。

黄苇:《上海开埠初期对外贸易研究》,上海人民出版社1961年版。

南京师范学院地理系江苏地理研究室编:《江苏城市历史地理》,江苏科学技术出版社1982年版。

汪敬虞:《十九世纪西方资本主义对中国的经济侵略》,人民出版社1983年版。

《地理学词典》编辑委员会:《地理学词典》,上海辞书出版社

1983年版。

朱新予主编:《浙江丝绸史》,浙江人民出版社1985年版。

黄逸平编:《中国近代经济史论文选》,上海人民出版社1985年。

段本洛、张圻福:《苏州手工业史》,江苏古籍出版社1986年版。

上海市粮食局等编:《中国近代面粉工业史》,中华书局1987年版。

洪葭管、张继凤:《近代上海金融市场》,上海人民出版社1989年版。

浙江省政协文史资料委员会编:《宁波帮企业家的崛起》,浙江人民出版社1989年版。

徐新吾主编:《近代江南丝织工业史》,上海人民出版社1991年版。

徐新吾主编:《中国近代缫丝工业史》,上海人民出版社1990年版。

沈雨梧:《浙江近代经济史稿》,人民出版社1990年版。

茅伯科主编:《上海港史》,人民交通出版社1990年版。

郭孝义主编:《江苏航运史》(近代部分),人民交通出版社1990年版。

许涤新、吴承明主编:《中国资本主义发展史》,人民出版社1990年版。

李小建主编:《经济地理学》,高等教育出版社1999年版。

左大康主编:《现代地理学辞典》,商务印书馆1990年版。

茅伯科、邹逸麟:《上海港:从青龙镇到外高桥》,上海人民出版社1991年版。

马敏、朱英:《传统与近代的二重变奏——晚清苏州商会个案研究》,巴蜀书社1993年版。

范金民、金文:《江南丝绸史研究》,农业出版社1993年版。

丁日初主编:《上海近代经济史》(第二卷),上海人民出版社1997年版。

段本洛主编:《苏南近代社会经济史》,中国商业出版社1997年版。

包伟民主编:《江南市镇及其近代命运 1840—1949》,知识出版社1998年版。

徐新吾、黄汉民主编:《上海近代工业史》,上海社会科学院出版社

1998年版。

范金民：《明清江南商业的发展》，南京大学出版社1998年版。

常宗虎：《南通现代化：1895～1938》，中国社会科学出版社1998年版。

张国刚主编：《中国社会历史评论》（第一卷），天津古籍出版社1999年版。

黄汉民、陆兴龙：《近代上海工业企业发展史论》，上海财经大学出版社2000年版。

卫春回：《张謇评传》，南京大学出版社2001年版。

姜新：《苏北近代工业史》，中国矿业大学出版社2001年版。

张仲礼、熊月之、沈祖炜主编：《长江沿江城市与中国近代化》，上海人民出版社2002年版。

万灵：《常州的近代化道路——江南非条约口岸城市近代化的个案研究》，安徽教育出版社2002年版。

《上海金融志》编纂委员会编：《上海金融志》，上海社会科学院出版社2003年版。

樊树志：《江南市镇：传统的变革》，复旦大学出版社2005年版。

于海漪：《南通近代城市规划建设》，中国建筑工业出版社2005年版。

吴松弟主编：《中国百年经济拼图：港口城市及其腹地与中国现代化》，山东画报出版社2006年版。

张赛群：《上海"孤岛"贸易研究》，知识产权出版社2006年版。

乐承耀：《近代宁波商人与社会经济》，人民出版社2007年版。

乐承耀：《宁波经济史》，宁波出版社2010年版。

李学功：《南浔现象——晚清民国江南市镇变迁研究》，中国社会科学出版社2010年版。

（二）硕士、博士学位论文

王仲：《强势国家与民间社团之命运——以民国苏州商会为例

(1927—1937）》，苏州大学博士学位论文，2002年。

黄新华：《湖州城市近代化及其发展滞缓的原因探析（1840—1937年）》，南京师范大学硕士学位论文，2002年。

毛燕武：《杭州城市近代化及其发展有限性研究（1896—1937）》，杭州师范学院硕士学位论文，2004年。

樊如森：《天津港口贸易与腹地外向型经济发展（1860—1937）》，复旦大学博士学位论文，2004年。

游欢孙：《近代苏州地区市镇经济研究——以吴江县为中心》，复旦大学博士学位论文，2005年。

方旭红：《集聚·分化·整合：1927—1937年苏州城市化研究》，苏州大学博士学位论文，2005年。

刘伟峰：《近代的镇江与其腹地（1864—1931）——以海关档案资料为中心》，复旦大学硕士学位论文，2007年。

毛文念：《传统经济城市的近代变迁——以嘉兴为个案的考察》，南京师范大学硕士学位论文，2007年。

姚永超：《国家、企业、商人：东北港口空间的构建与其绩效研究（1861—1931）》，复旦大学博士学位论文，2007年。

胡银平：《沪西小沙渡研究（1899—1949）》，上海师范大学硕士学位论文，2008年。

汤洪庆：《杭州城市早期现代化研究（1896—1927）》，浙江大学博士学位论文，2009年。

牟振宇：《近代上海法租界城市化空间过程研究（1849—1930）》，复旦大学博士学位论文，2010年。

秦猛猛：《近代苏州城市空间演变研究（1895—1937）》，苏州大学硕士学位论文，2010年。

娄娜：《近代宁波港口贸易研究（1844—1949）——以宁波港口腹地演变为考察中心》，宁波大学硕士学位论文，2012年。

吴焕良：《近代上海棉纱业空间研究（1889—1936）》，复旦大学硕士学位论文，2011年。

黄璐：《民国长江三角洲城市棉纺业的发展与联系（1912—1936）》，南京师范大学硕士学位论文，2017年。

（三）论文

郑绍昌：《近代宁波港口贸易的变化及其原因》，载《浙江学刊》1983年第1期。

周镛兵：《宁波对外经济贸易的几个历史阶段》，载《宁波大学学报（教育科学版）》1984年第1期。

段本洛：《近代苏州丝织手工业八十年间的演变》，载《近代史研究》1984年第4期。

汪敬虞：《资本、帝国主义国家在近代中国的特权》，载《中国社会科学院经济研究所集刊》第10集，中国社会科学出版社1988年版。

唐文起：《论江苏近代工业化的特点》，载《学海》1990年第4期。

潘君祥：《论近代上海经济发展的内在动因》，载《探索与争鸣》1993年第1期。

"浙江资本主义经济史"课题组：《1895—1913年期间浙江资本主义经济的初步发展》，载《浙江社会科学》1993年第3期。

郭松义：《清代地区经济发展的综合分类考察》，载《中国社会科学院研究生院学报》1994年第2期。

黄逸平：《近代宁波帮与上海经济》，载《学术月刊》1994年第5期。

竺菊英：《论近代宁波经济与上海的关系》，载《华东师范大学学报（哲学社会科学版）》1994年第5期。

竺菊英：《从近代宁波轮船航运业的产生和发展看沪甬两地经济互动关系》，载《学术月刊》1994年第9期。

张远鹏：《近代无锡茧市的形成及其影响》，载《中国农史》1995年第3期。

竺菊英：《近代宁波的资本主义工业》，载《浙江学刊》1995年第1期。

邹进文：《近代中国的股份制》，载《历史档案》1995年第3期。

龚胜生：《论"湖广熟、天下足"》，载《农业考古》1995年第1期。

周静芬、张孟耸：《鸦片战争后宁波帮近代化的标志之一——宁波帮旧式商人的转型》，载《浙江师范大学学报（社会科学版）》1996年第1期。

张忠民：《近代上海经济中心地位的形成和确立》，载《上海经济研究》1996年第10期。

李小建：《新产业区与经济活动全球化的地理研究》，载《地理科学进展》1997年第3期。

冯丽蓉：《近代无锡六个资本集团与民族工业》，载《江南论坛》1997年第5期。

程勉中：《近代无锡的商市布局与特色》，载《江南论坛》1997年第9期。

张燕华、周晓光：《论道光中叶以后上海在徽茶贸易中的地位》，载《历史档案》1997年第1期。

程勉中：《近代无锡的"银钱码头"》，载《档案与史学》1998年第6期。

马俊亚：《近代无锡传统经济部门的运营与新式工业的发展》，载《中国经济史研究》1998年第2期。

《中国太湖史》编委会：《太湖流域历史发展的轨迹（一）》，载《江南论坛》1998年第4期。

张忠民：《1843~1978：上海经济成长的回顾与前瞻》，载《上海经济研究》1999年第7期。

张海英：《海外贸易与近代苏州地区的丝织业》，载《江汉论坛》1999年第3期。

王家范：《从苏州到上海：区域整体研究的视界》，载《档案与史学》2000年第5期。

戴迎华：《论近代镇江经济衰落的原因》，载《江苏理工大学学报

（社会科学版）》2000年第2期。

孙杭生、李博：《近代无锡米市盛衰之探讨》，载《中国农史》2000年第2期。

蒋伟新：《近代无锡金融业的演进发展》，载《现代经济探讨》2000年第7期。

吴松弟：《明清时期我国最大沿海贸易港的北移趋势与上海港的崛起》，载《复旦学报（社会科学版）》2001年第6期。

戴迎华：《论近代镇江的金融业》，载《江苏广播电视大学学报》2001年第5期。

朱荫贵：《近代中国的第一批股份制企业》，载《历史研究》2001年第5期。

陈正书：《租界与近代上海工业的三大支柱》，载《史林》2002年第3期。

周志斌：《论明清时期常熟的市镇》，载《常熟高专学报》2002年第5期。

马学强：《近代上海成长中的"江南因素"》，载《史林》2003年第3期。

张海英：《明清江南地区与其他区域的经济交流及影响》，载《社会科学》2003年第10期。

陈泳：《近现代苏州城市形态演化研究》，载《城市规划汇刊》2003年第6期。

董惠民：《近代浔商迅速崛起的原因探析》，载《安徽史学》2004年第3期。

吴建华：《明清江南人口职业结构变动的思考》，载《中国农史》2004年第4期。

罗苏文：《沪东：近代棉纺织厂区的兴起（1878—1928）》，载《史林》2004年第2期。

王钰：《张謇与吴寄尘——大生发展史上的忘年交》，载《南通工学院学报（社会科学版）》2004年第3期。

刘远柱：《张謇与南通近代城市化模式》，载《广西社会科学》2005年第4期。

张廷栖：《张謇与大生集团产业结构的生态化》，载《江南大学学报（人文社会科学版）》2005年第4期。

王翔：《国际竞争与近代中国传统丝织业的转型——以浙江省为中心的考察》，载《浙江社会科学》2005年第3期。

张鹏：《近代上海外滩空间变迁之动因分析》，载《东南大学学报（自然科学版）》2005年增刊。

田国强：《现代经济学的基本分析框架与研究方法》，载《经济研究》2005年第2期。

汤可可：《近代无锡商团的兴衰及社会功能》，载《档案与建设》2005年第8期。

方前移：《企业家与近代城市工业格局——以抗战前芜湖、镇江、常州、无锡、南通为例》，载《江苏商论》2005年第12期。

郎友兴：《从传统走向现代：一个江南市镇社会结构在近代的嬗变》，载《浙江大学学报（人文社会科学版）》2005年第3期。

赵波：《穆藕初科学管理思想及其实践论略》，载《商业研究》2005年第9期。

董惠民：《浔商对近代浙北民族企业的开创及社会影响》，载《安徽师范大学学报（人文社会科学版）》2006年第6期。

戴迎华：《近代镇江米市移师芜湖的历史考察》，载《江海学刊》2006年第3期。

戴迎华：《镇江开埠与近代商业变迁》，载《江苏商论》2006年第5期。

李志英：《外商在华股份公司的最初发展——关于近代中国股份公司制度起源的研究》，载《北京师范大学学报（社会科学版）》2006年第1期。

王列辉：《上海宁波两港空间关系研究》，载《地理研究》2007年第6期。

陈争平：《近代张謇的企业制度创新及其现实意义》，载《清华大学学报（哲学社会科学版）》2007年第1期。

余同元：《明清江南早期工业化社会的形成与发展》，载《史学月刊》2007年第11期。

郑忠：《嬗变与转移：近代长江三角洲城市体系之雏形（1842—1895）》，载《复旦学报（社会科学版）》2007年第1期。

郑忠：《民国镇江城乡经济衰退的腹地因素分析》，载《中国农史》2008年第3期。

郑忠：《近代非条约口岸城市化道路：工业化、本土化与企业家精神——以南通、无锡、常州为例》，载《江海学刊》2008年第2期。

阎书钦：《从机械化到工业社会——20世纪三四十年代中国知识界对工业化内涵的阐释》，载《河北学刊》2008年第1期。

林刚：《中国现代化进程中的"南通模式"——张謇研究再思考》，载《南通大学学报（社会科学版）》2009年第4期。

张忠民：《上海经济的历史成长：机制、功能与经济中心地位之消长（1843—1956）》，载《社会科学》2009年第11期。

昝金生、许凌：《近代苏州商业变迁与商人组织的演变》，载《江苏商论》2009年第12期。

肖爱丽、杨小明：《上海近代缫丝业兴衰研究》，载《科学技术哲学研究》2011年第5期。

王翔：《辛亥革命期间的江浙丝织业转型》，载《历史研究》2011年第6期。

李雨蒙：《近代民族工商业的历史变迁》，载《中国民商》2019年第5期。

姚清铁、郑菲、李瑞尧、郭萍：《近代中国民营企业的科学管理》，载《上海经济研究》2019第12期。

刘雅媛、张学良:《"长江三角洲"概念的演化与泛化——基于近代以来区域经济格局的研究》,载《财经研究》2020年第4期。

吴滔、胡晶晶:《华洋杂处下的西津渡:19世纪京口江岸区域的社会秩序》,载《地方文化研究》2020年第1期。

后　记

　　2014年4月15日，在复旦博士论文评阅的时间节点上，我总算拿出了20多万字的博士论文。看着这一本不算厚重的博士论文，想到这几年的学习和工作过程，论文的选题、写作、成稿的流程在我的脑海里浮现。2000年至2003年我读硕士时就师从吴松弟先生，做近代的山东港口腹地研究，从探讨港口腹地的概念、腹地范围的界定入手，关注中外贸易、商品集散体系、港口（通商口岸）辐射范围即腹地空间的演化，后来又关注到城市机制工业的进口替代过程以及贸易与机制工业对传统农业的影响。那时我只能用港口腹地的理论框架来描述这个经济现象的时空演化。今天的这个选题与我硕士毕业后的学习和工作经历息息相关。

　　2003年，硕士毕业后，我到南通大学地理科学学院参加工作，主讲"人文地理学"和"经济地理学"课程，当时正赶上大地理学科整体换新教材，因此系统学习了王恩涌先生主编的《人文地理学》和李小建先生主编的《经济地理学》教材。李小建先生主编的《经济地理学》改变了传统百科全书式的编写体例，从企业、区域、全球尺度研究经济地理现象。我啃过宋承先先生的《现代西方经济学》，因为有点经济学的基础，学习过程还算顺利。2009年，我再次进入复旦史地所，继续跟吴老师读博士。此时，我能够把经济地理学与历史地理学相衔接，但在选题上仍然费了不少脑子。在复旦读书期间，我在图书馆里接触到宋栋先生的《中国区域经济转型发展的实证研究——以珠江三角洲为例》一书，兴奋之余，立刻跟吴老师提出要以此为蓝本，以长江三角洲为例，也做一个区域经济转型的实证研究。我想研究一个百年尺度的长三角区域经济转型问题。吴老师耐心地听完我的汇报，鼓励我要开拓创新，要把经济地理学的东西融入博士阶段的研究，让我先收集资料，撰写开题报告。

过了半年时间，我拿出了一个从产业转型到空间演化的面面俱到的开题报告，现在想想简直全面得像一本教材，实际没有找到切入点。在开题报告会上，朱荫贵教授、周伟林教授、张晓虹教授保护我积极性的同时，为我的选题出谋划策，提出了很多中肯的意见。朱老师说我需要一个宣泄口，并建议我从商帮转型入手。张老师建议我还要从城市研究入手，一个一个地解决问题。周老师建议我考察长时段的长三角经济发展，寻找规律的东西。最后，吴老师让我梳理各位老师的意见，重新思考切入点，仍然提醒我要把所学的经济地理学理论用到论文中，一定要有创新。

开题之后的很长一段时间，我仍然没有找到朱老师所说的宣泄口。吴老师建议我上朱老师的课，多看看书。在2011年上半年，我选修朱老师的《经济史方法与文献》课程，在课堂上不仅领略了朱老师的渊博，而且找到了那个宣泄口。朱老师介绍了几部非常具有代表性的经济史著作，让我们每个人选一本书细细品味，然后在期末做一个读书报告。我当时选了日本上智大学顾琳教授的《中国的经济革命：二十世纪的乡村工业》一书，关注到马歇尔产业区及以其作为理论框架分析区域发展问题的意义。在此基础上，我查阅了大量经济地理学者的研究文献，并以此为题做了关于产业区的读书报告，得到了朱老师的高度肯定，也算是找到了切入点。从此以后，我跟吴老师汇报研究进展时就有了一个新词——产业区。宣泄口找到了，论文的写作也就顺理成章了，但是由于自己工作的事情，还是拖了不少时间。吴老师从来没有怪我，只是仍然督促我写出新东西。

导师的宽容和对创新的执念，使我有足够的时间考虑论文的谋篇布局。我按照张晓虹老师的从城市入手的思路，挨个城市研究近代工业的发展，到2013年三四月间，初步完成论文初稿，也通过了预答辩。此时，吴老师说新东西有了一些，但是还不够，论文整体也需要打磨，劝我再磨一年。回想在2013—2014学年里，我的论文可谓伤筋动骨，从篇章结构到文字修饰都做了改动，整体规模大体扩出一倍。更重要的是经过一年的思考，我对论文主旨和研究框架有了更加深入的认识。虽然在2014年5月23日的答辩中，各位答辩委员还是提出很多意见，甚至质疑产业区理论框架的使用，但是我已深知其学术价值所在。没有这一年的思考和磨炼，我自然无法企及这种境界。按吴老师的说法，博士论文因为创新引起了争论，本身就是一种成功。论文不仅提出并证明了近代上海与江南、通海、宁绍等周边地区发展一体的观点，实现了前辈学者提出的"上海经济史与周边城市经济史的联动"，而且在该区域产业转型和空间重构的机理研究上也有了新的发现。当然该区域的发展还有很多问题需要进一步澄清，这也是我未来努力的方向。

  学术需要良师，需要砥砺。这本不算厚重的博士论文凝聚了很多人的心血和默默的支持，也承载着我个人的学习和工作的阅历。这几年我穿梭于复旦和通大之间，一边学习一边教书，一边教书一边写作，收获满满。感谢通大提供的安身立命之所，让我没有后顾之忧；感谢复旦史地所让我徜徉于学术的殿堂，又不致迷失在征途。感谢上海和南通的良师吴松弟先生、朱荫贵先生、杜恂诚先生、张晓虹先生、樊卫国先生、安介生先生、王建革先生、张伟然先生、王英利先生、钱荣贵先生，感谢亦师亦友的樊如森先生，诤友罗凯、郭彦伟、李甜、张建、岳云霄、晏波、何秋红、杨敬敏、武伶飞、罗成。感谢南通和日照的亲人们，是你们默默的奉献和支持在激励着我前行。

陈为忠
2014年6月2日端午节于复旦光华西楼2117室